Arena-Taschenbuch

Band 2865

W0211713

Freya Stephan-Kühn (1943–2001)
studierte Geschichte und Latein an der Universität Köln und promovierte anschließend mit einer Dissertation über ein Thema aus der mittelalterlichen Geschichte. Sie leitete ein Gymnasium in Krefeld und war Vorsitzende des nordrhein-westfälischen Landesverbands der Geschichtslehrer. Ihrem Wunsch, Geschichte auch auf vergnügliche und interessante Art zu vermitteln, entsprangen ihre Sachbücher, wie die *Viel Spaß!*-Reihe. Sie war außerdem die Herausgeberin der Arena-Kinderbuchklassiker-Reihe.

Von Freya Stephan-Kühn sind als Arena-Taschenbuch erschienen:

Viel Spaß im Mittelalter! (Band 1757)
Viel Spaß mit den alten Ägyptern! (Band 1758)
Viel Spaß mit den Römern! (Band 1759)

Freya Stephan-Kühn

Menschen, die Europa bauten

Geschichte in Geschichten

Arena

In neuer Rechtschreibung

1. Auflage als Arena-Taschenbuch 2003
Neu bearbeitete Fassung der Originalausgabe durch Friedrich Stephan
Titel der Originalausgabe: Was in den Höhlen begann
© 1992 by Arena Verlag GmbH, Würzburg
Alle Rechte vorbehalten
Umschlagillustration: Joachim Knappe
Gesamtherstellung: Westermann Druck Zwickau GmbH
ISSN 0518-4002
ISBN 3-401-02865-0

Inhalt

Vorwort

Dieses Buch ist ein Geschichts- und ein Geschichtenbuch. Es ist für europäische Kinder geschrieben, die in ihm erfahren sollen, dass am heutigen Haus Europa viele Menschen mitgebaut haben und dass wir Europäer, wenn wir nur recht hinschauen, viel mehr Gemeinsames als Trennendes haben. Freya Stephan-Kühn hat begonnen das Buch zu schreiben, als die Mauer in Berlin noch stand und der so genannte Eiserne Vorhang Europa noch in eine Ost- und Westhälfte trennte. Als es 1992 erschien, war all dies Geschichte. Mittlerweile sind weitere zehn Jahre ins Land gegangen, Jahre, in denen sich Europa für manche in atemberaubendem Tempo, für andere viel zu langsam verändert hat. In jedem Jahr hat die Autorin dem Rechnung getragen, indem sie eine neue Aktualisierung schrieb, die dem Buch beigelegt wurde. Gern hätte sie für diese Neuausgabe dem Buch ein weiteres Kapitel hinzugefügt, in dem die Ereignisse der Jahre 1992 bis 2002 behandelt worden wären. Das konnte sie nicht mehr, da sie im Jahre 2001 starb. Als ihr Ehemann und langjähriger Wegbegleiter habe ich mich bemüht das Buch zu überarbeiten und durch gewisse Kürzungen Raum für das notwendige neue Kapitel zu schaffen, das ich überschrieben habe: »Geld für Europa«. Dieses Kapitel und die im bisherigen Schlusskapitel notwendigen Ergänzungen stammen aus dem September 2002. Sie sind also deutlich später entstanden als das unveränderte Nachwort aus dem Jahr 1991. Wenn an der einen oder anderen Stelle die zeitliche Perspektive nicht ganz schlüssig zu sein scheint, bitte ich die Entstehungsgeschichte des Buches mit zu bedenken. An der Sache ändert sich dadurch nichts, auch wenn Freya Stephan-Kühn sich heute vielleicht bemüht hätte die deutsche und westliche Perspektive zu Gunsten einer stärkeren Berücksichtigung Osteuropas noch weiter zurückzunehmen.

Freya Stephan-Kühn pflegte, wenn man sie um eine Widmung für das Buch bat, hineinzuschreiben:

Ohne Vergangenheit hat Europa keine Zukunft!

Dem ist nichts hinzuzufügen.

Mönchengladbach, im September 2002

Friedrich Stephan

Als Europa noch in Höhlen wohnte

Eigentlich sollte man ja am Anfang beginnen. Aber dieses Buch fängt an, als Europa fast am Ende war: am 12. September 1940.

Europa befand sich im Krieg, seitdem am 1. September 1939 deutsche Truppen in Polen einmarschiert waren und der deutsche Diktator Adolf Hitler am 10. Mai 1940 den Befehl zum Angriff im Westen gegeben hatte. Gegen das Völkerrecht waren deutsche Truppen durch die Niederlande, Belgien und Luxemburg marschiert, obwohl diese Länder sich für neutral erklärt hatten. Sechs Wochen später schien Frankreich besiegt, waren Nordfrankreich und die gesamte Atlantikküste von deutschen Truppen besetzt.

Wie die meisten Franzosen waren auch der 18-jährige Marcel Ravidat und seine drei Freunde Jacques Marsal, Simon Coencas, beide 15, und Georges Agnel, 16, wütend darüber, dass ein so großer Teil ihres Landes von einer fremden Macht beherrscht wurde. Aber in dem kleinen Städtchen Montignac in der Dordogne, das zum unbesetzten Teil Frankreichs gehörte, waren die Deutschen fern und auch an den Krieg mochte man nicht jeden Tag denken. Gefragt war bei den Jungen wie zuvor alles, was Abwechslung und Abenteuer versprach.

Da gab es in der Nähe der Stadt jenes seltsame Loch im

Wald, das entstanden war, als ein Baum umstürzte. Wohl dreißig Jahre mochte das her sein, aber so recht gekümmert hatte sich noch niemand darum. Nur eine alte Frau, die hier einmal einen toten Esel vergraben hatte, erzählte, dass von dort ein Geheimgang zu dem benachbarten Schlösschen von Lascaux führe. Aber das hatte ihr kaum jemand geglaubt, bis Marcel Ravidaux von der Geschichte erfuhr. Mit seinen Freunden wollte er am Donnerstag, dem 12. September 1940, der Sache auf den Grund gehen.

Nun standen die Jungen, mit einer Lampe und einem Seil bewaffnet, an der Stelle, wo sie den Geheimgang zu finden hofften. Das kaum einen Meter tiefe Loch schien nicht sehr viel versprechend, wäre da nicht am Boden ein weiteres, kleineres Loch gewesen. Marcel warf einen Stein hinein, und er schien eine ganze Weile zu fallen, ehe er aufschlug. Also musste sich hier ein größerer Hohlraum verbergen. Vorsichtig erweiterten die Jungen die Öffnung, bis sie groß genug war, dass sie hindurchschlüpfen konnten.

Marcel nahm die Lampe und ließ sich vorsichtig hinab, den Kopf voran. Dann verlor er den Halt und stürzte, nicht tief, denn die Erde, die über die Jahre hinweg in die Höhle hineingerieselt war, hatte sich zu einem Kegel aufgetürmt, der seinen Fall weich abbremste. Er zündete die Lampe an und rief den anderen zu, sie sollten ihm nachkommen. Sie befanden sich in einer Höhle, aus der ein Gang in die Tiefe führte. Nach wenigen Schritten öffnete sich der Gang zu einer großen Halle, aus der weitere Gänge abzweigten. Aber hierfür hatten die Jungen keine Augen, denn trotz des trüben Lichts ihrer Lampe waren sie überwältigt von der Farbenpacht und dem Anblick der Stiere und Kühe, Hirsche, Pferde, Bisons und Steinböcke, die sich da an den Wänden in wilder Flucht vor seltsamen Menschengestalten zu retten versuchten.

Sie hatten eine prähistorische Höhle gefunden. Überglücklich malten sie sich aus, wie viel Ehre und Geld ihnen ihre Entdeckung einbringen würde. Ihren Freudentanz hätte man, wie Marcel Ravidat wenige Tage später schrieb, noch am ehestens mit dem Kriegstanz einer Horde Wilder vergleichen können.

Sie weihten einen weiteren Freund ein, mit dem zusammen sie am nächsten Tag ihre Erkundungen bis in die tiefsten Winkel der Höhle fortsetzten. Die Kunde von der Entdeckung gelangte wenig später zu einem Lehrer namens Laval, der einige Kenntnisse der Vorgeschichte besaß. Er war skeptisch, ließ sich aber an den Fundort führen und zwängte sich mit Mühe durch den engen Eingang. Als er aber die Wandmalereien in dem großen Saal erblickte, waren alle Mühen vergessen. Sofort veranlasste er, dass Henri Breuil verständigt wurde, der als der größte Kenner vorgeschichtlicher Malerei galt.

Dieser betrat am 21. September 1940 die Höhle von Lascaux, untersuchte sie aufs Genaueste und bestätigte den Findern, dass sie in der Tat eine der bedeutendsten vorgeschichtlichen Malereien entdeckt hatten, die man je gefunden hatte, und noch ein Lob sprach er aus. »Nach der Entdeckung«, schrieb er, »schlugen die Jungen ein Zelt neben dem Höhleneingang auf und erlaubten es niemandem, ohne ihre Begleitung die Höhle zu betreten. Und wenn von den nun schon bald 100 Besuchern aus Montignac und Umgebung keiner die Höhle ausplündern konnte, so ist es dem Einsatz dieser Jungen zu verdanken.«

Die Höhle wurde fürs Erste wieder geschlossen, ehe man sie nach dem Krieg zur Besichtigung freigab. Heute kann man die Originalhöhle nur noch mit Sondererlaubnis betreten, weil die Malereien durch den Atem der vielen Besucher

Schaden litten. Aber eine naturgetreue Nachbildung in einer Nachbarhöhle ist für die vielen tausend Besucher aus aller Welt, die jedes Jahr hierhin kommen, fast ebenso eindrucksvoll.

Es gibt noch eine andere Fassung der Entdeckungsgeschichte. Danach waren die Jungen auf der Jagd, als ihr Hund plötzlich in einem geheimnisvollen Loch verschwand, und sie entdeckten den Höhleneingang, als sie ihn zu retten versuchten. Aber diese Geschichte ist wahrscheinlich die Erfindung eines Reporters, der sich an die Höhle von Altamira bei Santander im Norden Spaniens erinnerte, die 1879 tatsächlich auf diese Weise entdeckt worden war.

Auch hier war es ein Kind, das die entscheidende Beobachtung machte. Denn während ihr Vater, Marcelino de Sautuola, die Höhlenwände musterte, hatte seine kleine Tochter nach oben geschaut und an der Decke eine ganze Gruppe gemalter und eingeritzter Tiere entdeckt. Dass diese Bilder ungefähr 15.000 Jahre alt waren, wusste damals noch niemand. Man glaubte auch nicht, dass Menschen vor so langer Zeit solche Kunstwerke hervorbringen konnten. Manche Gelehrte erklärten die Bilder sogar für moderne Fälschungen. Heute dagegen zweifelt niemand mehr an ihrem Alter und an ihrer Echtheit. In den Höhlen von Altamira und Lascaux dachten die Menschen noch nicht an Europa, aber Europas Ursprünge sind auch hier zu finden.

DIE ERSTEN EUROPÄER WAREN JÄGER UND SAMMLERINNEN

Wenn man seine Ahnen über die Jahrtausende hinweg benennen könnte, würde sich wahrscheinlich herausstellen, dass die meisten Europäer von heute irgendeinen Vorfahren in diesen Höhlen hatten. So recht vorstellen kann man sich das natürlich nicht. Unsere Urgroßeltern leben vielleicht noch oder wir kennen Bilder von ihnen, aber unsere »Ur-Ur-Ur-Ur- . . . 600-mal . . . Ur-Großeltern«?

Und doch, wenn man sich vor Augen führt, dass menschenähnliche Wesen schon vor zweieinhalb Millionen Jahren auf dieser Erde lebten, gehören die Künstler in den Höhlen noch zum engsten Familienkreis. Sie würden, wenn man ihnen Jeans und Sweatshirts zum Anziehen gäbe und sie vorher zum Friseur schickte, auch heute nicht sonderlich auffallen. Welche Sprache sie gesprochen haben, wissen wir nicht, aber aus ihren Bildern und aus Funden konnten Wissenschaftler doch eine Menge über das Leben dieser frühen Europäer erschließen, die noch in der so genannten »Altsteinzeit« lebten. Von »Steinzeit« sprechen wir, weil man damals noch nicht die Technik der Metallverarbeitung kannte, sondern Stein, Holz oder Knochen die wichtigsten Werkstoffe waren. Mit diesen aber konnten die Menschen schon sehr praktische Werkzeuge herstellen, von der Nadel zum Nähen über den Angelhaken bis zur Pfeilspitze und zum Messer.

Die Europäer dieser Zeit waren »Jäger und Sammler« oder eher »Sammlerinnen«, denn es waren wohl vor allem die Frauen und Kinder, die Samen, Nüsse, wilde Gemüse und Kräuter, essbare Wurzeln, Beeren und andere Früchte, aber auch kleine Tiere für die Ernährung sammelten. Die Männer gingen auf die Jagd. Manchmal gelang es ihnen, ganze Herden von Bisons, Auerochsen oder Wildpferden auf steile Felshänge zuzutreiben, wo die Tiere abstürzten und leichte Beute wurden. Auch in den Fallgruben, die sie mit großem Geschick anlegten, fing sich so manches Wildschwein oder Rentier. Wurfspeere, Schleudersteine – mit langen Lederriemen versehene Lederbeutel, in die Steine eingenäht waren – und Pfeil und Bogen, wie sie die Menschen in Lascaux schon kannten, waren gefährliche Waffen. Damit konnte man sich selbst an große Tiere wie Elche wagen oder Hasen erlegen. Auch Fische, in Netzen gefangen, am Angelhaken geködert oder mit der Harpune aufgespießt, waren eine willkommene Beute.

Die erbeuteten Tiere lieferten Nahrung, Kleidung und Werkstoff. Man wusste schon, wie sich Tierhäute zu Leder gerben ließen und damit haltbar wurden. Daraus gefertigte Kleidungsstücke halfen den nackten Europäern auch die kalten Jahreszeiten zu überstehen. Felle dienten dazu, die einfachen Hütten oder Wohngruben zu decken oder Höhleneingänge so abzuschließen, dass die Kälte nicht eindringen konnte.

Wenn allerdings in einer Gegend das Wild knapp wurde, musste die Horde weiterziehen und sich an anderer Stelle eine neue Bleibe suchen. So war manche Höhle, die sich besonders gut als Wohnung eignete, immer wieder einmal für einige Jahre von Leben erfüllt, um dann für Jahre oder Jahrzehnte leer zu stehen, bis die nächste Horde sie auf ihrer ständigen Wanderschaft in Besitz nahm.

Und wenn sich zwei Horden begegneten? Ob sie sich verständigen konnten? Ob sich ein Mädchen aus der einen und ein Junge aus der anderen Horde ineinander verliebten und zu Stammeltern einer europäischen Familie wurden? Wir wissen es nicht, aber es ist doch sehr wahrscheinlich, denn jeder von uns hat in sich noch das Erbe der »Jäger und Sammler«. Wer von uns bückt sich nicht, wenn er den Boden übersät sieht mit Hasel- oder Walnüssen? Wer ist nicht schon einmal hinter einem Ball hergejagt oder hat ihn zu fangen versucht? Auch beim Briefmarkensammeln und sogar im Straßenverkehr, wenn wir aufs Gaspedal treten, um jemanden anderen einzuholen, verhalten wir uns noch wie unsere Urahnen. Also herzliche Grüße an unsere Vorfahren aus den Höhlen in Lascaux und Altamira! Was wäre Europa ohne sie?

Europa war eine Frau

Einst erstreckte sich an der Ostküste des Mittelmeers im heutigen Land Libanon das mächtige Reich von Sidon. Hier herrschte König Agenor. Er hatte eine wunderschöne Tochter namens Europa, die er über alles liebte. Eines Nachts erschienen der jungen Frau im Traum zwei Frauen, von denen jede behauptete, das Mädchen gehöre zu ihr. Die eine, Asien genannt, umarmte Europa zärtlich und sagte, sie habe sie geboren und aufgezogen. Darum müsse sie bei ihr bleiben. Die andere aber, fremd von Aussehen, riss sie aus den Armen der Mutter weg und nahm sie mit sich. Und obwohl das Mädchen sich nach der Geborgenheit der Mutter Asien sehnte, fühlte sie doch, dass sie sich ihrem Schicksal nicht entziehen konnte.

Voller Bangen wachte Europa auf. Sie wusste nicht, was der Traum zu bedeuten hatte. Aber die helle Morgensonne vertrieb ihre Sorgen. An einem so schönen Tag wollte sie sich besonders hübsch kleiden. Sie wählte ein Gewand, das einst in einer Werkstatt der Götter kunstvoll mit Bildern aus der Sage bestickt worden war. Es wurde in ihrer Familie schon lange als Brautkleid vererbt. Dann eilte sie mit ihren Freundinnen zu den blumenübersäten Wiesen am Ufer des Mittelmeeres. Da pflückte die eine Narzissen, die andere Hyazinthen, wieder eine andere zart duftende Veilchen und leuchtend gelbe Krokusse. Europa aber stand da, einen Strauß leuchtend roter Rosen im Arm.

Dies sah hoch vom Himmel der Göttervater Zeus und gerade in dieser Sekunde schoss sein Enkel, der Liebesgott Eros, einen Pfeil auf ihn ab. Da fühlte sich Zeus, der sonst selbst Blitze schleuderte, wie vom Blitz getroffen und verliebte sich in die schöne Königstochter aus Sidon. Hierfür konnte er allerdings auf wenig Verständnis bei seiner Gemahlin Hera hoffen, die auf Grund früherer Seitensprünge ihres Gatten stets ein wachsames Auge auf ihn hatte.

Zeus aber wusste Rat. Er befahl seinem Sohn Hermes, dem Götterboten, die Rinder des Königs, die auf den Hügeln am Meer weideten, auf die Blumenwiesen hinabzutreiben, auf denen die Mädchen sich vergnügten. Er selbst verwandelte sich in einen weißen Stier, wie man schöner nie einen gesehen hatte, und mischte sich, ohne dass Hermes es wusste, unter die Herde.

Voll Freude über die saftige Weide zerstreuten sich die Rinder bald weithin, nur der weiße Stier näherte sich wie zufällig der Stelle, wo Europa und ihre Freundinnen gegenseitig ihre Blumenkränze bewunderten. Nun sollte man Stieren, und hätten sie noch so zierliche Hörner, besser aus dem Weg gehen. Dieser Stier aber machte einen so zahmen Eindruck, dass die Mädchen nicht Reißaus nahmen. Europa war am mutigsten. Sie hielt ihm einen Blumenstrauß vors Maul. Der Stier nahm die Blumen und leckte ihr sanft die Hand. Europa wagte es, ihm einen Kuss auf die Stirn zu geben. Da wurde der Stier noch sanfter, legte sich zu Füßen der jungen Frau nieder, blickte sie sehnsüchtig an und schien sie einzuladen aufzusitzen. Europa schmückte seine Hörner mit den Kränzen, die sie und ihre Freundinnen geflochten hatten, und schwang sich auf den breiten Rücken des Tieres.

Der Stier erhob sich ganz vorsichtig und machte ein paar langsame Schritte auf das Meer zu. Kaum aber hatte er den sandigen Strand erreicht, als er immer schneller wurde. Bald schwamm er mit Europa in den Fluten. Vergeblich rief diese um Hilfe. Es blieb ihr nur, sich an den Hörnern ihres Entführers festzuklammern. Schon war das Ufer verschwunden, dann ging die Sonne unter. Die ganze Nacht und auch den folgenden Tag hindurch trug der Stier seine Beute durch die Fluten, so geschickt, dass nicht ein einziger Wassertropfen das Mädchen berührte.

Endlich erreichten sie ein Land, das Europa gänzlich unbekannt war. Vorsichtig ließ der Stier sie von seinem Rücken gleiten und verschwand, um dann in Gestalt eines Mannes wiederzukehren, schön wie ein Gott. Er erklärte, er sei der König dieser Insel, die er Kreta nannte, und wolle sie zur Frau nehmen. Europa willigte ein – was blieb ihr auch anderes übrig? – und Zeus erreichte, was er wollte.

Am nächsten Morgen aber war er verschwunden. Nun wurde Europa klar, worauf sie sich eingelassen hatte. Einsam in einem fremden Land, von einem Heiratsschwindler betrogen! Laut jammernd beklagte sie ihr Schicksal, fast entschlossen sich von einem steilen Felsen ins Meer zu stürzen. Da erschien ihr plötzlich die Liebesgöttin Aphrodite mit ihrem kleinen Sohn Eros und eröffnete ihr, dass sie ihr den Traum geschickt hatte und dass ihr Liebhaber niemand anderes als der Göttervater Zeus gewesen war. »Dein Name«, sagte sie, »wird unsterblich werden, denn der Erdteil, der dich aufgenommen hat, wird hinfort Europa heißen.«

Mit diesen Worten verschwand sie. Europa aber wurde in Kreta glücklich und gebar hier Zeus einen Sohn, den sie Minos nannte. Dieser beherrschte die Insel viele Jahre lang mit so großer Gerechtigkeit, dass er nach seinem Tod zusammen mit seinem Bruder Radamantys in der Unterwelt zum Totenrichter eingesetzt wurde.

EUROPAS HEIMAT

Zwischen den Höhlenmalereien und der Entstehungszeit der Europa-Sage liegen über zehntausend Jahre. Nach dem Ende der letzten Eiszeit gegen 10.000 v. Chr. war es in Europa wärmer geworden. Das machte das Leben für die Menschen angenehmer, aber zugleich auch schwieriger, weil das Wild weiter nach Norden abgewandert war und die Jagd die Menschen nicht mehr wie früher ernährte. Dafür lernten sie jetzt durch Beobachtung, dass man den Samen bestimmter Grassorten mahlen und zu Brei kochen konnte. Man merkte auch, dass man die Körner in die Erde legen und wachsen lassen konnte. Indem man für die Aussaat jeweils die größten Körner verwendete, entstanden aus den wilden Gräsern die ersten Getreidesorten.

Jetzt mussten die Menschen nicht mehr von Ort zu Ort ziehen, um nach Nahrung zu suchen, sondern sie konnten die notwendigen Lebensmittel an Ort und Stelle erzeugen. Auch die Jagd wurde weniger wichtig, als es gelang, Wildtiere zu zähmen und aus ihnen Haustiere wie Hund und Katze, Ziege, Schaf, Rind, Hausschwein, Esel und Pferd zu zähmen. Aus den Jägern und Sammlern waren Ackerbauer und Viehzüchter geworden. Man lebte nicht mehr in Höhlen, sondern in festen Häusern und entdeckte als neuen Werkstoff den Ton, aus dem sich Gefäße formen ließen, die, im Feuer gebrannt, wasserfest wurden. Es wurden allerdings immer noch viele Werkzeuge und Waffen aus Stein gefertigt. Wir nennen diese Zeit darum auch Jungsteinzeit oder Neolithikum – das ist griechisch und bedeutet das Gleiche –, aber das Leben jetzt war doch so grundlegend anders geworden, dass man von der »neolithischen Revolution« spricht.

Die Menschen wurden in dieser Zeit nicht nur sesshaft, sie beobachteten auch, dass nicht jeder gleich geschickt für jede Arbeit war und dass es günstig war, sich die Arbeit zu teilen. In einer Dorfgemeinschaft war es sinnvoll, wenn die einen die handwerklichen Arbeiten verrichteten, andere begehrte und notwendige Rohstoffe und Waren von weither holten, wieder andere für die Äcker und Ställe sorgten. So wurden aus den steinzeitlichen Horden allmählich größere Gemeinschaften, die nun auch begannen sich durch Mauern oder andere Befestigungen nach außen zu schützen. Dann kam jemand, der mehrere Dörfer mit Gewalt oder mit guten Worten davon überzeugte, dass man sich zusammenschließen sollte. So jedenfalls kann man sich die Entstehung von Städten und Staaten vorstellen.
Wann das alles war? Die Frage ist nicht einfach zu beantworten. Bei uns in Europa ist es, wenn wir den Bodenfunden glauben dürfen, nicht einmal fünftausend Jahre her, dass die Menschen sesshaft wurden und kleine Dörfer bildeten. In Asien und Afrika dagegen hat diese Entwicklung früher eingesetzt. Schon aus dem achten Jahrtausend v. Chr. stammt eine Steinmauer in Jericho im Jordantal, bei der man von einer Stadtbefestigung reden kann. Seit dem fünften Jahrtausend v. Chr. sind in Mesopotamien – das ist griechisch und heißt Land zwischen den Flüssen, nämlich Euphrat und Tigris – Stadtstaaten nachzuweisen, um 2500 v. Chr. wurden in Ägypten am Nil die großen Pyramiden errichtet. Voller Staunen stehen wir auch heute noch vor den Leistungen, die von den Hochkulturen in den Flussoasen in Ägypten, Palästina und in Mesopotamien hervorgebracht worden sind. Hier im »fruchtbaren Halbmond« hat Europa die Schrift und den Kalender, die Rechtsprechung und die Baukunst, die Buchführung und die Geometrie gelernt.

Die erste europäische Hochkultur entwickelte sich seit etwa 2600 v. Chr. bei den Kretern, die ihrerseits viel von den frühen Reichen in Asien und Afrika gelernt haben. Die Sage, nach der Europa aus Asien kam, hat also einen sehr handfesten Hintergrund. Ihren Höhepunkt erlebte die kretische Kultur unter dem sagenhaften König Minos, dessen Reich sich über viele Inseln im östlichen Mittelmeer erstreckte. Sogar die Athener waren ihm, so erzählt die Sage, tributpflichtig.

Die kretische Kultur gehört nicht mehr der Steinzeit an. Vielmehr hatten die Menschen in den alten Hochkulturen schon gelernt Metalle zu verarbeiten. Schmuckstücke wurden aus Gold und Silber gefertigt, Metalle, die für Werkzeuge zu weich waren. Auch das Kupfer erwies sich für diesen Zweck als wenig geeignet. Um die Mitte des dritten Jahrtausends v. Chr. aber fanden Handwerker heraus, dass eine Legierung (Mischung) aus Zinn und Kupfer einen harten, zugleich aber gut formbaren und beständigen Werkstoff ergab, die Bronze. Die Zeit, in der dieses Material bei der Herstellung von Waffen und Werkzeugen vorherrschend war, nennt man Bronzezeit. Sie beginnt in Ägypten und Kreta und breitet sich von hier in Europa aus, ungefähr zu der Zeit, als Zeus die Europa entführte, aber das ist ja nur eine Sage, oder?

ICH HAB'S GEFUNDEN

Archimedes träumte, wie immer, wenn er auf dem warmen Sockel des Grabes seines Ur-Ur-Großvaters lag, dessen Namen er trug. Hier war nichts zu hören als das endlose Zirpen der Zikaden. Rund um ihn herum war dickes Dornengestrüpp. Nur er kannte den Weg hindurch. Er hatte ihn sich mühsam freigeschnitten und den Eingang tarnte er immer sorgfältig mit Reisig, damit sein Geheimnis gewahrt blieb. Niemand sonst in Syrakus wusste, wo sein berühmter Vorfahr begraben lag. In seiner Familie bewahrte man die Erinnerung an ein paar alte Verse auf, die das Grabdenkmal beschrieben. Aber da sich niemand entsinnen konnte jemals eine Kugel mit einem Zylinder auf einem Grabstein gesehen zu haben, glaubte man nicht daran, dass er noch existiere. Archimedes aber hatte einmal, als sie draußen vor den Toren der Stadt zwischen den Gräbern an der Straße nach Agrigent Verstecken spielten, den Zylinder mit der Kugel aus den Dornen herausragen sehen. »Heureka!«, rief er, und das bedeutete in seiner Sprache so viel wie »Ich hab's gefunden!«. Selbst vor seinem Vater war er hier sicher. Der hätte ihn heute bestimmt auf den Markt geschleppt und dort hätten die Männer wieder endlos darüber diskutiert, ob sie den neuen römischen Quästor, der jeden Tag erwartet wurde, selbstbewusst in griechischer Sprache begrüßen oder lieber ihren guten Willen zeigen und lateinisch mit ihm reden sollten. Archimedes war auf die Römer nicht gut zu sprechen, waren sie es doch, die seinen Ur-Ur-Großvater vor 130 Jahren gewaltsam getötet hatten. Was für ein Erfinder war der doch gewesen! Hatte er nicht dem betrügerischen Goldschmied nachweisen können, dass er das Gold, das er für die Herstellung einer Krone vom König bekommen hatte, teilweise durch Silber ersetzt hatte? Sehen konnte man das freilich nicht und einschmelzen wollte man die Krone auch nicht. Aber als er im Badehaus ins Wasser stieg und dabei das Becken überlief, war Archimedes der entscheidende Gedanke gekommen, dass Silber mehr Wasser verdrängte als Gold. Die Leute hielten ihn für verrückt, als er laut »Heureka!« rufend, nackt wie er war, auf die Straße gestürzt war.

Auch eine Schraube hatte er erfunden, mit der man Wasser nach oben pumpen konnte, und mit einem Hohlspiegel hatte er von der Stadtmauer aus bei der Belagerung von Syrakus die Segel der römischen Schiffe in Brand gesetzt. Dennoch fiel Syrakus, was der Gelehrte nicht mitbekommen hatte, weil er über ein geometrisches Problem grübelte und sich dazu eine Reihe von Kreisen in den Staub im Hof seines Hauses gezeichnet hatte. Da war ihm ein Tollpatsch von römischem Soldaten mitten durch die Zeichnungen gelaufen. Archimedes hatte verbittert mit seinem Zeichenstock nach ihm geschlagen und gesagt: »Zerstöre mir meine Kreise nicht!« Da hatte ihn dieser Barbar mit seinem Schwert durchbohrt. Hier sah man, was man als Grieche von den Römern zu halten hatte.

Der Junge gähnte und machte sich auf den Heimweg. Am Stadttor kam ihm ein junger Mann entgegen, ein Römer, wie an seiner Toga zu erkennen war. Ihn umringte eine Gruppe von Griechen, unter denen Archimedes seinen Vater erkannte. Der Römer sprach mit allen Zeichen der Ungeduld, aber in gepflegtem Griechisch von einem Grabmal

und sagte: »Eine Säule mit einem Zylinder und einer Kugel darauf kann man doch nicht übersehen.«
Aber er erntete nur Achselzucken und die vage Geste auf tausende von Gräbern, welche die Straße säumten. Der Römer schaute sich suchend um. Dann ging ein Leuchten über sein Gesicht, denn, was außer dem jungen Archimedes noch niemandem aufgefallen war, er sah es: die Spitze des Denkmals, die aus dem Gestrüpp herausragte. Wenig später war eine Gruppe von Sklaven mit Messern und Beilen beschäftigt das Grabmal seines Vorfahren freizulegen.
Der römische Beamte trat heran, und betrachtete es von allen Seiten. Das taten auch seine Begleiter, aber während sie nur wenig von der halb verfallenen Inschrift entziffern konnten, las er diese mühelos vor und ergänzte die fehlenden Teile in einer Weise, dass alle überzeugt waren, so und nur so müssten sie gelautet haben. Dann wies der Römer die Umstehenden an das Grab auszubessern und in Zukunft dafür zu sorgen, dass es nicht wieder zuwüchse.
Archimedes ärgerte sich, denn mit seinem schönen Zufluchtsort war es jetzt vorbei, aber er war auch nachdenklich. Dieser Römer war offensichtlich kein Barbar und er hatte etwas von dem Unrecht wieder gutgemacht, das ein römischer Legionär einst begangen hatte.

VON DEN GRIECHEN HABEN WIR KUNST UND WISSENSCHAFT

Die Griechen kamen von Norden

Man kann darüber streiten, wem Europa mehr zu verdanken hat, den Griechen oder den Römern. Auf jeden Fall sind beide Völker aus der Geschichte Europas nicht wegzudenken. Wenn wir in fast allen europäischen Sprachen ähnliche Wörter für »Politik« und »Demokratie«, für »Geometrie« und »Mathematik«, für »Harmonie« und »Rhythmus«, für »Musik«, »Poesie« und »Theater« haben, so stecken dahinter die Griechen; aber ohne die Römer und Männer wie den in der Geschichte erwähnten Cicero wäre vieles, was die Griechen herausgefunden haben, wohl in Vergessenheit geraten.

Aber eines nach dem anderen! Weil die Griechen da waren, als Rom noch nicht einmal gegründet war, wollen wir mit ihnen anfangen. Wir wollen es auch bei dem Namen »Griechen« lassen, den ihnen später die Römer gaben, während sie selbst sich »Hellenen« und ihr Land »Hellas« nannten.

Für die Menschen, die im Norden Europas wohnen, wo es im Winter sehr kalt ist und man Glück hat, wenn man eine Ernte im Jahr bekommt, waren die Länder am Mittelmeer mit ihrem angenehmen Klima immer ein besonderer Anziehungspunkt. Das ist heute nicht anders als vor dreieinhalbtausend Jahren. Ganze Völker zogen damals nach Griechenland, weil sie sich in den fruchtbaren Tälern und Küstenstreifen niederlassen wollten. Dass hier schon Menschen wohnten, kümmerte sie nicht besonders, hatten sie doch die besseren Waffen. Wer bleiben wollte, konnte für die Eroberer arbeiten, wer nicht, musste halt weiter nach Süden auf die Inseln oder sogar bis an die kleinasiatische Küste ziehen und

da sehen, dass er die einheimische Bevölkerung vertrieb oder zusätzliches Land zum Siedeln fand.
So kamen zuerst die Achaier, dann die Ionier und schließlich die Dorer und nahmen nach und nach ganz Griechenland, die Inseln im Ägäischen Meer und die Küste Kleinasiens in Besitz. Überall gründeten sie Städte, von denen Athen, Sparta, Korinth und Theben in Griechenland und Milet in Kleinasien wohl die berühmtesten sind. Jede dieser Städte bildete zusammen mit ihrem Umland einen eigenen Staat (griechisch: Polis) und alle waren sie sehr auf ihre Unabhängigkeit bedacht. Wenn die Zahl der Menschen so weit anwuchs, dass man sie nicht mehr alle ernähren konnte, schickte man eine Gruppe von Bürgern mit Schiffen los, die in einem anderen Land eine Kolonie gründeten. So entstanden griechische Städte im gesamten Mittelmeerraum, von Spanien bis zum Schwarzen Meer, auch in Südfrankreich (Marseille), Unteritalien (Neapel, Tarent) und besonders zahlreich auf Sizilien. Syrakus zum Beispiel wurde zur größten griechischen Stadt nach Athen.

Die Hellenen sind keine Barbaren

Die Kolonien bildeten selbst wieder eigene Staaten, wenn sie auch meist eng mit ihrer Mutterstadt verbunden blieben. Obwohl es also kein griechisches Reich, sondern viele Einzelstaaten gab, fühlten sich die Hellenen doch als ein Volk. Schließlich sprach man, wenn auch in unterschiedlichen Dialekten, die gleiche Sprache, während die anderen Völker völlig unverständliches Zeug von sich gaben, das ihnen wie »br-br« klang. Barbaren waren sie und darum durften sie natürlich auch nicht an den Olympischen Spielen teilnehmen, die alle vier Jahre zu Ehren des höchsten griechischen Gottes Zeus abgehalten wurden. »Wir schwören, dass wir rein griechischen Blutes sind, noch nie gegen die Gesetze verstoßen haben, uns gewissenhaft vorbereitet haben und dass wir beim Wettstreit keinen Betrug begehen werden«, mussten die Teilnehmer zu Beginn der Wettkämpfe versichern.

Nein, mit Barbaren konnte man vielleicht Handel treiben, aber was die Religion und die Kultur betraf, fühlten die Griechen sich ihnen haushoch überlegen. Sie hatten allerdings auf vielen Gebieten auch Beachtliches vorzuweisen und da fängt die Sache an, für Europa interessant zu werden.

Das klingt alles griechisch

Politik: In Athen entwickelte man die Idee von der Demokratie. Zugegeben, es war die Demokratie der freien, griechischen Männer – Frauen, Sklaven und Fremde hatten politisch nichts zu sagen –, aber immerhin, das war doch schon mehr als in der Monarchie, der Herrschaft eines einzigen, oder der Aristokratie, eigentlich »Herrschaft der Besten«, in der wenige Adlige alles bestimmten.

Architektur: In welche europäische Hauptstadt man auch immer kommt, irgendwo findet man bestimmt ein großes öffentliches Gebäude mit einer Reihe von Säulen davor, das an die Akropolis, die »Oberstadt« von Athen erinnert. Der Parthenon-Tempel, der Göttin Athene geweiht, war nicht der erste griechische Tempel, aber er ist wohl der vollendetste. An seiner Errichtung war auch der berühmte Bildhauer Phidias beteiligt, dessen leider verlorenes Standbild des Zeus unter die sieben Weltwunder gerechnet wurde.

Schrift: Alpha und Beta sind die beiden ersten Buchstaben des griechischen Alphabets. Die Griechen haben die Schrift nicht erfunden, aber weiterentwickelt, und auf ihre Schrift gehen alle europäischen Schriften, die kyrillische Schrift in

Osteuropa ebenso wie die lateinische Schrift, die in Westeuropa und vielen anderen Ländern auf der Welt gebraucht wird, zurück.

Literatur, Theater, Musik: Als Vater der griechischen und der europäischen Literatur gilt Homer, der gegen Ende des achten Jahrhunderts vor Christi Geburt in seinen Epen – ein Epos ist eine Verserzählung – den Trojanischen Krieg und die Irrfahrten des Odysseus beschrieb, womit er für unzählige spätere Schriftsteller zum Vorbild wurde. Auch die Stücke von Aeschylos, Sophokles, Euripides und Aristophanes, um nur einige zu nennen, werden heute noch gespielt. Drama, Tragödie, Komödie, Szene, Prolog und auch das Wort Theater selbst sind griechischen Ursprungs. Literatur und Theater, aber auch die Musik waren Teil der griechischen Religion. Der Gott Apollo war sozusagen der Kultusminister, und da einer allein unmöglich den Überblick behalten kann, hatte er neun Musen bei sich, hübsche Mädchen, die sich meist die Zeit mit Tanzen und Singen vertrieben und z. B. dafür sorgten, dass gute Komödien (Thalia), Tragödien (Melpomene) oder Epen (Kalliope) geschrieben wurden, oder auch dass gute musikalische Kompositionen (Euterpe) entstanden und schön gesungen wurde (Polyhymnia). Die Griechen richteten auch Plätze ein, wo sie die Musen verehrten, und nannten diese »Museion«, was dann im Lateinischen zu »Museum« wurde.

Rhetorik (Redekunst): Wer in der Öffentlichkeit etwas werden wollte, musste seine Mitbürger überzeugen können. Die Griechen stellten Regeln dafür auf, wie ein Redner (Rhetor) seine Argumente sammelt und ordnet, wie er daraus eine gute Rede macht, welche die Zuhörer zunächst interessiert und dann überzeugt, und mit welchen Gesten und in welchem Tonfall er sie vortragen soll. Der große athenische Redner Demosthenes (4. Jh. v. Chr.) wurde für die Rhetorik und, wenn man genau hinsieht, sogar für den Aufsatz, den du in der Schule schreiben musst, zum Vorbild.

Geschichte und Erdkunde: Wenn wir schon bei der Schule sind! Alle Fächer, die in der Schule unterrichtet werden, haben eine lange Tradition. Und an deren Anfang finden wir fast immer die Griechen. Wie man »Geschichte« zusammenhängend darstellt, hat als Erster Herodot (5. Jh. v. Chr.) überzeugend vorgeführt. Seine Werke sind auch nach fast zweieinhalb Jahrtausenden recht spannend zu lesen, kein Wunder stand ihm doch als Geschichtsschreiber eine eigene Muse, Klio, zur Seite. In der Geografie haben wir allerdings gegenüber den Griechen große Fortschritte gemacht, denn diese kannten fast nur die Länder rund um das Mittelmeer. Auch glaubten wohl die meisten Menschen damals, dass die Erde eine Scheibe sei. Aber es gab auch griechische Wissenschaftler, die durch genaue Beobachtung der Sterne zu dem Ergebnis kamen, dass die Erde eine Kugel sein müsse, und Eratosthenes (3. Jh. v. Chr.) bestimmte sogar ziemlich genau den Erdumfang.

Mathematik und Naturwissenschaft: Den Satz des Pythagoras (6. Jh. v. Chr.) lernen wir auch heute noch in der Schule und die Namen Thales (6. Jh. v. Chr.) und vor allem Euklid (4. Jh. v. Chr.) sind aus der Geometrie bestens bekannt. Von Archimedes (gest. 212 v. Chr.) und seinen Erfindungen, zu denen auch der Flaschenzug gehörte, war schon die Rede. Die Überlegungen eines Mannes namens Demokrit (5. Jh. v. Chr.) allerdings, dass die ganze Welt aus kleinsten unteilbaren Teilchen bestehe – er bezeichnete sie mit dem griechischen Wort als »Atome« –, diese Überlegung schien den meisten Menschen im Altertum noch zu phantastisch. Sie wurde erst zweitausend Jahre später wieder aufgegriffen.

Medizin: Aus den Lehrbüchern, die Hippokrates« (5. Jh. v. Chr.) und später Galen (129–99 n. Chr.), beides Griechen, über die Medizin schrieben, lernte man die Heilkunst noch bis vor einigen hundert Jahren. Der »Eid des Hippokrates« bindet die Ärzte heute noch.

Philosophie: *Philosophie* ist auch ein griechisches Wort. Es bedeutet »Liebe zur Weisheit«. Es war eine beliebte Freizeitbeschäftigung für gebildete Bürger in Athen, in der Stadt spazieren zu gehen und zu diskutieren. Schließlich war man klug genug, um über alles mitzureden. Aber dann trat eines Tages ein sonst recht unscheinbarer Mann auf. Sokrates hieß er und er behauptete von sich: »Ich weiß, dass ich nichts weiß.« Wer nun aber glaubte als gebildeter Mensch in der Diskussion mit einem solchen Nicht-Wisser leichtes Spiel zu haben, hatte sich gründlich getäuscht. Denn Sokrates wusste so geschickt zu fragen, dass man nach kurzer Zeit selbst zugeben musste, dass man keine Ahnung hatte.

Viele junge Männer umringten ihn immer, wenn er durch seine Fragen wieder einmal einen Gesprächspartner dazu zwang, Schlussfolgerungen zu ziehen, an die er vorher nicht gedacht hatte. Die Oberen in Athen und die Eltern der jungen Leute waren allerdings davon nicht so begeistert, denn die Fragen, welche die jungen Leute ihnen dann stellten, empfanden sie als sehr unbequem. Wer, an Gehorsam gewöhnt, bei jeder Anweisung nach dem »Warum?« gefragt wird, reagiert nun einmal gereizt. Dass man deswegen aber dem siebzigjährigen Sokrates 399 v. Chr. den Prozess machte, weil er die Jugend verderbe und die Autoritäten nicht anerkenne, und dass man ihn deswegen zum Tode verurteilte und hinrichtete, wird den Athenern heute noch zum Vorwurf gemacht. Sie erreichten damit auch nicht das gewünschte Ziel, denn die Schüler des Sokrates schrieben die Gespräche auf, die er mit ihnen geführt hatte, und setzten seine Arbeit fort. Platon (427–347 v. Chr.) gründete eine eigene Schule, die Akademie, die zum Vorbild für die europäischen Hochschulen wurde. Einer seiner Schüler war Aristoteles (384–322 v. Chr.). Er schrieb zu sehr vielen Fragen der Wissenschaft und Kunst Abhandlungen, die zu den wichtigsten Lehrbüchern Europas wurden. Besonders seine Überlegungen über das Denken (griechisch *Logos*) wurden wegweisend. Logisch, nicht wahr?

Alexander der Große

Das mögen Beweise genug für die tiefen Spuren sein, welche die Griechen hinterlassen haben. Über ihre Kolonien verbreitete sich das griechische Denken im gesamten Mittelmeerraum. Noch mehr zur Verbreitung trug aber ein König bei, den man »den Großen« nennt. 338 v. Chr. übernahmen die nordgriechischen Makedonen unter Führung ihres Königs Philipp II. (359–336 v. Chr.) die Herrschaft über ganz Griechenland. Dessen Sohn, Alexander – einer seiner Lehrer war übrigens der eben erwähnte Aristoteles –, war damit noch nicht zufrieden. In nur 13 Jahren bis zu seinem Tod im Jahr 323 v. Chr. eroberte er das riesige Perserreich und zog im Osten bis nach Indien, im Westen bis nach Ägypten. Überall gründete er neue Städte, das ägyptische »Alexandria« trägt heute noch seinen Namen. Die Bibliothek – auch ein griechisches Wort – in Alexandria war die größte der antiken Welt. Nach dem Tode Alexanders des Großen zerfiel zwar sein Reich in drei Teile, aber ausgehend von seinen Städtegründungen verbreitete sich die hellenische Kultur im gesamten Mittelmeerraum noch weiter als bisher. Man spricht von der Zeit des Hellenismus.

Und die Römer?

Als Homer seine Epen schrieb, wurde die Stadt Rom gerade gegründet (der Sage nach im Jahre 753 v. Chr.), auf Hügeln, weil man im Tal noch knöcheltief im Schlamm watete, und mitten in der Wildnis. Und zwar von Romulus und Remus, die angeblich von einer Wölfin genährt worden waren. Von Kultur und edler Gesinnung zunächst keine Spur. Erst bringt Romulus seinen Bruder Remus einfach um, weil der über die noch niedrigen Stadtmauern spottet, dann behebt man den Frauenmangel in der neuen Stadt, indem man die Töchter der benachbarten Sabiner raubt! Als Vorbild für Europa nicht zu gebrauchen!

Aber zu wehren wussten sich die Römer. Wenn jemand sie angriff, verteidigten sie sich, gewannen und vergrößerten ihr Herrschaftsgebiet. Und als ihr König sich zu viel herausnahm, vertrieben sie ihn und erklärten ihr Land zur Republik, das heißt zu einer »Sache, die alle angeht«. Fortan ließen sie sich von zwei Konsuln regieren, die jedes Jahr neu gewählt wurden. Das war um das Jahr 500 v. Chr., also ungefähr zur gleichen Zeit, als man in Athen die Demokratie einführte. Aber wenn man damals einem Athener von einer Stadt in Rom in Italien erzählt und vorhergesagt hätte, dass diese 350 Jahre später in Athen die Herrschaft übernehmen würde, wäre man ausgelacht worden.

In Rom gab es einen Tempel in Form eines großen Tores, der dem Gott Janus geweiht war. Janus konnte, da er zwei Köpfe hatte, zugleich nach vorne und nach hinten schauen. Er wachte über alles, was noch unentschieden war, was so oder so ausgehen konnte, also auch über den Krieg. Wenn Frieden war, wurden die Tore seines Tempels geschlossen; wenn die Römer mit irgendjemandem Krieg führten, standen sie offen. In den ersten siebenhundert Jahren der römi-

schen Geschichte sollen sie nur einmal geschlossen gewesen sein.
Die Römer behaupteten immer, sie führten nur dann Krieg, wenn sie angegriffen würden oder wenn jemand anderes ihnen ein Unrecht zugefügt hatte. Aber sie waren wohl auch ganz gut darin, Gründe für einen »gerechten Krieg« zu finden. Jedenfalls eroberten sie Stück für Stück erst ganz Italien, dann im dritten Jahrhundert v. Chr. Sizilien, Sardinien, Südfrankreich, Spanien und Nordafrika, wobei ihnen allerdings der karthagische Feldherr Hannibal beinahe einen Strich durch die Rechnung gemacht hätte. 148 v. Chr. war Griechenland an der Reihe, fünfzehn Jahre später »erbten« sie einen großen Teil der heutigen Türkei. Andere Reiche am Mittelmeer wie Palästina und Ägypten bestanden zwar noch ungefähr hundert Jahre fort, aber ihre Könige taten nur das, was ihnen der Senat in Rom gestattete.

Griechisches Wissen in römischen Lehrbüchern

Die Griechen hatten mit all ihrer Gelehrsamkeit den römischen Legionen nur wenig entgegenzusetzen. Ein Mann wie Archimedes konnte mit seinem überragenden Wissen zwar ihren Vormarsch einmal für eine gewisse Zeit verzögern, aufhalten konnte er ihn nicht. Und doch blieben die Griechen irgendwie auch Sieger. Denn die Römer waren nicht nur bereit zu herrschen, sondern auch zu lernen. Wo sie etwas Gutes fanden, machten sie es sich zu Eigen. Ein Mann wie der erwähnte Cicero sprach nicht nur perfekt Griechisch, sondern übertrug auch zahlreiche Werke der griechischen Philosophie und Rhetorik in seine eigene Sprache, das Lateinische, und entwickelte die darin enthaltenen Gedanken fort. Andere Zeitgenossen taten es ihm gleich. Die Geschichte von der Idee, die Archimedes im Badehaus kam, erzählt zum Beispiel der Schriftsteller Vitruv, der um 25 v. Chr. ein zehnbändiges Werk in lateinischer Sprache über die Architektur schrieb. Dieses und andere Lehrbücher, mit Themen von der Landwirtschaft über die Geografie und die Dichtkunst bis hin zum Kochen, wurden für über 1500 Jahre zur Grundlage aller europäischen Bildung. Und da die lateinischen Lehrbücher meist griechische Vorlagen hatten, muss man wohl den Griechen und den Römern den gleichen Rang als Baumeister am europäischen Haus einräumen.

EIN MANN AUS BOLOGNA

M(arco) Caelio T(iti) f(ilio) Lem(onia tribu) Bon(onia)
(primo) o(rdini) leg(ionis) XIIX, ann(orum) LIII s(emissis).
(oc)cidit bello Variano, ossa
(i)nferre licebit. P(ublius) Caelius T(iti) f(ilius)
Lem(onia tribu) frater fecit.

Dem Marcus Caelius, Sohn des Titus von der Tribus Lemonia
aus Bononia (Bologna)
Zenturio ersten Ranges der 18. Legion, 53 1/2 Jahre alt.
Er fiel im Krieg des Varus.
Die Gebeine (des Centurio? seiner Freigelassenen?)
dürfen (in diesem Grab) beigesetzt werden. Publius Caelius,
Sohn des Titus,
von der Tribus Lemonia hat (das Grab) als Bruder
errichten lassen.

M(arcus) Caelius M(arci) l(ibertus) Privatus	M(arcus) Caelius M(arci) l(ibertus) Thiaminus.

Marcus Caelius Privatus
Freigelassener des Marcus

Marcus Caelius Thiaminus
Freigelassener des Marcus

Dieser Grabstein aus Xanten am Niederrhein, der einen römischen Offizier und zwei seiner Freigelassenen, d. h. früheren »Sklaven«, zeigt, ist das einzige sichere Zeugnis, das wir von Marcus Caelius haben, und doch erzählt er, wenn man genau hinschaut, eine europäische Lebensgeschichte:

Ein freudiges Ereignis feierte man in den ersten Monaten des Jahres 45 v. Chr. in Bononia. Titus Caelius blickte stolz auf seinen neugeborenen Sohn. Wie es sich gehörte, nahm er ihn in den Arm und erkannte ihn damit als sein Kind an. Was mochte ihn wohl im Leben erwarten? Würde er zu einem kräftigen Mann heranwachsen oder, was leider nicht selten war, an einer Kinderkrankheit sterben? Titus Caelius wollte alles daransetzen, dass es ihm an nichts fehlte, auch wenn sie nicht reich und die Zeiten unruhig waren.

Ein blutiger Bürgerkrieg lag hinter ihnen. Gaius Julius Caesar hatte gewonnen. Titus Caelius erinnerte sich gut an ihn, denn er war fast zehn Jahre lang Statthalter der gallischen Provinz gewesen, in der Bononia lag. Von hier aus war er immer wieder zu den Feldzügen aufgebrochen, in denen er die Gallier unterworfen hatte, die auf der anderen Seite der Alpen lebten, und hatte das Römische Reich vergrößert. Darauf war Titus Caelius stolz. Er fand es auch gut, dass Caesar jetzt in Rom dafür sorgte, dass die Straßenkämpfe aufhörten und die Veteranen, die nach zwanzig, dreißig oder noch mehr Jahren aus dem Militärdienst ausgeschieden waren, Land bekamen, damit sie ihren Lebensunterhalt erwirtschaften konnten.

Dass Caesar sich zum Diktator hatte ernennen lassen und weder Senat noch Volksversammlung fragte, ob sie seine Maßnahmen billigten, war ihm, Titus Caelius, ziemlich egal. Schließlich wohnte er weit weg von Rom und konnte sich die

Reise zur Volksversammlung, in der er mit den anderen Mitgliedern der Lemonischen Tribus mit abstimmen durfte, ohnehin nicht leisten. Hauptsache, es blieb friedlich und die Abgaben wurden nicht erhöht.
Aber es blieb nicht friedlich. Am 15. März 44 v. Chr., kurz vor oder nach dem ersten Geburtstag des kleinen Marcus, wurde Caesar in Rom von einer Gruppe von Senatoren ermordet, die es nicht mit ansehen wollten, wie wenig der Diktator die geschriebenen und ungeschriebenen Gesetze der Republik beachtete. Wieder folgten Bürgerkriege. Bononia freilich war davon weniger betroffen. Vielmehr blühten die Stadt und ihr Umland durch zahlreiche neue Siedler wirtschaftlich auf. Auch viele Beamte, Kaufleute und Offiziere, die auf der Aemilischen Straße in die durch Caesar eroberten Gebiete reisten und hier Station machten, brachten Geld in die Stadt.
Als die Bürgerkriege im Jahr 30 v. Chr. mit dem Sieg Octavians, der uns als Kaiser Augustus bekannt ist, endeten, war Marcus Caelius fünfzehn Jahre alt. Da er später zum Offizier aufstieg, muss er über eine gewisse Bildung verfügt haben. Sein Vater hat also das Geld aufgebracht, um ihm den Schulbesuch zu ermöglichen. Das bedeutete, er hatte als etwa Siebenjähriger begonnen beim Elementarlehrer lesen, schreiben und rechnen zu lernen, nicht selten auch »eingebläut« zu bekommen. Mit elf Jahren war er dann zum Grammatiklehrer geschickt worden, wo er die lateinische und griechische Literatur studieren musste, wobei die Lehrmethoden nur unwesentlich feiner waren als in der Grundschule. Seine Freizeit wird er wie Kinder heute mit Spielen wie Fangen oder einem der vielen Nussspiele verbracht haben. Er wird mit seinem Vater zum Schwimmen in die Thermen, zu einem Schauspiel ins Theater oder zu einem Gladiatorenkampf ins kleine Amphitheater gegangen sein.

Wann er sich entschloss Soldat zu werden, wissen wir nicht, da der Grabstein keine Aussage über die Länge seiner Dienstzeit enthält. Das übliche Eintrittsalter ins Heer war 18 bis 20 Jahre. Nehmen wir also an, es war im Jahre 25 v. Chr. Die 18. Legion hatte Octavian, der jetzt schon den Ehrentitel *Augustus* (»der Erhabene«) trug, etwa 15 Jahre zuvor in Oberitalien, also auch in Bononia und Umgebung, aufstellen lassen. Schon möglich, dass ein Freund der Familie in ihr diente und dem jungen Mann empfohlen hatte sich für diese Legion anwerben zu lassen. Jedenfalls war Marcus Caelius bei seinem Tod Angehöriger dieser Legion.

Die Haupttätigkeit eines einfachen Soldaten im römischen Heer bestand aus Schleppen und Marschieren. Mantel, Helm, Brustpanzer, Schild, Schwert, Lanze, Getreide für 15 bis 20 Tage, Handmühle, Säge, Korb, Spaten, Beil, Topf und zwei bis drei Pfähle wollten erst einmal 20 bis 25 km am Tag geschleppt werden. Am Tagesziel mussten dann der Graben für den Schutz des Lagers ausgehoben, eine Palisade aus Pfählen errichtet, die großen Zelte für die Offiziere und die kleineren für die eigene Unterkunft aufgeschlagen werden, ehe man sein Getreide mahlen und den einfachen Brei kochen konnte, der die Hauptnahrung darstellte. Gut, wenn es nicht regnete und man sich im Freien aufhalten konnte, denn im Zelt mussten acht Männer mit etwa 20 Quadratmeter auskommen. Wenn die Legion längere Zeit an einem Ort in einem festen Lager verbrachte und das Marschieren und Schleppen entfiel, standen Arbeiten wie Ziegelbrennen und Straßenbau auf dem Programm.

Marcus Caelius scheint bald die Aufmerksamkeit seiner Vorgesetzten erregt zu haben. Sein Rang als Centurio (Hauptmann) der ersten Kohorte (Abteilung) seiner Legion war der höchste, zu dem sich ein einfacher Soldat hinaufdienen konnte. Stufen auf seiner Karriereleiter waren vielleicht Tubabläser, Feldzeichenträger einer Kohorte, Adjutant des Legionskommandanten, Träger des Legionsadlers und Hauptmann einer rangniedrigeren Kohorte. Darüber hinaus wurde er immer wieder mit Orden ausgezeichnet. Sie sind auf seinem Lederpanzer abgebildet. Einmal, das zeigt einer dieser Orden, muss er einem römischen Bürger im Kampf das Leben gerettet haben.

Da man über die Geschichte der 18. Legion in diesen Jahren nicht ganz genau Bescheid weiß, kann ich nicht sagen, ob Marcus Caelius von Anfang an in Germanien Dienst tat. Gut möglich, dass er vorher in Südfrankreich stationiert war. Aber im Jahr 9 v. Chr. war er sicher schon in Castra Vetera (Birten bei Xanten). Und auch hierhin wird aus Rom die Kunde von einem großen Fest gelangt sein, mit dem Augustus die Einweihung eines Friedensaltares gefeiert hatte. In Rom mochte das angehen – die Bürgerkriege waren vor über 20 Jahren zu Ende gegangen –, aber am Rhein kam den Soldaten dies wohl eher seltsam vor. Frieden? Wo war Frieden? Hier jedenfalls nicht. Wie oft mussten mehrere Kohorten oder gar die ganze Legion ausrücken, um kriegerische Horden von Germanen am Rheinübergang und dem Einfall in römisches Land zu hindern. Und die lange Grenze war nur schwer zu verteidigen. Der Kaiser in Rom und seine Feldherrn dachten daher daran, die Reichsgrenze vom Rhein bis zur Elbe vorzuschieben, um mit Donau und Elbe eine kürzere Verteidigungslinie von den Alpen bis zur Nordsee zu bekommen. Konnte man das vielleicht sogar ohne Krieg bewerkstelligen?

Ausgeschlossen schien das nicht. Einige germanische Stämme wie die Ubier hatten sich schon freiwillig unter die römische Herrschaft begeben. Sie wohnten jetzt schon seit fast einem halben Jahrhundert auf der linken Rheinseite. Auch die Germanen auf der rechten Rheinseite schienen vom römischen Leben beeindruckt. Jedenfalls berichteten immer mehr Kaufleute davon, dass sie freundlich empfangen wurden und gute Geschäfte mit Wein und Textilien machten. Einige Male war Marcus Caelius auch schon mit der Legion weit ins Germanenland hinein vorgedrungen, ohne dass sie in größere Kämpfe verwickelt worden waren.

Das Risiko eines großen Zuges ins Germanenland im Frühling des Jahres 9 n. Chr. erschien Quintilius Varus, seit zwei Jahren Statthalter im römischen Germanien, jedenfalls nicht allzu groß. Er hatte es sich in den Kopf gesetzt, das Land zwischen Rhein und Elbe endgültig zu einem Teil des Römischen Reiches zu machen. Dazu hatte er die 17. Legion aus der Ubierstadt (Köln) und die 18. und 19. Legion aus Castra Vetera zusammengezogen.

Marcus Caelius war inzwischen so wohlhabend, dass er sich mehrere Sklaven leisten konnte, die ihn im Privatleben und in der Verwaltung unterstützten. Er stand als über 50-Jähriger und nach über dreißig Dienstjahren kurz vor seiner Verabschiedung aus dem Heer. Drei gut bewaffnete Legionen, mag er gedacht haben, werden die Germanen nicht anzugreifen wagen. Aber Gefahren gibt es viele, und wer weiß, ob und wann wir zurückkommen.

Vielleicht ließ er darum seine Sklaven Privatus und Thiaminus frei. Das änderte am Leben der beiden wenig, denn Rechte hatten Freigelassene auch nicht viel mehr als Sklaven. Aber ihre Kinder würden schon angesehener sein und ihre Enkel würden das volle römische Bürgerrecht besitzen.

Marcus Caelius Privatus und Marcus Caelius Thiaminus, wie sie von nun an hießen, begleiteten ihren Herrn Marcus Caelius auf den Feldzug nach Germanien. Auf diesem gerieten En-

de September des Jahres 9 n. Chr. die drei Legionen des Varus auf dem Rückmarsch zum Rhein in einen Hinterhalt der Germanen, aus dem kaum jemand entkam. Marcus Caelius und seine beiden Freigelassenen starben. Den Ort der so genannten »Schlacht im Teutoburger Wald« hat man lange gesucht, vor einigen Jahren wurde er in Kalkriese bei Osnabrück entdeckt. Ob etwas von den hier gefundenen Gegenständen auch Marcus Caelius gehörte? Wir wissen es nicht.
Die Kunde von der schrecklichen Niederlage gelangte auch nach Bononia. Zuerst war es nur ein Gerücht, dann wurde es zur Gewissheit, schließlich wurden schreckliche Einzelheiten bekannt. Es hieß, die Germanen hätten alle Centurionen, die nicht im Kampf gefallen waren, an Altären für ihre Götter geopfert. Niemand sei ordnungsgemäß bestattet worden. Zwar hatte Augustus versprochen ein neues Heer an den Schlachtort zu schicken, um die Toten zu begraben und ihren Seelen Ruhe zu geben, aber das konnte noch Jahre dauern.
Titus beschloss, dass an dem Ort, von dem aus das Heer zu seinem verhängnisvollen Feldzug aufgebrochen war, wenigstens ein Stein an Marcus erinnern sollte. Und vielleicht würde es ja doch noch gelingen, die Gebeine des toten Bruders und seiner beiden Freigelassenen zu finden und in dem Grabmal zu bestatten.

Hier endet die Geschichte der Familie Caelius, soweit wir sie sicher oder mit einiger Wahrscheinlichkeit aus dem Grabstein erschließen können. Aber die Tatsache, dass wir sie in dieser Ausführlichkeit erzählen können, zeigt, dass Titus Caelius' Hoffnung, die Erinnerung an seinen Bruder wach halten zu können, sich erfüllt hat.

EUROPA FAST GRENZENLOS

Wie der Rhein zur Grenze des römischen Europas wurde

Im letzten Kapitel war die Rede davon, wie sich das Römische Reich rund um das Mittelmeer ausbreitete. Im ersten Jahrhundert vor und nach Christus setzten die Römer ihre Ausdehnung nach Norden fort. Hier trafen sie auf zwei große Völker, die Kelten und die Germanen. Die Feldzüge gegen die Kelten verliefen aus der Sicht der Römer sehr erfolgreich. In acht Jahren, von 58 bis 51 v. Chr., eroberte Gaius Julius Caesar ganz Gallien (mit Ausnahme eines kleinen Dorfes?), das heißt das heutige Frankreich, die Benelux-Länder, das linksrheinische Deutschland und den größten Teil der Schweiz. 35 Jahre später unter Kaiser Augustus wurden die in Süddeutschland und dem heutigen Österreich lebenden Raeter besiegt, wieder 60 Jahre später unter Kaiser Claudius wurde das keltische Britannien, dem auch schon Caesar einmal einen Besuch abgestattet hatte, endgültig Teil des Römerreichs.

Der Plan, auch die rechts des Rheines lebenden germanischen Stämme unter römische Herrschaft zu bringen, scheiterte mit der großen Niederlage im Teutoburger Wald, bei der Marcus Caelius sein Leben verlor. Die Römer begnügten sich danach im Wesentlichen damit, kampferprobte Legionen am Rhein zu stationieren, um die Germanen daran zu hindern, den Strom zu überqueren. Wo sie keine natürlichen Hindernisse ausnützen konnten, bauten sie Grenzwälle, die hunderte von Kilometern lang sein konnten. Eine solche Befestigung nennt man Limes. Reste davon findet man nicht nur in Süddeutschland, sondern auch an der Grenze zwischen England und Schottland. Das waren aber keine undurchdringlichen Mauern wie der so genannte »Eiserne Vorhang«, der nach dem zweiten Weltkrieg für über vierzig Jahre die Menschen in Osteuropa von Westeuropa abschloss. Wer in friedlicher Absicht ins Römische Reich hineinwollte, durfte dies und umgekehrt gab es zahlreiche römische Kaufleute, die durch die Tore des Limes hindurch zum Beispiel nach Germanien zogen, um Handel zu treiben.

Ein gemeinsamer Markt

Ob nun die Germanen das bessere Los gezogen haben, als sie die Römer abwehrten, oder die Kelten, die in Provinzen des Römischen Reiches lebten, ist nicht zu entscheiden. Zuerst haben die Kelten die fremden Herren nicht gerade begeistert begrüßt und sie haben sich erbittert gewehrt. Vercingetorix in Frankreich und Caratacus in Britannien waren berühmte keltische Führer, die heute noch als Freiheitshelden gefeiert werden, weil sie ihre Völker, wenn auch ohne Erfolg, gegen die Eroberer führten.

Ein oder zwei Generationen später aber, wenn die Erinnerung an die blutigen Kriege verblasst war, scheinen die Menschen mit der römischen Herrschaft nicht unzufrieden gewesen zu sein. Das Leben im Imperium Romanum, so nannten die Römer selbst ihr Reich, bot ja auch nicht zu unterschätzende Vorteile.

Die Kelten waren vorzügliche Handwerker. Niemand übertraf sie zum Beispiel in der Eisenschmiedekunst. Sie waren das erste Volk in Mitteleuropa, das diesen neuen, harten Werkstoff, der sich im letzten Jahrtausend v. Chr. gegenüber der Bronze immer mehr durchsetzte, in größerem Umfang nutzte. Auch keltische Töpferwaren, Textilien und Lederwaren hielten jeden Vergleich mit denen anderer Völker aus.

Wer Qualitätsware herstellt, möchte sie natürlich auch gern

absetzen, und wo ging das besser als im Römischen Reich? Von der Grenze Schottlands bis an die Südgrenze Ägyptens, von Gibraltar bis zum Schwarzen Meer, alles war ein Staat und ein Markt. Überall galten die gleiche Währung, die gleichen Gesetze, gab es gute Straßen und Schifffahrtslinien, war man einigermaßen sicher, dass man nicht in Kriege verwickelt oder von Piraten aufgebracht wurde, konnte man sich in der Sprache der Römer, dem Lateinischen, verständigen. In dem Europa, welches auf den Euroscheinen abgebildet ist, gibt es mit Ausnahme von Irland, Island, den skandinavischen und baltischen Staaten und Polen, Weißrussland, Russland und Moldawien keinen modernen Staat, der nicht ganz oder zumindest teilweise auf dem Boden des alten Imperium Romanum liegt. Das gilt selbst für einen kleinen Teil der Ukraine am Schwarzen Meer. Und wo immer der römische Bürger, der sich selbst »civis Romanus« nannte, hinkam, brachte er seine Zivilisation in Form von Straßen und Wasserleitungen, von großen Badeanstalten und Theatern, von Rechtsprechung und Kochkunst mit.

Was die Römer Europa hinterlassen haben

Das große Imperium Romanum zerfiel im Westen durch die Völkerwanderung (s. u.). Aber dennoch hinterließen die Römer in Europa Spuren, die wir heute noch sehen, hören, schmecken, riechen und tasten können.
Römische Bauwerke wie den Hadrianswall in England, die Porta Nigra in Trier oder das Kolosseum in Rom kennst du sicher. Manche werden sogar noch genutzt. Im Amphitheater von Verona finden berühmte Opernaufführungen statt, in Rom fließt das Wasser in die berühmte Fontana di Trevi noch durch eine zweitausend Jahre alte Wasserleitung, in Trier rollt der Verkehr über eine Moselbrücke, die auf römi-

schen Fundamenten steht. Und wenn man in Rom über die alte Via Appia geht, spürt man die römischen Pflastersteine deutlich durch die Schuhsohlen. Überhaupt liegen viele moderne Straßen noch auf den gleichen Trassen wie die meist schnurgeraden Römerstraßen, wenn sie auch heute oft eine glattere Oberfläche haben.

Die Römer waren es, die den Kirschbaum in Europa einführten, und wenn heute jemand mit der Nase die Blume seines Glases mit französischem oder deutschem Wein prüft, so kann er das, weil die Römer in diesen Ländern auf das heimische Getänk nicht verzichten wollten und begannen hier Reben anzupflanzen.

Nun gut, sehen, tasten, schmecken und riechen sind damit erklärt, aber die Römer hören? Da könnte man darauf hinweisen, dass immer noch viele Schülerinnen und Schüler sich über das Fach »Latein« freuen (oder damit gequält werden?). Vielleicht hältst du das nicht für ein gutes Argument. Aber auch, wenn du Portugiesisch, Spanisch, Italienisch, Französisch oder Rumänisch sprechen hörst, bist du im Europa der Römer. Denn jede dieser Sprachen hat sich aus dem Lateinischen, das die römischen Eroberer sprachen, entwickelt und auch alle anderen europäischen Sprachen, zum Beispiel das Deutsche und das Englische enthalten viele lateinische Worte.

Es besteht keine Frage: Am europäischen Haus haben die Römer kräftig mitgebaut – und mitgeschrieben, denn die lateinische Schrift benutzen wir auch noch und dieses Buch ist ursprünglich ANNO DOMINI MCMLXXXXII erschienen.

IN DIESEM ZEICHEN WIRST DU SIEGEN

Es war ein milder, sonniger Morgen im November im Jahre 312. Die Hänge über der Mosel in Trier zeigten sich immer noch in den schönsten Herbstfarben. Dennoch, und obwohl ihr Name »die Glück verheißende« bedeutete, war Fausta wütend, weil ihre Schwiegermutter Helena sie wegen ihrer Frisur getadelt hatte. Auch wenn sie erst 15 Jahre alt war, das ging zu weit. Schließlich war sie schon seit über fünf Jahren die Frau des Kaisers und sie liebte Konstantin. Wenn doch nur endlich Nachricht aus Italien käme, wie seine Auseinandersetzung mit ihrem Bruder Maxentius um die alleinige Herrschaft im Westen des Reiches ausgegangen wäre. Bei so quälender Ungewissheit kann man doch unmöglich jeden Tag stillsitzen, bis alle Löckchen gedreht sind. Dabei wusste sie genau, dass sich auch Helena Sorgen machte, aber sie zeigte das nie, sondern sah immer aus wie aus dem Ei gepellt.

Fausta war von dem Säulengang in den großen, neuen Kaisersaal getreten. Winzig kam man sich hier vor in der weiten Halle, deren Wände mit Marmor verkleidet waren. Hinten in dem Halbrund an der Stirnseite thronte Konstantin, wenn er Gesandte aus allen Teilen des Reiches empfing. Ob er wohl gesund und erfolgreich zurückkehren würde? Und ob sie ihn wohl endlich dazu bewegen könnte, die Christen in seinem

Reich nicht nur zu dulden, sondern sich selbst zur christlichen Religion zu bekennen wie sie? Schon lange hatte sie versucht ihn zu bekehren, aber er hatte sie nur ausgelacht und ihre Worte als die eines kleinen Mädchens abgetan. Das war sie ja wohl auch gewesen, aber er würde sich wundern, wie erwachsen und wie hübsch sie in seiner Abwesenheit geworden war. Sie konnte jetzt Kinder bekommen, und wenn sie schon ihren Mann nicht zum christlichen Glauben bekehren konnte, wollte sie wenigstens diese so erziehen, wie sie von ihrer Mutter Eutropia erzogen worden war.

Der Gedanke an ihre Mutter riss das Mädchen aus seinen Träumen. Vielleicht hatte diese Neuigkeiten. Fausta eilte, wieder etwas weniger würdevoll, als es einer Kaiserin geziemt, in den Flügel des Palasts, den ihre Mutter bewohnte. Eutropia war froh ihre Tochter zu sehen, aber Nachricht aus Rom hatte auch sie noch nicht. »Und ich weiß nicht«, seufzte sie, »ob ich eine erneute Unglücksbotschaft verkrafte. Hatten wir nicht schon genug Leid in der Familie?«

Fausta verstand, was die Mutter meinte. Schon mit drei Jahren, als ihr Vater Maximinian noch einer der beiden Oberkaiser gewesen war, hatte man sie mit Konstantin verlobt. Wenig später hatte ihr Vater abgedankt, Konstantin zum Nachfolger erklärt und sich mit der Familie auf ein Landgut in Lukanien zurückgezogen.

Ihr Leben dort blieb nicht lange friedlich. Erst hatte sich ihr Bruder Maxentius widerrechtlich von der Prätorianergarde in Rom zum Kaiser ausrufen lassen, dann hatte Vater seine Abdankung widerrufen und beanspruchte ebenfalls den Kaisertitel. Das sah Maxentius nicht ein, was wiederum Vater erbost hatte. Der war mit ihnen vor fünf Jahren den weiten Weg nach Trier zu Konstantin, dem rechtmäßigen Kaiser, gereist. Vater hatte gemeint, Konstantin würde ihm Truppen zur Verfügung stellen, wenn er sein Schwiegersohn wäre, und hatte auf die Hochzeit zwischen ihr und ihm gedrängt, obgleich sie erst zehn Jahre alt war. So war denn eine prachtvolle Hochzeit gefeiert worden, ganz nach der alten Sitte und der alten Religion. Eutropias Wunsch nach einer Eheschließung im christlichen Ritus hatte Konstantin abgelehnt. Er dachte auch nicht daran, seine gut ausgebildeten Truppen für den Ehrgeiz seines Schwiegervaters zu opfern.

Dieser hatte sich vor zwei Jahren erhängt. Warum genau, das wussten nur Fausta und Konstantin. Vater war so neidisch auf die Erfolge Konstantins gewesen, dass er ihn ermorden wollte. Und er hatte sie als Komplizin gewinnen wollen. Sie aber hatte Konstantin gewarnt und Maximinian war mit dem Dolch in der Hand gefasst worden. Konstantin hatte ihn zwar auf Faustas Bitten hin begnadigt, aber Vater hatte keinen anderen Ausweg als den Tod gesehen. Und nun ließ ihr ehrgeiziger Bruder Maxentius, der vorher kein gutes Haar an seinem Vater gelassen hatte, im ganzen Reich verkünden, Konstantin habe diesen ermordet. Sie wusste, dass das nicht stimmte, aber viele Leute glaubten es.

Jetzt zog Konstantin mit seinem Heer auf Rom zu, wo sich Maxentius mit seiner riesigen Streitmacht hinter unbezwingbaren Mauern verschanzt hatte. Rom! Wie gern hätte Fausta die Herrlichkeiten der Ewigen Stadt gesehen, zum Beispiel den Lateranpalast, den sie von ihrem Vater geerbt hatte. Wie gern wäre sie dem Bischof von Rom, dem Nachfolger des Apostels Petrus, dem Oberhaupt aller Christen, begegnet! Fausta bekreuzigte sich bei dem Gedanken und ihre Mutter, die ihr schon eine ganze Weile zugeschaut hatte, sah mit Wohlgefallen, dass ihre Tochter sich von Konstantin, der die Sonne als höchsten Gott verehrte, nicht von ihrem christlichen Glauben hatte abbringen lassen.

Während Mutter und Tochter so ihren Gedanken nachhingen, wurde es plötzlich unruhig in der großen Halle des Palastes. Alles schrie durcheinander, dann stürzte plötzlich ein Sklave ins Zimmer und forderte sie auf zu Helena zu kommen. Ein Bote sei da mit einer Nachricht aus Rom.
Dieses Mal sah Helena großzügig über Faustas immer noch unordentliche Frisur hinweg. Auch sie war gespannt. Kurz und knapp berichtete der Centurio, den Konstantin von Rom aus nach Trier geschickt hatte, was sich ereignet hatte: »Als wir auf Rom losmarschierten, entdeckten wir, dass Maxentius die milvische Brücke über den Tiber hatte einreißen lassen. Wir mussten auf dem Nordufer Halt machen, weil es unmöglich war, ohne große Verluste den reißenden Fluss zu überqueren. Glücklicherweise hatte Maxentius uns unterschätzt. Er ließ eine Schiffsbrücke über den Tiber bauen, über die er selbst mit seinem großen Heer übersetzte. Auf unserem Flussufer lief er in Konstantins Falle. Der Kampf dauerte nur wenige Stunden, dann hatten wir gesiegt. Es war trotzdem ein Wunder. Ohne den Traum des Kaisers in der Nacht zuvor wären wir verloren gewesen.«
»Welchen Traum?«, fragte Helena.
»Ach«, sagte der Centurio, »der Kaiser ließ uns am Morgen vor der Schlacht zusammenrufen und erzählte, eine himmlische Erscheinung habe ihn in der Nacht aufgefordert, seine Soldaten sollten auf ihre Schilde ein bestimmtes Zeichen malen. Dann wurde ihm noch prophezeit: ›In diesem Zeichen wirst du siegen.‹«
Bei diesen Worten zeigte der Centurio auf seinen Schild, auf dem das Zeichen zu sehen war: ein griechisches »chi«, gekreuzt von einem griechischen »rho«.
Fausta und Eutropia brauchten keine Erklärung. Sie sahen sofort, dass es sich um die Anfangsbuchstaben des Namens

Christi handelte, und sie freuten sich über die darin erkennbare Hinwendung Konstantins zu ihrer Religion. Helena aber wurde, als sie die Bedeutung des Zeichens erfahren hatte, nachdenklich. Wenn der Christengott ihren Sohn Konstantin zum Herrn der Welt machen konnte, musste er stärker sein als die alten römischen Götter, an die sie bisher glaubte. Sie nahm sich vor mehr über den christlichen Glauben in Erfahrung zu bringen.

»Und Maxentius?«, fragte Eutropia leise.

»Wir hatten Anweisung, ihn zu schonen«, sagte der Zenturio, aber als er versuchte sich ans andere Ufer zu retten, zerbrach die Schiffsbrücke und er ertrank.«

Eutropia ließ sich ihren Schmerz nicht anmerken, aber wenig später fand Fausta ihre Mutter in der Kapelle, wo sie gemeinsam für den Sohn und Bruder beteten. Fausta aber schrieb an Konstantin, wie glücklich sie über seinen Sieg und die Hilfe Gottes war, und sie bat ihn, als Dank für diese Hilfe, solle er dem Bischof von Rom ihren Lateranpalast schenken und dort eine prächtige Kirche errichten lassen.

So geschah es. Der Lateranpalast, der einst Fausta gehört hatte, wurde zum Sitz der Päpste in Rom und noch heute nennt man die von Konstantin errichtete, später mehrfach umgebaute Lateranbasilika »Mutter und Haupt aller Kirchen«. Das Christentum aber wurde mit der Schlacht an der milvischen Brücke zur wichtigsten Religion im Römischen Reich und von dort zur Religion Europas.

EIN REICH ZERFÄLLT – DIE KIRCHE ÜBERLEBT

Ein gewisser Jesus von Nazareth

Kehren wir von Konstantins Sieg an der milvischen Brücke noch einmal gut 300 Jahre in der Geschichte zurück. Damals herrschte in Rom, das lange Zeit eine Republik mit zwei jährlich wechselnden, gewählten Konsuln gewesen war, der erste Kaiser, der berühmte Augustus. In seiner Regierungszeit wurde in Palästina ein Kind geboren, das den Namen Jesus erhielt. Seine Eltern, Maria und Josef, waren fromme Juden.

Die Juden waren das einzige Volk in der gesamten Mittelmeerwelt, das nur an einen Gott glaubte. Der kleine Jesus wurde ganz im Geiste dieser Religion erzogen. Als er etwa dreißig Jahre alt war, begann er durch das Land zu ziehen und den Menschen zu predigen. Er lehrte sie, dass man Gott unbedingt vertrauen dürfe und dass man »seinen Nächsten lieben sollte wie sich selbst«. Den Menschen, die ihm folgten, versprach er die Vergebung ihrer Sünden und nach ihrem Tode das ewige Leben im Reich Gottes.

Seine Lehren, vor allem aber wundersame Heilungen und andere Wundertaten, erregten viel Aufsehen, aber auch das Misstrauen der jüdischen Priester in Jerusalem. Dort herrschte damals dem Namen nach ein jüdischer König, Herodes, tatsächlicher Herr war aber der Kaiser in Rom, vertreten durch seinen Statthalter. Als Jesus wohl im Jahr 30 unserer Zeitrechnung zum jüdischen Passah-Fest nach Jerusalem kam, wurde er verhaftet und des Hochverrats angeklagt, weil er sich als König der Juden bezeichnet habe. Die römische Behörde hatte zwar Zweifel, beugte sich aber dem Druck, weil sie einen Aufstand fürchtete. Jesus wurde verurteilt und am Kreuz hingerichtet. Das war eine besonders er-

niedrigende Hinrichtungsart, die sonst vor allem bei Sklaven angewendet wurde.
Jesus hatte aber eine Reihe von Schülern, die so genannten »Apostel« (Boten), die wenig später das »Evangelium« (Frohe Botschaft) von der Auferstehung des Herrn von den Toten verkündeten. Sie begannen, wo immer sie hinkamen, neue Gemeinden zu gründen, zunächst nur unter Juden. Zu den Aposteln stieß bald ein gewisser Paulus, ein streng gläubiger Jude, der die neue Lehre zunächst erbittert bekämpfte, aber dann ein Erlebnis hatte, das ihn bekehrte. Er war ein gebildeter Mann, der den neuen Glauben auch für Nicht-Juden verständlich zu machen verstand. Er gab Jesus die griechische Bezeichnung »Christus« (Gesalbter). Die Zahl der Christen stieg ständig. Da es im großen Römischen Reich keine Grenzen gab und Kaufleute und Soldaten oft in ferne Reichsteile reisten oder versetzt wurden, verbreitete sich das Christentum rasch. Viele Leute fühlten sich von der neuen Botschaft angesprochen, die sagte, dass Arme und Reiche, Freie und Sklaven vor Gott gleich seien und dass jeder, der seine Sünden bereute, Vergebung finden konnte.

Lebendige Fackeln

Die römischen Behörden nahmen zunächst von den Christen kaum Notiz. Für sie war der Prozess mit der Hinrichtung des Anführers der Bewegung abgeschlossen. Im Jahr 58 gab es aber Unruhen in Jerusalem, weil Paulus angeblich gegen jüdische religiöse Vorschriften verstoßen hatte. Um die Menge zu beruhigen, verhafteten ihn die römischen Behörden. Der Prozess gegen ihn sollte in Rom geführt werden. So kam Paulus in der Regierungszeit des Kaisers Nero (54–68) in die Hauptstadt des Reiches, wo es schon eine

Christengemeinde gab. Auch der Apostel Petrus soll sich zu dieser Zeit in Rom aufgehalten haben.
Im Jahr 64 legte ein gewaltiger Brand große Teile der Stadt Rom in Schutt und Asche. Das Volk machte Nero für das Unglück verantwortlich. Um den Zorn des Volkes abzulenken, beschuldigte dieser seinerseits die Christen, sie hätten den Brand gelegt. Zahlreiche Anhängerinnen und Anhänger des neuen Glaubens wurden grausam hingerichtet. Einige von ihnen soll Nero als lebendige Fackeln zur Erleuchtung seiner Gärten benutzt haben. Auch die Apostel Paulus und Petrus haben wohl bei dieser ersten Christenverfolgung ihr Leben verloren.
Das tat aber der Verbreitung des Christentums keinen Abbruch. Ganz im Gegenteil, die Christen, die für ihren Glauben gestorben waren, wurden als »Märtyrer« (Blutzeugen) verehrt und für andere Gemeindemitglieder zum Vorbild. Zahlreiche neue Gemeinden entstanden im gesamten Römischen Reich. Sie wurden jeweils von einem »Bischof« (Aufseher) geleitet. Manchmal kamen die Bischöfe aus einer oder mehreren Provinzen zu einer Versammlung zusammen, die der angesehenste unter ihnen, der »Erzbischof« (erster Bischof), leitete. Unter den Erzbischöfen wiederum nahm der der Hauptstadt Rom, der Papst, als Nachfolger des Apostels Petrus eine besondere Stellung ein. So entstand aus den einzelnen Gemeinden eine gut organisierte Kirche. Keine andere Religion im Römischen Reich hatte etwas Ähnliches aufzuweisen.
Der römische Staat schrieb seinen Bürgerinnen und Bürgern nicht vor, was sie zu glauben hatten. Allerdings war jeder, gleichgültig, welche Religion er sonst hatte, verpflichtet den Kaiser als Gott zu verehren und beim Opfer für diesen vom Opferwein und vom Opferfleisch zu kosten. Christen, die sich

auf Grund ihrer religiösen Überzeugung weigerten dies zu tun, begingen nach römischem Recht ein Verbrechen, für das sie vor Gericht gestellt und mit dem Tod bestraft werden konnten. Im ersten und zweiten Jahrhundert gab es nicht viele solcher Prozesse. In der zweiten Hälfte des dritten Jahrhunderts war aber die christliche Kirche schon so bedeutend, dass einige Kaiser in ihr eine große Gefahr für ihre Herrschaft sahen. Vor allem unter den Kaisern Decius (249–251), Valerian (253–260) und Diokletian (284–305) fanden große Christenverfolgungen statt. Wer die Teilnahme am Kaiseropfer verweigerte, wurde ohne Gerichtsverfahren vielfach nach qualvollen Foltern grausam hingerichtet.

Rom wird christlich

Die Jahre der Verfolgung waren erst beendet, als Konstantin 313, im Jahr nach seinem Sieg über Maxentius, durch ein Gesetz das Christentum mit den anderen Religionen im Römischen Reich gleichstellte. 321 wurde eine weitere, für uns heute noch wichtige Entscheidung getroffen. Damals wurde die christliche Wocheneinteilung mit dem Sonntag als Feiertag für das ganze Reich festgeschrieben. Im Jahr 380 schrieb Kaiser Theodosius allen Reichsbewohnern durch Gesetz vor Christen zu werden, im Jahr 391 wurde der Besuch heidnischer Tempel verboten. Menschen, die am alten Glauben festhielten, wurden verfolgt. Heidnische Tempel wurden zerstört oder in christliche Kirchen umgewandelt.

Europa verändert sich

Als das Christentum im Römischen Reich Staatsreligion wurde, waren die Tage dieses Reiches im größten Teil Europas allerdings schon fast gezählt. Rom hatte schon länger aufgehört Hauptstadt zu sein. Von der Kaiserstadt Trier war schon die Rede; auch das englische York, Ravenna in Italien, Sirmium (heute Sremska Mitrovica, Serbien) auf dem Balkan und andere Städte in Asien und Afrika waren Sitz römischer Kaiser gewesen. Konstantin aber hatte in der alten Stadt Byzanz am Bosporus, an der Grenze zwischen Europa und Asien, eine völlig neue Hauptstadt erbauen lassen, die »Konstantinopel« (Konstantinstadt) hieß und als »neues Rom« bezeichnet wurde. Von hier aus herrschten seine Nachfolger noch über 1.000 Jahre lang im Oströmischen Reich, das heißt auf der Balkanhalbinsel und in der heutigen Türkei. Auch für Westeuropa ist dieses Reich von großer Bedeutung, denn hier lebten Kenntnisse aus der griechisch-römischen Welt weiter, die später für ganz Europa wieder entdeckt wurden. Dazu zählt besonders das römische Recht, das in Byzanz gesammelt und aufgezeichnet wurde und das zur Grundlage aller europäischen Rechtsordnungen wurde. Dass man immer beide Seiten hören muss oder dass man nach dem Sinn und nicht nach dem Wortlaut der Gesetze urteilen muss, sind Grundsätze, die von den Römern formuliert wurden.

Im Westen musste sich Europa dagegen ohne das Römische Reich weiterentwickeln. Eine unruhige Zeit brach an. Um 400 drangen die Hunnen, ein wildes Reitervolk aus Asien, in Europa ein und bis zum Rhein vor. Um sich vor ihnen in Sicherheit zu bringen, brachen ganze Völker auf, die wiederum andere vertrieben. Die Grenzen des Römischen Reiches hielten dieser Völkerwanderung nicht stand. Germanische Völker wie die West- und Ostgoten, Burgunder und Wandalen zogen durch das Reich und gründeten eigene Königreiche. Im Jahr 476 setzte ein germanischer Heerführer den letzten weströmischen Kaiser, Romulus, ab; zehn Jahre später wurde ein letztes Teilreich im römischen Gallien von den germanischen Franken erobert. Im Westen hatte das Römische Reich aufgehört zu existieren.

Eine neue Zeitrechnung

Und dennoch berufen wir uns heute in Europa oft auf unsere römische Vergangenheit, und das mit Recht. Denn mochte auch das Römische Reich politisch zerfallen sein, so lebten ja doch weiter die gleichen Leute hier. Die einwandernden Germanen waren ihnen militärisch überlegen, aber wenn sie irgendwo sesshaft wurden, nahmen sie bald Sitten und Gebräuche ihrer Umgebung an. Es kam zu Eheschließungen und zu einer Verschmelzung ursprünglich verschiedener Völker. Auch die lateinische Sprache starb nicht aus. Allerdings wurden durch die Zuwanderer die Dialekte in den verschiedenen Reichsteilen stärker ausgeprägt, sodass sich aus der lateinischen Sprache allmählich die verschiedenen romanischen Sprachen entwickelten, die aber alle unser gemeinsames römisches Erbe bewahren.

Schließlich nahmen die einwandernden Völker auch sehr schnell den christlichen Glauben an. Der Papst in Rom wurde das, was zuvor der Kaiser gewesen war, ein Oberhaupt, das von allen anerkannt wurde. In der Kirche lebten viele der alten römischen Traditionen fort.

In den neu entstehenden christlichen Klöstern fanden sich Männer oder Frauen zusammen, die ein besonders gottgefälliges Leben führen wollten. Sie gelobten Armut, Ehelosigkeit und Gehorsam und lebten nach dem Leitsatz »Ora et labora!« (Bete und arbeite!). Zu den Arbeiten in solchen Klöstern gehörte auch das Abschreiben von Büchern. Viele Werke des Altertums sind auf diese Weise für Europa gerettet worden.

Im Kloster entstand auch eine neue Zeitrechnung. Auch nach dem Untergang des Römischen Reiches zählte man die

Jahre noch nach dem Beginn der Regierungszeit des wegen seiner Christenverfolgungen berüchtigten Kaisers Diokletian, der um 300 regiert hatte. Das fand ein römischer Mönch namens Dionysius unpassend. Er kam auf den Gedanken, die Jahre ab Christi Geburt zu zählen. Er rechnete aus, dass er im Jahr 532 nach diesem Ereignis, also im 532. Jahre des Herrn (Anno Domini) lebte. Auch wenn diese Rechnung falsch war und Jesus wohl im Jahre 6 oder 7 vor Christi Geburt geboren wurde, denkt niemand daran, den Fehler zu korrigieren, denn dann müssten wir ja die ganze europäische Geschichte neu schreiben, und wer will das schon?

Eine Schule für Europa

Wann und wo genau die Geschichte sich zugetragen hat, weiß ich nicht. Eigentlich bin ich nicht einmal sicher, ob sie sich zugetragen hat. Aber Notker der Stammler hat sie im Jahre 884 aufgeschrieben und der hatte sie von Werinbert, und der wieder von jemandem, der dabei gewesen war, und warum also soll es keine wahre Geschichte sein? Eine europäische Geschichte ist es auf jeden Fall, denn, wenn wir die heutigen Begriffe verwenden, haben Iren und Briten, Franzosen, Deutsche und Italiener an ihr mitgewirkt und aufgeschrieben wurde sie in St. Gallen in der Schweiz.

Es muss um das Jahr 775 gewesen sein. Im großen Frankenreich, das sich vom Atlantik bis weit über den Rhein und vom Mittelmeer bis zur Nordsee erstreckte, regierte seit 768 König Karl, den man in Deutschland Karl den Großen, in Frankreich Charlemagne nennt. Das Römische Reich war im Westen Europas nur noch Erinnerung und mit ihm war vieles in Vergessenheit geraten, was antike Wissenschaftler gewusst und gelehrt hatten. Das heißt, ganz stimmt das nicht. Denn in den Klöstern wurden nach wie vor die alten Texte gelesen und abgeschrieben. Vor allem englische und irische Mönche zeichneten sich hier aus.

Aber dieser Clemens und sein Begleiter aus Irland machten einen recht seltsamen Eindruck. Sie waren auf einem Schiff britischer Kaufleute herübergekommen und priesen jetzt auf dem Markt einer Hafenstadt in Nordfrankreich mit lauter Stimme etwas an. Von allen Seiten strömten Menschen neugierig zusammen, um zu sehen, was man bei ihnen kaufen konnte. Aber es waren keinerlei Waren zu entdecken. »Wenn jemand Verlangen danach hat, ein weiser Mann zu werden«, riefen die beiden Mönche, »soll er zu uns kommen. Bei uns kann er Weisheit kaufen.«

Die meisten gingen kopfschüttelnd davon, aber die Geschichte von den beiden, die Weisheit wie ein Luxusgut feilboten, machte die Runde und gelangte schließlich auch an den König. Er ließ die beiden Männer kommen und fragte sie, was sie denn für ihre Weisheit verlangten. »Nichts weiter als einen passenden Ort, Leute, die uns zuhören wollen, Nahrung und Kleidung!«, erwiderten sie. Warum sie denn dann den Eindruck erweckt hätten, als wollten sie ihr Wissen teuer verkaufen, fragte der König verwundert. »Um die Leute neugierig zu machen«, gaben sie zur Antwort, und ob er, der König, sie sonst wohl empfangen hätte?

Karl lachte. Er behielt die beiden längere Zeit an seinem Hof und ließ sich selbst von ihnen unterweisen. Als er aber zu einem Kriegszug aufbrach, hieß er sie Schulen gründen. Der eine sollte das in Pavia in Italien tun, Clemens aber an einem Ort im heutigen Frankreich. König Karl selbst suchte die Schüler aus. Sie stammten teils aus adligen Familien, teils aus ärmlichen Verhältnissen. Er sorgte dafür, dass Wohnungen, Kleidung und Nahrung zur Verfügung gestellt wurden, und kündigte an, dass er sich selbst vom Lernfortschritt der Knaben überzeugen werde.

Zur damaligen Zeit gab es noch keine Hauptstädte wie später, sondern die Könige in Europa zogen in ihrem Reich umher und regelten jeweils an Ort und Stelle, was zu regeln war. Bei der Größe von Karls Reich würde es also einige

Zeit dauern, bis Karl wieder zu Clemens' Schule kommen würde.

In der Zwischenzeit lehrte Clemens seine Schüler lesen, schreiben und rechnen. Auch mussten sie lateinische Vokabeln und Grammatik büffeln, denn in Karls Reich wurde zwar eine ganze Reihe von verschiedenen Sprachen und Dialekten gesprochen, aber für den Gottesdienst und für alles, was aufgeschrieben wurde, wie Briefe, Urkunden, Gedichte und Erzählungen, musste man die lateinische Sprache beherrschen. Auch die Bibel und die Lehrbücher, aus denen man Geografie, Geschichte oder Naturkunde lernte, stammten aus der Antike und waren in lateinischer Sprache verfasst. Solche Bücher, wie sie sich Clemens in der Schreibstube seines Klosters in Irland kopieren ließ, mussten seine Schüler lesen und abschreiben. Er lehrte sie auch, wie man selbst nach diesem Muster Briefe, Gedichte und andere Texte verfassen konnte.

Ob Notker Balbulus die Sache nur wegen ihrer Moral so dargestellt oder ob sie sich tatsächlich so zugetragen hat, will ich nicht entscheiden. Er erzählt jedenfalls, dass die Schüler aus den armen Familien fleißig lernten. Sie empfanden es als eine Auszeichnung, überhaupt eine Schule besuchen zu dürfen. Die jungen Adligen aber vertrauten darauf, dass ihre Väter für ihre Karriere sorgen würden, und blickten eher verächtlich auf ihre Mitschüler herab.

Dann kam die Zeit, zu der König Karl die Lernfortschritte der Schüler prüfen wollte. Bernhard – so wollen wir einen von ihnen nennen – machte sich Sorgen. Zwar hatte er studiert, bis ihm die Augen wehtaten, und Clemens hatte seine Arbeiten gelobt, aber was, wenn sie dem König nicht gefielen? Seine Eltern, einfache Dienstleute, waren tot und hatten ihm und seiner Schwester Gisela nichts hinterlassen können. Er wollte gern Geistlicher werden, aber ohne die Fürsprache eines Mächtigen ging das nicht. Gerade gestern noch hatte sich sein Mitschüler Adalbert, Sohn eines einflussreichen Grafen, über ihn lustig gemacht. »Was nützt dir denn dein Pauken, du Streber«, hatte er gesagt, »willst du den Ochsen beim Pflügen die Kommandos auf Lateinisch geben? Außerdem weißt du Bauer ja gar nicht, wie man sich in Gegenwart des Königs zu benehmen hat.«

Das wusste er in der Tat nicht, und als sie in den Saal geführt wurden, wo Karl die Prüfung abhalten wollte, hielt er lange den Kopf gesenkt. Er wagte erst aufzublicken, als der König den Lehrer herzlich begrüßte. Er war ein großer Mann, der seine Begleiter um Haupteslänge überragte. Wenn er das Schwert, dessen Griff mit Gold und Silber verziert war, aus der Scheide zog, musste er jedem Gegner Angst einflößen. Aber er lächelte die Knaben aus seinen großen Augen so freundlich an, dass Bernhard Zutrauen fasste. Dann mussten sie einer nach dem anderen vortreten und selbst verfasste Gedichte und Briefe vorzeigen und -lesen. Ängstlich suchten sie in der Miene des Königs zu erkennen, wie sie abgeschnitten hatten, aber Karl zeigte keinerlei Regung. Endlich hatte er alle gehört.

Einen Moment war es still. Dann zeigte der König auf einzelne Knaben, darunter auch Bernhard, und befahl ihnen sich zu seiner Rechten aufzustellen. Die anderen mussten auf die linke Seite treten. Bernhard blickte sich um. Diejenigen, die mit ihm rechts standen, waren die aus den armen Familien. Es war also, wie Adalbert gesagt hatte: Wer arm ist, bleibt arm, und gleich würde der König sie zurück in ihre Dörfer schicken. Aber es kam anders. »Ich danke euch, meine Söhne«, sagte der König zu ihnen, »dass ihr euch so fleißig bemüht habt zu lernen. Eure Arbeiten zeigen Klugheit und

Können. Lernt weiter so und ich werde euch aufs Schönste belohnen.« Dann wandte er sich an die adligen Knaben zu seiner Linken und fuhr sie, die Rechte hoch erhoben, mit unangenehm lauter Stimme an: »Ihr adligen Fürstensöhnchen, die ihr euch so zierlich und hübsch zu kleiden und zu bewegen wisst, habt nur auf eure Herkunft und euren Reichtum vertraut und die Zeit mit Spiel und Faulheit vergeudet, anstatt euch um die Wissenschaft zu kümmern. Beim Herrn des Himmels! Ich gebe nicht viel auf euren Adel und euer hübsches Aussehen. Ihr könnt sicher sein, dass ihr von mir nie etwas Gutes zu erwarten habt, wenn ihr nicht eiligst euer Verhalten ändert und sofort anfangt zu lernen und zu arbeiten.«

Bernhard schaute zu Adalbert hinüber, der eben noch so selbstbewusst ausgesehen hatte, jetzt aber auf Geheiß des Königs mit hochrotem Kopf zusammen mit seinen Kameraden den Saal verließ. Er empfand keine Schadenfreude, aber auch kein Mitleid. Eher war er mit seiner eigenen Zukunft beschäftigt. Konnte er nun vielleicht doch Geistlicher werden, für seine Schwester sorgen?

Aus solcherlei Träumen wurde er jäh geweckt, als der König plötzlich seinen Namen rief und ihn vortreten ließ. Wieder überfiel ihn lähmende Angst, sodass er kaum einen Fuß vor den anderen zu setzen wusste. Aber wieder war die Furcht unbegründet. Denn der König blickte ihn freundlich an und lobte die von ihm abgelieferte Arbeit über alle Maßen. »Auch Clemens hat dir ein sehr gutes Zeugnis ausgestellt«, sagte er. »Ich möchte, dass du von nun an in meiner Hofkapelle Dienst tust.« Die Hofkapelle hatte ihren Namen vom Mantel (lateinisch *cappa*) des heiligen Martin, den er einst mit dem Bettler geteilt hatte, einer kostbaren Reliquie, die der König immer mit sich führte. Die Geistlichen, welche die *cappa* verwahrten, nannte man *Kaplane*. Sie waren nicht nur für die täglichen Gottesdienste in der »Kapelle«, wo die Reliquie verwahrt wurde, verantwortlich, sondern auch für Urkunden, Verträge, Briefe, Gesandtschaften, kurz, sie waren das, was wir heute als Mitglieder und Beamte der Regierung bezeichnen würden.

Es war also eine große Auszeichnung, wenn Bernhard als Sohn einfacher Eltern in die Hofkapelle berufen wurde. Nachdem er hier für einige Zeit seine Aufgaben zu des Königs voller Zufriedenheit ausgeführt hatte, traf es sich, dass er zugegen war, als dem König der Tod eines Bischofs gemeldet wurde. Da fragte der König den Boten, ob der Bischof denn in seinem Leben Geld für die Armen gespendet hätte, bevor er seine letzte Reise antreten musste. »Nicht mehr als zwei Pfund Silber, Herr«, meldete der Bote. Da konnte Bernhard ein Seufzen nicht unterdrücken und sagte leise: »Ein dürftiges Reisegeld für den langen und weiten Weg.« Der König hatte dies gehört und wollte wissen, ob er denn als Bischof für seine letzte Reise mehr Reisegeld vorausschicken würde. Als der junge Mann dies bejaht hatte, gab ihm der König das Bistum und hielt an diesem Beschluss fest, obwohl ihn die Vornehmsten seines Reiches, ja selbst seine eigene Frau, darum baten, es ihren Günstlingen zu geben.

Ob Bernhard die Erwartungen Karls als Bischof erfüllte, erzählt Notker nicht. Er sagt auch nicht, wo der junge Mann Bischof wurde, aber es war in Europa und es spricht viel dafür, dass Bernhard in seinem Bistum das, was er von Clemens gelernt hatte, weitergeben ließ und dass du eine Schülerin oder ein Schüler eines Schülers eines Schülers eines Schülers eines Schülers ... von Bernhard aus Frankreich und Clemens aus Irland bist, die ihrerseits von ihren Lehrern und den alten Schriftstellern aus Rom gelernt haben.

DAS EUROPA DER KAROLINGER

Das römische Europa wird neu geordnet

Ungefähr 500 Jahre liegen zwischen der Herrschaft Konstantins im Römischen und der Karls des Großen im Fränkischen Reich, 500 Jahre, in denen sich die politische Landkarte Europas stark veränderte. Vom Zerfall des Weströmischen Reiches in der Völkerwanderung war schon die Rede. Vorübergehend entstanden mächtige germanische Reiche wie das der Ostgoten in Italien unter König Theoderich, dem Dietrich von Bern des Nibelungenliedes, das der Westgoten in Spanien oder das der Wandalen in Afrika. Aber im Mittelmeerraum konnten sie sich nicht lange halten, denn hier bestimmte noch immer das Oströmische Reich mit der Hauptstadt Byzanz. Im Nordwesten des Römerreiches aber, in Gallien, Deutschland und Britannien, entstanden neue Zentren. Nach Britannien wanderten nach dem Abzug der Römer im fünften Jahrhundert Angehörige der germanischen Angeln, Sachsen und Jüten ein und vertrieben die hier wohnenden christlichen Kelten. Vom nach wie vor christlichen Irland und von Rom aus wurden Missionare ausgesandt, um die heidnischen Angelsachsen zu bekehren. Mit Erfolg. In England entstanden bedeutende Klöster, die selbst wieder Missionare auf den Kontinent in die noch nicht christianisierten Gebiete aussandten. Der englische Benediktinermönch Winfrid (673–754), genannt Bonifatius, zum Beispiel hatte erheblichen Anteil daran, dass das Christentum in Friesland, Hessen, Thüringen und Bayern verbreitet wurde. Klöster und Bistümer wie Fulda, Passau, Erfurt, Regensburg und Eichstätt wurden von ihm begründet.

Die Klöster in England waren auch wichtige Stätten der Forschung. Ein berühmter Gelehrter war zum Beispiel der Benediktinerabt Beda (673–735), der Werke zu zahlreichen wissenschaftlichen und religiösen Themen verfasste, darunter eines über die Kunst mit den Fingern zu rechnen. Seine in lateinischer Sprache abgefassten Schriften wurden in ganz Europa verbreitet. Der gelehrte Brite Alkuin wurde zum angesehensten Berater Karls des Großen.

Auf dem Kontinent war man nämlich kulturell damals noch nicht so weit. Hier war man mehr damit beschäftigt Krieg zu führen. Im Niederrheingebiet hatten sich Angehörige von Stämmen, die sich nicht an der Völkerwanderung beteiligt hatten, zu einem großen Volk zusammengeschlossen, das den Namen »Franken« trug. Unter ihrem König Chlodwig, an und für sich einem Ekelpaket, aber als Feldherr unschlagbar, dehnten sie das fränkische Herrschaftsgebiet um 500 über das ganze heutige Frankreich und die Benelux-Länder aus, unter seinen Nachfolgern auch über Thüringen und Bayern. Chlodwig erkannte auch die Zeichen der Zeit und ließ sich und sein Heer taufen. Das nunmehr christliche Königsgeschlecht der Merowinger, dem Chlodwig angehörte, müssen wir wohl auch zu den Baumeistern des europäischen Hauses zählen. Leider, denn in dieser Familie schreckte man vor keinem Verwandtenmord zurück. Die Könige waren so damit beschäftigt sich gegenseitig umzubringen, dass sie die Herrschaft im Reich ihren obersten Verwaltungsbeamten überließen, die man »Hausmeier« nannte. Die waren es endlich leid, sich von unfähigen Vorgesetzten etwas sagen zu lassen. Pippin, wegen seiner Körpergröße »der Kurze« genannt, setzte 751 den letzten merowingischen König ab, schickte ihn ins Kloster und ließ sich selbst vom Papst die Königskrone zuerkennen. Er war ein Sohn von Karl Martell (das bedeutet »Hammer«) und der Vater von Karl dem Großen. Und weil es in dieser Herrscherfamilie so viele Männer gab, die Karl oder

Karlmann hießen, spricht man vom Herrscherhaus und vom Reich der Karolinger, und das ist aus der Geschichte Europas nun wirklich nicht wegzudenken.

Neues aus Süd . . .

Aber bevor wir uns mit den Karolingern beschäftigen, wollen wir einen Blick auf das werfen, was sich in Europa sonst noch tat. Im Süden endet Europa zwar am Mittelmeer, aber schon in der Antike haben wir gesehen, dass dieses Meer nicht nur eine Grenze ist, sondern zugleich ein Weg, auf dem wichtige Neuerungen nach Europa kommen. Du erinnerst dich vielleicht an das Mädchen Europa, das auf dem Stier aus Asien kam, an die Schrift, an das Christentum. Und in den Jahrhunderten, von denen hier die Rede ist, genauer gesagt im frühen siebten Jahrhundert unserer Zeitrechnung, ereignete sich im Orient erneut etwas, das auch für Europa wichtig wurde. Seit 610 n. Chr. trat in Mekka auf der Arabischen Halbinsel ein Mann auf, der wie Christus und seine Apostel 600 Jahre zuvor die religiösen Einstellungen vieler Menschen verändern sollte. Sein Name war Mohammed. Er verkündete die Botschaft von dem einzigen Gott Allah, der die Menschen, die an ihn glaubten, ihm gehorchten und alle Gebote erfüllten, am Ende ihres Lebens durch die Aufnahme ins Paradies belohne. Das heilige Buch des Islam – so nennt man die neue Religion – war der Koran. In diesem fanden und finden die Anhänger dieser Religion, die Muslime, alles, was Allah den Menschen durch seinen Propheten Mohammed verkündet hatte.

Die islamische Zeitrechnung beginnt mit dem Jahr 622 n. Chr. In diesem Jahr musste Mohammed, der sich mit seinen Lehren nicht nur Freunde gemacht hatte, aus der arabischen Stadt Mekka nach Medina auswandern, wo man seinen Verkündigungen mehr Aufmerksamkeit schenkte. Mit großem Eifer wurde der neue Glaube verbreitet, zumal dem Muslim, der im Kampf für den Glauben fiel, die sofortige Aufnahme ins Paradies winkte. In wenigen Jahrzehnten breitete sich der Islam unter Mohammed und seinen Nachfolgern, den Kalifen, in den Ländern aus, die südlich des Mittelmeers liegen. Im Osten verhinderte das Byzantinische Reich, dass arabische Reiterheere über den Bosporus nach Europa vordrangen. Im Westen gab es nichts, was sie aufhielt. Schon Anfang des achten Jahrhunderts stand Spanien unter arabischer Herrschaft, und wer weiß, wie die Geschichte Westeuropas verlaufen wäre, wenn die Araber ihre Vorstöße nach Frankreich nicht um 730 nach einigen Niederlagen gegen fränkische Heere aufgegeben hätten. In Spanien aber herrschten die Mauren – so nannte man die spanischen Araber – mehrere Jahrhunderte lang. Von hier steuerten sie ganz wichtige Bausteine für das europäische Haus bei. Arabische Gelehrte studierten, was indische, persische oder altgriechische Wissenschaftler herausgefunden und überliefert hatten, und machten es über Spanien und später auch über Sizilien in Europa bekannt. Ohne sie wären die Werke des vielseitigen altgriechischen Gelehrten Aristoteles zum Beispiel nicht oder erst später in Europa wieder aufgegriffen worden. Auch in der Mathematik – wir benutzen arabische Ziffern – sowie in der Medizin lernte Europa von den Mauren. Eindruck machte auch die maurische Baukunst, wie sie zum Beispiel in der Alhambra, dem Palast der maurischen Könige von Granada, sichtbar wird.

. . . und Nord

Auch von Norden her betraten neue Akteure die europäische Bühne. Sie bauten am europäischen Haus allerdings zunächst weniger mit, als dass sie es plünderten. Germanen aus Skandinavien, die Normannen, zum Teil auch Wikinger oder Waräger genannt, verbreiteten seit Ende des achten Jahrhunderts in allen Küstenländern und an den Ufern der großen Ströme wegen ihrer Raubzüge Angst und Schrecken. Keine Gegend Europas war vor ihnen sicher. Über Island und Grönland drangen sie ein halbes Jahrtausend vor Kolumbus sogar bis nach Amerika vor. Die Kenntnis dieser Expeditionen ist allerdings in Europa verloren gegangen. Die Staatengründungen der Normannen auf Sizilien, in Nordfrankreich (Normandie) und in Russland wurden dagegen zu tragenden Bausteinen des europäischen Hauses.

. . . und aus dem Osten

Dieses bekam auch im Osten ein neues Zimmer. Denn im neunten Jahrhundert kamen aus dem Osten die Magyaren nach Mitteleuropa. Wie die Normannen verbreiteten sie zunächst durch ihre Raubzüge in Mitteleuropa Angst und Schrecken. Nachdem sie aber in Ungarn sesshaft geworden waren und den christlichen Glauben angenommen hatten, wurde auch ihr Reich zu einem wichtigen Teil unserer gemeinsamen europäischen Geschichte.

Europa hat auch im Westen wieder einen Kaiser

Mit den Staatengründungen der Normannen und Ungarn haben wir aber der Zeit schon um ein bis zwei Jahrhunderte vorausgegriffen. Kehren wir noch einmal zurück ins Frankenreich. Hier herrschte nach dem Tode Pippins des Kurzen dessen Sohn Karl, den man später »den Großen« nannte. Wie die meisten Leute, die diesen Beinamen bekommen haben, verdankte er ihn in erster Linie seinen kriegerischen Erfolgen. In mehreren Feldzügen wurden die Sachsen unter ihrem König Widukind besiegt und zum Teil gewaltsam zum

Christentum bekehrt. Andere Feldzüge führten gegen die noch weiter ostwärts siedelnden Slawen, gegen die Langobarden in Oberitalien und nach Spanien. Karls Reich, das Deutschland, Gallien und Italien umfasste, war das erste große europäische Reich, das über die Grenzen des alten Römischen Reiches deutlich hinausging.

Karl war der Herrscher des gesamten christlichen Abendlandes. An ihn wendete sich Papst Leo III. (795–815), als er 799 durch einen Aufstand aus Rom vertrieben wurde. Karl bestätigte ihn in seinem Amt und setzte ihn wieder ein. Als der König dann das Weihnachtsfest des Jahres 800 in Rom feierte, krönte Papst Leo ihn am 25. Dezember – wenn man den Quellen glauben darf, gegen seinen Willen – zum römischen Kaiser und damit zum Nachfolger eines Augustus und eines Konstantin. Jetzt gab es im ehemaligen Römischen Reich wieder zwei Kaiser, Michael I. in Byzanz, Karl im Westen des Reiches. Karls Nachfolger trugen den Titel als Kaiser des »Heiligen Römischen Reiches« bis ins Jahr 1806.

Aachen als Hauptstadt Europas

Karl erwarb und sicherte sein großes Reich mit militärischen Mitteln, aber er sorgte auch dafür, dass im Innern des Reiches Wirtschaft und Kultur in Blüte standen. Wirtschaft, das war damals in erster Linie Landwirtschaft. Von den besten Kennern ließ Karl Anweisungen zusammenstellen, wie auf den königlichen Gütern alles zu handhaben sei. Von der Pferdehaltung bis zur Geflügel-, Fisch- und Viehzucht, vom Obst-, Gemüse- und Getreideanbau bis zur Anlage eines Kräutergartens, von der Sauberkeit bei der Zubereitung und Konservierung von Nahrungsmitteln bis zur ordentlichen Buchführung ist dort alles genau festgelegt. Boten des Kaisers, die alle Teile des Reiches besuch-

ten, wachten darüber, dass die Vorschriften genau eingehalten wurden.
Auch kulturell war die Zeit um 800 durchaus ein Glücksfall für Europa. Karl versammelte zahlreiche Gelehrte wie den schon erwähnten Alkuin um sich und ließ viele Schulen gründen. Überall bemühte man sich die Kenntnisse der Antike zu sammeln und weiterzuentwickeln. Geschichtsforscher sprechen daher auch von einer karolingischen Renaissance, das heißt Wiederbelebung der Antike.
Eine Hauptstadt im eigentlichen Sinne hatte das Reich nicht. Der König zog von Ort zu Ort. Besonders gern aber hielt er sich, vor allem der warmen Quellen wegen, in Aachen auf. Hier ließ der Kaiser eine prachtvolle »Pfalz« (Königspalast) bauen, hier empfing er ausländische Gesandtschaften aus so entfernten Ländern wie Spanien, Schottland und dem Byzantinischen Reich. Hier in Aachen gab es auch den ersten Tierpark nördlich der Alpen. Die Hauptsehenswürdigkeit war ein weißer Elefant, den der Kalif Harun ar-Raschid Karl hatte schicken lassen. Der herrlichste Bau der Pfalz aber war ohne Zweifel die Kapelle, der Mittelpunkt des Aachener Domes. Karl schmückte dieses Gotteshaus, wie Einhard, der Verfasser seiner Lebensgeschichte, schreibt, »mit Gold, Silber und Kerzenleuchtern und mit Gittern und Türen aus massivem Metall. Und da er für den Bau die Säulen und den Marmor nirgendwo anders bekommen konnte, ließ er sie aus Rom und Ravenna herbeischaffen.«
Ein wahrhaft europäisches Bauwerk in einer Stadt, die damals das Zentrum Europas war und die sich auch heute als europäische Stadt empfindet. Sie liegt im äußersten Westen Deutschlands und hat Grenzübergänge sowohl nach Belgien als auch in die Niederlande. Hier wird seit 1950 jedes Jahr der Karlspreis vergeben an eine Persönlichkeit oder ei-

ne Institution, die sich um die europäische Einigung besonders verdient gemacht hat.

Und in der Tat, wer besser als Karl der Große könnte den Namen für einen solchen Preis hergegeben haben, denn er gehört für viele europäische Länder zu ihrer Geschichte. Wer weiß, ob Europa sich nicht ganz anders entwickelt hätte, wenn sich das Karolingische Reich nicht unter seinen Nachfolgern in verschiedene Länder aufgespalten hätte. Ob man ihn nun Karl der Große, Charlemagne, Carlomagno oder Charles the Great nennt, den Ehrenplatz in der Galerie der Baumeister Europas macht ihm niemand streitig.

Eine starke Europäerin

Fünf Pferde zogen den luxuriösen Wagen, der sich der Stadt Bordeaux näherte, begleitet von einer Eskorte schwer gepanzerter Reiter. Wo immer er vorbeirumpelte, ließen die Bauern, die gerade das Land für die Aussaat vorbereiteten, die Arbeit ruhen, um zu schauen. Sie sahen zwei vornehme Frauen, die aus den Fenstern schauten; sahen gelegentlich wohl auch einmal, wie ein Hund aus dem Wageninneren herausgereicht wurde, damit er draußen seine Bedürfnisse erledigen konnte.

Niemand Geringeres als Eleonore, Herzogin von Aquitanien, war es, die hier im Jahre 1200 mit ihrer Enkelin Blanca aus Spanien zurückkehrte. Achtzig Jahre war sie alt, schwere Schicksalsschläge hatten sie heimgesucht. Von ihren fünf Söhnen und fünf Töchtern lebten nur noch Eleonore, die Königin von Kastilien, und John, der nach dem Tod seines Bruders Richard Löwenherz in England herrschte. Aber von ihm hielt Eleonore nicht viel. Er konnte sich kaum in England Respekt verschaffen. Wie hätte er da die Herzogtümer seiner Mutter in Frankreich, die sich entlang der Atlantikküste von Aquitanien im Süden bis in die Normandie erstreckten, zusammenhalten können? Auch unter ihren Enkeln war niemand in Sicht, den sie zu sich rufen konnte. Arthur von Bretagne war ihr zu ehrgeizig, Otto von Braunschweig, Sohn ihrer Tochter Mathilde, strebte die Krone eines deutschen Königs und römischen Kaisers an. England und Frankreich waren ihm fremd. Nein, die alte Frau, die nacheinander Königin von Frankreich und von England gewesen war, musste einen anderen Weg finden.

Jetzt, da Richard Löwenherz tot war, würde Philipp August, der König von Frankreich, sicher versuchen sich Eleonores Herzogtümer anzueignen, wenn nötig, mit Gewalt. Formal gehörten sie ihm ja auch und waren an das jeweilige Familienoberhaupt der Familie Plantagenet, an Richard wie zuvor an seinen Vater Heinrich, nur verliehen. Aber es war ungeschriebenes Recht, dass der jeweilige Erbe sie weiter nutzen durfte, wenn er dem Lehnsherrn den vorgeschriebenen Treueid leistete.

Das hatte Eleonore vorsichtshalber getan. Sie merkte aber sehr wohl, dass Philipp August wenig erfreut war die erste Frau seines Vaters zu sehen und dass er nur nach einem Vorwand suchte, sein Lehen zurückzufordern. Eleonore, diplomatisch geschickt, wie sie war, regte an, Philipp August solle seinen Sohn und späteren Nachfolger Ludwig mit einer ihrer Enkelinnen in Kastilien verheiraten, aber es hatte einige Monate gedauert, bis aus dieser Anregung ein Vertrag wurde. Danach aber hatte Eleonore trotz ihres hohen Alters keinen Tag mehr gezögert und zu Beginn des Winters die beschwerliche Reise nach Spanien unternommen.

Es waren schöne Tage gewesen in Kastilien bei ihrer Tochter. Im Kreise ihrer elf Enkelinnen und Enkel wurde die alte Frau von Tag zu Tag jünger. Dazu trugen auch die vielen Minnesänger bei, die am kastilischen Hof aus und ein gingen und immer auf eine reiche Belohnung für ihre Lieder und Erzählungen hoffen durften. Eleonore fühlte sich an ihre Jugend erinnert, an ihren Großvater Wilhelm, der einer der ersten Troubadoure gewesen war; an ihre eigenen Höfe in Paris, Poitou und in London, wo berühmte Dichter und sogar eine

Dichterin, Marie de France, Sagen wie die um König Artus in meisterhafter Form erzählt hatten.
Eleonore hatte es nicht eilig, wieder aufzubrechen, zumal die Hochzeit frühestens nach dem Ende der Fastenzeit zu Ostern stattfinden konnte. Sie wollte sich auch Zeit nehmen, herauszufinden, welche ihrer beiden Enkeltöchter im heiratsfähigen Alter besser für den Hof in Frankreich passte. Urraca, so meinte sie, tauge wegen ihres Namens, ihrer Erscheinungsweise und ihrer Lebensart eher als Königin in Portugal, aber Blanca, ein Mädchen, noch keine 15 Jahre alt, schien ihr so tatkräftig, dass sie der Großmutter Lebenswerk fortsetzen konnte. Sie war die junge Frau in dem Wagen.
Lang war die Reise und Blanca oder Blanche, wie sie jetzt in Frankreich genannt wurde, betrachtete neugierig die ihr neue Landschaft, die langsam und schwankend an ihnen vorüberzog. Viele Gedanken gingen ihr durch den Kopf, über ihren Bräutigam, den sie noch nicht kannte, über die bevorstehende Hochzeit, über ihre zukünftige Wohnung.
Eleonore betrachtete ihre Enkelin liebevoll. »Du bist noch so jung, Kind«, sagte sie »und doch muss ich dich schon verheiraten. Als ich so alt war wie du, lebte mein Vater noch und ich durfte unbeschwert auf unserem Schloss in Bordeaux das Leben genießen. Die Politik habe ich den Männern überlassen. Aber dann starb Aigret, mein Bruder, und Vater kehrte von einer Pilgerreise nach Santiago de Compostela nicht zurück, obgleich er erst 38 Jahre alt war, und auf einmal war ich Herzogin von Aquitanien. Es war Vaters letzter Wunsch, dass ich den Sohn des französischen Thronfolgers heiraten sollte. Er hieß Ludwig, genauso wie dein zukünftiger Ehemann, und ich kannte ihn ebenso wenig, wie du den deinen kennst. Aber ich mochte ihn von Anfang an und auch er hat mich geliebt. Ganz Bordeaux war festlich geschmückt, als

wir im Jahre des Herrn 1137 geheiratet haben, und überall standen jubelnde Menschen. Pass nur auf, dir wird es in einigen Wochen ebenso gehen.«

Blanche war davon nicht überzeugt, aber sie schwieg, weil sie hoffte, Großmutter würde von sich aus noch mehr über ihr Leben erzählen. Und wirklich, während der Wagen langsam weiterrumpelte und die Dämmerung hereinbrach, erzählte die alte Frau, und je mehr sie erzählte, desto mehr vergaß sie alles um sich herum und sah vor ihren Augen die Stationen ihres Lebens vorüberziehen. Sie erinnerte sich, wie sie auf einem großen Festmahl in Poitiers die Nachricht vom Tode ihres Schwiegervaters Ludwig VI. erhalten hatten. Als Herzogin war sie in Bordeaux aufgebrochen, als Königin von Frankreich war sie in Paris eingetroffen. Sie erinnerte sich an die Auseinandersetzungen mit ihrer Schwiegermutter, weil sie sich nicht an die Hofetikette halten wollte. Heute, über 60 Jahre später, lächelte Eleonore bei dem Gedanken daran, wie schockierend Adelaide das Benehmen und die Modetorheiten der jungen Frau gefunden haben musste. Sie sah die Königskrönung wieder vor sich in Reims und sie erinnerte sich an die ersten glücklichen Jahre ihrer Ehe, als Ludwig ihr selbst den geringsten Wunsch von den Augen ablas und als sie sich bemühte den Pariser Palast mit Wandbehängen und allen Düften und Kostbarkeiten des Orients auszustatten. Troubadoure gaben sich ein Stelldichein und himmelten sie in ihren Liedern an.

Aber mit der Zeit kamen die Sorgen. Mit zwanzig Jahren hatte sie Frankreich immer noch nicht den erhofften Thronfolger geboren. Dann kam der 11. Juni 1144. Abt Suger hatte alles, was Rang und Namen in Frankreich hatte, in die altehrwürdige Abtei Saint Denis zur Einweihung des Chors der neuen Abteikirche eingeladen. Wenn Suger rief, war das

Grund genug, zu kommen, aber auch der Bau war sensationell. Zum ersten Mal war hier eine Kirche, deren Säulen keine Rund-, sondern Spitzbögen trugen und deren Kirchenschiff darum viel höher war, als man es bis dahin gesehen hatte. Auch der berühmte Abt Bernhard von Clairvaux kam, ein Mann, dem schon zu Lebzeiten der Ruf der Heiligkeit vorausging. Mit ihm besprach Eleonore das Problem ihrer Kinderlosigkeit. Auf seinen Rat hin hatte sie dann alles daran gesetzt, die vielen Auseinandersetzungen zwischen den Adligen und ihrem Mann, dem König, zu beenden. Ein Jahr später wurde ihre erste Tochter Marie geboren. Eleonore war fest davon überzeugt, dass Bernhard ein Heiliger sei.

War es da ein Wunder, dass sie sich zu Ostern 1146 zusammen mit ihrem Mann dazu verpflichtete, am zweiten Kreuzzug ins Heilige Land teilzunehmen, zu dem Bernhard von Clairvaux in einer flammenden Predigt aufgerufen hatte? Für sie war das Ganze ein Abenteuer. Heute sah sie ein, wie töricht es gewesen war, so viel Luxus mit sich zu führen. Aber wie anders hätte sie denn vor den Damen der byzantinischen Gesellschaft bestehen können, als sie endlich bei Kaiser Komnenos in Konstantinopel eintrafen? Drei Wochen waren das gewesen in jener prachtvollen alten Hauptstadt des Römischen Reiches, voll von Jagdausflügen, Pferderennen, Empfängen und Festmählern mit nie zuvor geschmeckten Köstlichkeiten wie Artischocken und Kaviar.

Ihr Mann freilich war immer ungeduldiger geworden. Damals merkte sie zum ersten Mal, dass ihre Gefühle füreinander nicht mehr so stark waren wie zu Anfang. Dann seine unbegründeten Eifersuchtsszenen, als ihr Raimund von Antiochia den Hof machte, mit dem sie gemeinsam ihre Jugend in Bordeaux verbracht hatte. Und in seiner Eifersucht hörte Ludwig nicht auf die guten Ratschläge Raimunds. Der Kreuzzug geriet zu einem Misserfolg. Ludwig und Eleonore stachen auf getrennten Schiffen in See. Eleonore erinnerte sich, wie ihr Schiff auf dem Weg nach Sizilien von den Byzantinern gekapert und dann von Normannen aus dem Königreich Sizilien wieder befreit worden war. Sie erinnerte sich an das Wiedersehen mit ihrem Mann, die gemeinsame Reise zum Papst. Eugen III. war ein kluger und gütiger Mann. Er schaffte es, die Eheleute noch einmal zu versöhnen, und 1150 wurde die zweite Tochter Alix geboren. Aber Eleonore und Ludwig hatten sich auseinander gelebt. Man suchte Mittel und Wege für eine Scheidung mit dem Segen der Kirche und fand sie in einer ganz entfernten Verwandtschaft zwischen beiden, die nach dem Kirchenrecht die Ehe ungültig werden ließ. Anfang 1152 war Eleonore wieder frei.

Frei für den jungen Herzog der Normandie und Grafen von Anjou, Heinrich Plantagenet, den sie wenige Wochen später heiratete. Ludwig hatte das sicher nicht gefallen, denn Heinrich und Eleonore beherrschten jetzt fast alle Ländereien zwischen den Pyrenäen und der Kanalküste. Es kam jener denkwürdige Tag spät im Jahre 1154, als sie trotz Schwangerschaft zusammen mit Heinrich den turmhohen Wellen im sturmgepeitschten Kanal getrotzt hatte, und der 19. Dezember 1154, als sie zum zweiten Male Königin wurde, dieses Mal von England. Fünf Söhne und drei Töchter hatte sie Heinrich bis 1166 geboren, zuletzt John, der jetzt König von England war. Heinrich und Eleonore sahen sich manchmal lange Zeit nicht, denn wenn er in England nach dem Rechten sah, hielt sie sich oft in Frankreich auf und umgekehrt. Beide sorgten sie dafür, dass die Verwaltung in ihren Ländern gut organisiert wurde, dass Wirtschaft und Kultur auf dem Land und in den Städten aufblühten. Eleonore erinnerte sich, wie sie erfolgreich versucht hatte Dichter aus Aquitanien an den

englischen Hof zu bringen, so erfolgreich, dass die Engländer den sagenhaften König Artus jetzt sogar schon für einen Briten hielten.
Wer in Europa konnte behaupten mächtiger zu sein als ihre Familie. Eleonore war stolz und glücklich. Aber dann betrog Heinrich sie mit der schönen Rosamunde, sie, die auch im Alter von fast 50 Jahren und nach der Geburt von zehn Kindern der Schwarm aller Troubadoure war. Auch im Rückblick war Eleonore überzeugt, dass sie damals recht daran getan hatte, England zu verlassen. Sie hatte sich noch mit Heinrich getroffen und nach außen hin die Form einer Ehe gewahrt, aber Eleonore schmerzte die Affäre mit Rosamunde mehr, als sie sich selbst zugab. Als ihr Sohn Heinrich sich gegen seinen Vater erhob, hatte sie ihn unterstützt. Als der Aufstand zusammenbrach, floh sie in Männerkleidung und wurde durch Zufall von Männern des Königs festgenommen. Fünfzehn bittere Jahre lang wurde sie in England gefangen gehalten. Zwar fehlte es ihr an nichts und auch Besucher waren nicht selten. Gelegentlich zu Weihnachten durfte sie auch noch einmal die Rolle der Königin spielen, aber dass sie nicht in ihre sonnige Heimat konnte, bedrückte sie sehr.
Dann starb der König am 6. Juli 1189. Sie war wieder frei. Was für eine Freude, als ihr Lieblingssohn Richard in Westminster zum König von England gekrönt wurde! Was für ein Kummer, als er unmittelbar darauf zum dritten Kreuzzug aufbrach, selbst wenn er sich auf diesem wegen seiner Heldentaten den Namen *Löwenherz* erwarb! Musste er denn wirklich auf dem Rückweg Herzog Leopold von Österreich in die Hände fallen und von diesem an den deutschen Kaiser ausgeliefert werden? Ein ungeheures Lösegeld hatte sie, Eleonore, auftreiben müssen, ehe sie Richard am 2. Februar 1194 wieder in die Arme schließen und England seinen König wieder-

geben konnte. Mit Richard hatte das Reich der Plantagenets, das von Irland bis zu den Pyrenäen reichte, endlich wieder einen starken und respektierten Herrscher. Eleonore zog sich in die Ruhe des Klosters von Fontevrault zurück.
»Und hier erreichte mich die Nachricht vom Tod deines Onkels Richard«, sagte Eleonore traurig. »John wird schon als König von England kaum respektiert, unsere Länder in Frankreich wird er nicht schützen können. Jetzt musst du das Erbe der Plantagenets bewahren, indem du Königin von Frankreich wirst.«
Eleonore lebte noch vier Jahre lang. Sie erlebte noch, wie ihr Sohn John, König von England, die Normandie an Philipp August von Frankreich verlor. Manche meinen, dass sie aus Gram hierüber am 31. März oder 1. April 1204 gestorben sei. Aber ich nehme an, dass sie in dem Bewusstsein starb, dass nicht John, sondern ihre Enkelin Blanche ihr Erbe weitertragen würde. Diese erwies sich in der Tat als tüchtige Regentin, als ihr Mann, Ludwig VIII., frühzeitig starb und ihr Sohn, Ludwig IX., den man später den Heiligen nennen sollte, noch nicht alt genug war, um den Thron zu besteigen.
Wenn man nach den Baumeisterinnen Europas sucht, Blanche und vor allem Eleonore gehören sicher dazu.

EUROPA IM MITTELALTER

Europa nicht mehr grenzenlos

In den 400 Jahren zwischen der Kaiserkrönung Karls des Großen und Eleonores Reise nach Kastilien hatte sich Europa erneut stark verändert. Das Reich der Karolinger lebte im römisch-deutschen Kaiserreich in der Mitte Europas und in Frankreich fort. Letzteres war eng verwoben mit dem Königreich England, denn im Jahre 1066 hatte der Herzog der Normandie, Wilhelm der Eroberer, durch die Schlacht bei Hastings die englische Königskrone erworben, auf seine Besitzungen in Frankreich aber nicht verzichtet. Für fast zweihundert Jahre war Französisch in England die Sprache der Könige und der Vornehmen. Zahllose Sagen wie die von Robin Hood, der mit Richard Löwenherz in Verbindung gebracht wird, berichten von den Auseinandersetzungen zwischen den einheimischen Angelsachsen und ihren normannischen Herren.

Im Süden Europas hatten die Normannen Sizilien von den Arabern erobert und hier und in Unteritalien ein Königreich gegründet. Die Muslime hatten auch den größten Teil der Iberischen Halbinsel wieder an Christen verloren. Nur ganz im Süden konnte sich noch das maurische Königreich Granada halten. Im Westen bestand jetzt das Königreich Portugal; den Rest des heutigen Spanien nahmen die Königreiche von Leon, Kastilien, Navarra und Aragon ein.

Im Norden Europas herrschten die Könige von Schottland, Dänemark und Schweden, auf der anderen Seite der Ostsee der König von Polen. Im europäischen Teil Russlands gab es verschiedene Fürstentümer, im Südosten Europas die Königreiche Ungarn, Serbien und Bulgarien. Den äußersten südöstlichen Zipfel Europas nahm noch das byzantinische

Kaiserreich ein, das sich allerdings immer weniger gegen den Vorstoß der muslimischen Türken wehren konnte.
Zu erwähnen ist auch noch der vom Papst beherrschte Kirchenstaat in der Mitte Italiens mit Rom als Mittelpunkt. Von einem einheitlichen Europa scheinbar keine Spur, umso weniger, wenn man bedenkt, dass innerhalb dieser Reiche die Fürsten sich von den Königen oft nur wenig sagen ließen und in ihren Herrschaftsgebieten schalteten und walteten, wie sie wollten.

In Europa lebte man feudal

Dennoch kann man im Mittelalter von einer Art europäischer Einheit sprechen, denn Staaten und Grenzen im heutigen Sinne gab es noch nicht. Viel wichtiger waren die persönlichen Beziehungen zwischen den Lehnsherren und ihren Lehnsleuten oder Vasallen. Die ganze Gesellschaft war wie eine Pyramide geordnet. An der Spitze stand der König. Er vergab die Herzogtümer und Grafschaften, aber auch andere Königsrechte wie das, Münzen zu schlagen, an die Fürsten als Lehen. Der lateinische Begriff dafür ist »feudum«, darum spricht man auch von einer Feudalordnung. Die Fürsten, zu denen auch Bischöfe und Äbte gehörten, gelobten dem König in ihrem Lehnseid Treue und militärische Unterstützung. Dieser versprach Schutz. Die Fürsten gaben ihrerseits wiederum die Länder und Rechte an Untervasallen weiter, die selbst wieder Untervasallen haben konnten. Am unteren Ende der »Lehnspyramide« standen die Bauern. So war man im Mittelalter nicht in erster Linie Deutscher, Franzose, Kastilier oder Norweger, sondern Lehnsmann seines Feudalherrn, der wiederum Lehnsmann eines anderen, der dann vielleicht Vasall des Königs war. Die Lehnsordnung machte vor den Landesgrenzen nicht Halt, sodass eben der englische König zugleich für einen Teil des von ihm beherrschten Gebiets Vasall des französischen Königs und insgesamt viel mächtiger als dieser war.

. . . und ritterlich

Neben der Feudalordnung gab es ein weiteres Band, das Europa, zumindest das adlige Europa, im Mittelalter einte, das Ideal des Rittertums. Ritter waren ursprünglich nichts anderes als bewaffnete Krieger, Gefolgsleute der hohen adligen Herren, für die und mit denen sie in den Krieg zogen. In dem englischen Wort für Ritter »knight«, das mit dem deutschen Wort Knecht verwandt ist, kann man das noch erkennen. Aber, wie das so ist, wenn man in glänzender Rüstung von einem Pferd hinabschaut, dünkt man sich etwas Besseres als die Bauern ringsum und will das auch zeigen. So begannen die Ritter Burgen zu bauen und den Lebensstil des Adels nachzuahmen. Es entwickelte sich eine Ausbildungsordnung vom Pagen über den Knappen zum Ritter, in der man nicht nur das Kämpfen, sondern auch geschliffenes Benehmen lernte. Ein Ritter musste wissen, wie man sich bei Hof, also höflich, verhält; er sollte wissen, was sich in der Gegenwart von Damen schickt. Er sollte für die Kirche und die Armen und Waisen eintreten.

So wurde aus dem Beruf »Ritter« ein Lebensideal, an das sich auch die Könige und Fürsten hielten. Bei prächtigen Turnieren und Festen entfaltete die ritterliche Gesellschaft ihren Glanz. Ritterliche Dichter, die Minnesänger oder Troubadoure, schmückten alte Sagen aus und stellten Helden wie König Artus und die Männer seiner Tafelrunde als vollendete Ritter dar. In ihren Minne(= Liebes-)Liedern priesen sie die Schönheit und Güte der adligen Frauen. Goldschmiede und Händler, die Orientwaren von weither brachten, trugen das ihre dazu bei, das Leben in der Rittergesellschaft so farbenfroh zu gestalten, wie es uns in zahlreichen Bildern in mittelalterlichen Handschriften gemalt wird. Und dem Ideal des Kavaliers, das ist das aus dem Französischen stammende Wort für Ritter, entsprachen deutsche so gut wie burgundische, aquitanische so gut wie englische Ritter. Auch hier gab es keine Grenzen.

. . . und christlich

Auch religiös war Europa fast eine Einheit. Der Islam spielte nur noch im Süden Spaniens und auf Sizilien eine gewisse Rolle. Der Rest Europas war christlich. Allerdings gab es seit 1054 zwei christliche Kirchen, denn damals hatte sich die byzantinische Kirche endgültig von der der Päpste in Rom getrennt. Sie fand ihre Anhänger auf dem Balkan und in Osteuropa, wo auch heute noch die »orthodoxe« Kirche vorherrscht.

Der größte Teil Europas war römisch-katholisch. Der Papst in Rom, seine Bischöfe und die Priester hatten großen Einfluss. Wer etwa die Fastengebote nicht einhielt, hatte mit strengen Strafen zu rechnen und selbst Fürsten und Könige mussten um ihre Herrschaft fürchten, wenn der Papst den Kirchenbann über sie und ihre Länder verhängte. Weil Philipp August es mit den Ehegesetzen nicht so genau genommen hatte, durften zum Beispiel im Jahre 1200 keine kirchlichen Feiern in Frankreich durchgeführt werden, sodass die Hochzeit zwischen Ludwig und Blanche in der Normandie stattfand. Anderthalb Jahrhunderte zuvor war der deutsche Kaiser Heinrich IV. im Januar 1077 barfuß und im Büßergewand vor der Burg Canossa in Oberitalien erschienen, um von Papst Gregor VII. die Lösung vom Bann zu erwirken. Der Streit zwischen den beiden ging darum, wer für die Einsetzung der Bischöfe zuständig war. Der Papst meinte, dies sei allein seine Sache, der Kaiser bestand darauf, dass die Bischöfe auch Reichsfürsten seien und die Entscheidung darum bei ihm liegen müsse. Mit einem Kompromiss war der Streit beigelegt worden, aber unter der Oberfläche schwelte er weiter, denn viele Könige wehrten sich dagegen, dass der Papst und die Kirche in weltliche Dinge hineinredeten. Aber wenn sie sich offen gegen die Kirche auflehnten, riskierten sie Aufstände ihrer Untertanen, die um ihr Seelenheil fürchteten.

Viele Frauen und Männer stellten sich ganz in den Dienst der Kirche, indem sie ins Kloster gingen. Allerdings war das Leben in vielen Klöstern im Laufe der Zeit recht weltlich geworden, hatten die Äbte hier sich mehr um die Annehmlichkeiten des Klosterlebens und um Politik gekümmert als um die mönchischen Ideale. Im elften und zwölften Jahrhundert aber gingen von den französischen Klöstern Cluny und Citeaux Reformbewegungen aus. Man wollte zurück zu den ursprünglichen Idealen, wie sie der Heilige Benedikt von Nursia im 6. Jh. in seiner Klosterregel festgelegt hatte. Viele Klöster in ganz Europa schlossen sich diesen Reformbewegungen an, zahlreiche neue Tochterklöster wurden gegründet. Der Zisterzienser Bernhard von Clairvaux war in ganz Europa bekannt. Auch zwei neue Orden, die Dominikaner und die Franziskaner, verbreiteten sich im 13. Jahrhundert rasch im katholischen Europa. In der Fürsorge für Arme und Kranke und im Bildungswesen, aber auch auf politischem und wirtschaftlichem Gebiet erfüllten die Klöster wichtige Aufgaben. Keine Frage, auch die Äbtissinnen und Äbte, die Mönche und Nonnen haben an unserem Europa mitgebaut.

. . . und ländlich

Weitaus der größte Teil der Europäer im Mittelalter lebte auf dem Lande, und wenn sich, vielleicht auf einer Pilgerreise, ein friesischer und ein sizilianischer Bauer trafen, so haben sie sich, vorausgesetzt sie konnten das Sprachproblem überwinden, sicher darüber unterhalten, wie gut der Boden war, womit sie düngten, in welcher Reihenfolge sie die Feldfrüchte anbauten, was für Vieh sie hatten, ob sie den neuen Räderpflug schon kannten, wie viele Frondienste sie für ihren Grundherrn leisten mussten, wie es bei ihnen zuging, wenn Kirmes auf dem Dorf war. Das waren Fragen, welche die Landbevölkerung interessierten. Auch die hohen Herren und Damen nahmen die Landwirtschaft damals sehr wichtig, bestanden doch ihre Einnahmen vielfach nicht in Geld, sondern in landwirtschaftlichen Produkten. Im berühmten Stundenbuch des Herzogs von Berry zum Beispiel, das oft als Beispiel für die Farbenpracht des Adelslebens im Mittelalter herangezogen wird, sieht man im Hintergrund der Bilder stets die Bauern bei ihren Tätigkeiten. Sie schafften den Reichtum, von dem die Fürsten lebten, und oft genug bauten sie im Schweiße ihres Angesichts an den Burgen und Schlössern, die heute europäische Reiseziele sind. Auch sie dürfen in der Liste der Baumeister Europas daher auf keinen Fall fehlen, selbst wenn uns ihre Namen meist nicht bekannt sind.

. . . und städtisch

Mittelalterliche Dörfer sind heutzutage kaum erhalten, denn in ihnen waren Holz, Lehm und Stroh die wichtigsten Baustoffe. Die aus Stein erbauten mittelalterlichen Städte mit ihren Mauern und Türmen waren dagegen haltbarer und haben vielerlei Spuren hinterlassen. Es gab Städte ganz unterschiedlicher Art: reiche Stadtrepubliken in Italien wie Mailand, Genua, Florenz und Venedig, die Residenzsstädte der Fürsten, die Hafenstädte an Nord- und Ostsee, die sich zur Hanse zusammenschlossen, kleine Städtchen, die sich im Schatten einer Burg entwickelten. Allen gemeinsam ist, dass sie Handwerker und Händler, Künstler und Baumeister anzogen. Hier versammelte sich das Wissen des Mittelalters, hier entstanden die ersten Universitäten wie in Bologna, wo man vor allen Dingen römisches Recht und Kirchenrecht studierte, oder in Paris, Oxford und Prag. Vor allem aber lebten die Städte vom Selbstbewusstsein ihrer Bürger. Die reichen Handelsleute, in manchen Fällen sogar die Handwerker vertrieben die adligen Stadtherren und regelten ihr Zusammenleben in einer Weise, das man mit etwas gutem Willen durchaus als demokratisch betrachten kann, auch dies eine Tradition, auf die wir uns als Europäer berufen können. Man muss allerdings zugeben, dass es die Europäerinnen dabei etwas schwerer haben, denn so weit, dass man auch die Frauen am politischen Leben beteiligte, ging die Demokratie doch nicht. Hier war man, wie am Beispiel Eleonores zu sehen, an den Fürstenhöfen weiter.

Europäer bauen zur Ehre Gottes

Das mittelalterliche Europa ist an vielen Stellen noch sicht- und greifbar. Wer hat nicht schon einmal eine Burgruine oder eine mittelalterliche Stadtmauer besichtigt? Vor allem aber die vielen erhaltenen Kirchenbauten des Mittelalters legen Zeugnis davon ab, welch gute Baumeister hier am Werk waren. Jeder lernte vom anderen und jedes Kloster, jede Stadt bemühte sich ein noch herrlicheres Bauwerk zur Ehre Gottes zu errichten. Und doch zeigt sich bei allen

Unterschieden eine Einheit, die alle Grenzen überschreitet. Vor allen Dingen zwei Baustile sind es, die man in ganz Europa wiederfindet. Den älteren nennt man den romanischen. Man findet ihn in Frankreich wie in Russland, in Schweden und England wie in Deutschland und Italien. Kirchen mit Haupt- und Querschiffen, deren Wände aus mächtigen Pfeilern mit runden Bögen bestehen, die Zugang zu den Seitenschiffen erlauben, Kirchen mit rundem Chor und oft Kapellenkränzen ringsum, Kirchen mit zahlreichen Türmen erwecken den Eindruck von Palästen zur Ehre Gottes. Staunend steht man vor dem reichen, früher teilweise farbig bemalten Figurenschmuck der Portale und der Kapitelle (Köpfe) der Säulen. Es sind Bilderbücher in Stein. An den Wänden entstanden prachtvolle Fresken (Wandbilder), die ebenfalls den Gläubigen die biblische Geschichte vermitteln.

Den Baustil, der die Romanik ablöste, nennt man den gotischen. Technisch war er ein großer Fortschritt. Nicht mehr der Rund-, sondern der Spitzbogen ist für ihn charakteristisch. Saint Denis in Frankreich gilt als die erste Kirche dieses Typs, der sich rasch von Frankreich aus verbreitete. Hohe, lichte Kirchenräume entstanden und Türme von weit über 100 Meter Höhe, die in den Himmel ragten. Wer denkt hier nicht an den Kölner Dom, dessen Bau 1248 begonnen wurde, dessen Türme allerdings erst im 19. Jahrhundert nach mittelalterlichen Plänen fertig gestellt wurden?

Die romanischen und gotischen Kirchenbauten gehören ohne Zweifel zu den Meisterleistungen europäischer Baukunst, wobei nicht verschwiegen werden darf, dass die europäischen Architekten auch viel von den Arabern gelernt haben.

Europäer unterwegs für den Glauben

Im Mittelalter kannten die Menschen noch keine Urlaubsreisen, sondern sie verbrachten den größten Teil ihres Lebens an einem Ort. Und doch kam es zu internationalen Begegnungen, denn der höchste Wunsch vieler Menschen war es, etwas für ihr Seelenheil zu tun, indem sie eine der heiligen Stätten der Christenheit aufsuchten, neben Jerusalem und Rom vor allem Santiago (Sankt Jakobus) de Compostela im Nordwesten Spaniens. Das Zeichen der Jakobspilger war die Jakobsmuschel, die als eine Art Wegweiser in Stein gehauen an vielen Kirchen in Frankreich und Spanien zu finden ist, die an den Pilgerstraßen lagen. Klöster am Wege richteten Pilgerherbergen ein, in denen die Reisenden übernachten konnten. Hier trafen sich Menschen aus ganz verschiedenen Ländern. An den Pilgerstraßen entstanden auch die ersten Krankenhäuser.

Auch die Kreuzzüge waren ihrem Wesen nach Pilgerfahrten an die heiligsten Stätten der Christenheit, die man von der muslimischen Herrschaft befreien wollte. Es waren im wahrsten Sinne des Wortes europäische Unternehmungen, denn an ihnen waren Ritter und einfache Leute aus vielen europäischen Ländern beteiligt. Sie brachten, wenn sie zurückkehrten, die Kunde von den Wundern des Orients in ihre Burgen, Städte und Dörfer zurück und vermehrten so das Wissen Europas. Nicht alle kehrten allerdings zurück. Für viele endeten die Züge in Not, Elend und Tod schon auf dem Wege oder im Kampf. Verschwiegen werden darf auch nicht, dass das Blutbad und die Plünderungen, welche christliche Ritter unter dem Zeichen des Kreuzes im Heiligen Land anrichteten, oder die mit der Kreuzzugsbewegung einsetzenden Judenverfolgungen zu den dunklen Seiten der europäischen Geschichte gehören.

Die Vorstellung vom »finsteren« Mittelalter ist sicherlich zum Teil berechtigt. Es gab unendlich viele Kriege, es gab Intoleranz gegenüber Andersgläubigen, es gab Schmutz, Krankheit und Unfreiheit. Dennoch nimmt auch diese Zeit eine wichtige Etage des europäischen Hauses ein, die man nicht missen möchte. Die Faszination dieses Stockwerks, in dem die Wände zwischen den Zimmern noch nicht hochgezogen worden sind, ist enorm. Ein Roman wie »Der Name der Rose« von Umberto Eco, in dem ein englischer Mönch in einem italienischen Kloster das Motiv für mysteriöse Morde in einem verschollenen Werk des alten Griechen Aristoteles findet, ist ein Bestseller. Von den naturheilkundlichen Rezepten der Äbtissin Hildegard von Bingen (12. Jh.), auf die viele Europäerinnen und Europäer in ihrer Muttersprache zugreifen können, erhofft man sich Antworten auf medizinische Probleme. Burgen, Ritterspiele und Mittelalterausstellungen ziehen in ganz Europa ein Millionenpublikum an. »Das sind ja Zustände wie im Mittelalter!«, rufen wir mit Grausen, um im nächsten Moment vom »Glanz des Mittelalters« zu schwärmen. Zu unserer europäischen Geschichte gehört beides.

Eine unglaubliche Entdeckung

Magister Anselmo in Rom war trotz seiner siebzig Jahre ein Pedant. Daran hegten seine Zöglinge nicht den geringsten Zweifel. Nicht nur dass sie im Unterricht nicht italienisch sprechen durften, sondern er auf Latein bestand, nein, das Latein, das sie bei Pater Leonardo gelernt hatten, war ihm auch nicht gut genug. »Wir wollen hier kein Kirchenlatein«, pflegte er zu sagen, »sondern uns einer Ausdrucksweise befleißigen, derer sich Cicero bedient hätte.« Gern hätten die Kinder etwas über die Weltreisen des Marco Polo oder die Fahrten des Christopher Kolumbus gelesen, von denen alle Welt sprach. Aber nein, Anselmos Bibliothek schien nur zahlreiche dicke Bände von jenem Cicero zu enthalten, aus denen er die Kinder viel und gerne abschreiben ließ. Wenn sie sich beklagten, weil man schließlich seit fünfzig Jahren gedruckte Bücher kaufen könne, verwies er immer auf seine Jugend: »Damals mussten wir noch alles mit der Hand abschreiben. Das hat mir gut getan, es wird auch euch gut tun.« Aber man soll die Hoffnung nicht aufgeben. Gestern hatte er doch tatsächlich fünf gleich aussehende, niedlich kleine Bücher aus seinem Pult genommen. »Hier«, sagte er, »ihr beklagt euch doch immer darüber, dass ihr alles abschreiben müsst. Gestern hat mein Buchhändler eine Lieferung aus Venedig von dem Drucker Aldus Manutius bekommen. Er hat das große Werk von Vergil über Aeneas in einer Ausgabe herausgebracht, die speziell für die Mitnahme in der Tasche gedacht ist. Ich habe für jeden von euch ein Exemplar besorgt, ihr beide müsst euch allerdings eines teilen, Giulia und Antonio. Vielleicht sind solche Bücher doch keine so schlechte Idee. Da könnt ihr zu Hause das Fünffache an Versen bearbeiten.«

Den Zwillingen, Kindern des Felice de Fredis von der Via Labicana, war es recht. Wenn nur das lästige Abschreiben wegfiel. Sie waren beide gut in Latein und 250 Verse würden keine große Mühe machen, glaubten sie.

Und in der Tat hatten sie bald herausgefunden, dass es am Anfang des zweiten Buchs der Aeneis darum ging, wie Odysseus mit Hilfe des hölzernen Pferdes die Trojaner überlisten wollte und wie der trojanische Priester Laokoon seinen Landsleuten warnend entgegengerufen hatte: »Ich fürchte die Griechen, auch wenn sie Geschenke bringen«. Aber die Leute hatten nicht auf ihn gehört, sondern einem gewissen Sinon geglaubt, der meinte, sie sollten nur ruhig die Mauern einreißen, um das Pferd in die Stadt zu holen. Und just in diesem Moment waren dann auch noch zwei mächtige Schlangen aus dem Meer aufgestiegen und hatten Laokoon und seine beiden Söhne erwürgt, was die törichten Trojaner als Beweis dafür ansahen, dass er mit seiner Warnung Unrecht gehabt hatte.

Die Geschichte war spannend, die Verse klangen schön und das Taschenbuch machte den Kindern Freude. Sie waren in der Regel ein Herz und eine Seele und so hatte es auch der Vater nicht übers Herz gebracht, nur Antonio zur Schule zu schicken. Für Mädchen war zwar, wie er meinte, eine Schulbildung nicht so wichtig, aber schaden konnte sie auch nicht und so wollte er gern das doppelte Schulgeld bezahlen. Er konnte es sich leisten.

Am nächsten Morgen, es war Mittwoch, der 14. Januar 1506, gingen die Kinder sehr früh aus dem Haus. Da sahen sie, wie eine Gruppe von Männern, zwei davon sehr vornehm gekleidet, die anderen mit Schaufeln und Spitzhacken bewaffnet, in den in der Nähe des Hauses gelegenen Weinberg ihres Vaters eindrangen. »Ob Vater weiß, was die wollen? Komm«, sagte Antonio zu seiner Schwester, »wir wollen sehen, was sie machen.«

Sie versteckten sich hinter einigen Weinranken. Aber das wäre nicht nötig gewesen, denn die Männer achteten überhaupt nicht auf ihre Umgebung. Die beiden Vornehmen gaben Anweisung, einige der Weinstöcke zu roden und das Erdreich abzutragen. Darunter kam ein Deckengewölbe zum Vorschein. Das war kein Wunder, denn hier auf dem Hügel Oppio hatte einmal der berühmte Kaiserpalast Neros gestanden, von dem noch zahlreiche Gewölbe erhalten waren. Noch vor ein paar Jahren hatte man ganz in der Nähe mehrere Grotten mit herrlichen Fresken (Wandmalereien) gefunden und offensichtlich vermuteten die beiden Männer, dass auch hier etwas zu entdecken war. Es handelte sich bei ihnen um den berühmten Architekten Giuliano da Sangallo, der gerade an einem Entwurf für eine neue Peterskirche arbeitete, und Michelangelo Buonarroti, einen berühmten Bildhauer. Aber das wussten Giulia und Antonia nicht. Sie betrachteten fasziniert, wie nach und nach am Hang eine Wand freigelegt und dann aufgebrochen wurde. »Fackeln her«, rief einer der beiden Männer, »sofort Fackeln her!« Dann verschwand er durch die Wandöffnung. Der andere folgte ihm. Unterdessen entdeckte plötzlich einer der Arbeiter, der eines menschlichen Bedürfnisses wegen ein wenig zur Seite gegangen war, die beiden Kinder und zerrte sie in Richtung auf die Grabungsstelle. »Schauen Sie einmal, wen ich hier habe, Herr Buonarroti!«, rief er in die Öffnung hinein und es klang ganz so, als ob sich dahinter ein großer, leerer Raum verbarg.

Herr Buonarroti kam heraus. Seine Augen leuchteten und er schien ganz aufgeregt. Er war auch nicht böse. Als er hörte, dass Antonio und Giulia Kinder des Weinbergbesitzers waren, sagte er sogar ganz leutselig. »Dann sollt ihr auch die Ersten nach meinem Freund und mir sein, die das große Wunder der Kunst sehen, welches wir gefunden haben.« Mit diesen Worten zwängte er sich wieder durch die schmale Öffnung, die Kinder folgten ihm. Es dauerte einige Augenblicke, bis sie sich an die nur von zwei Fackeln erhellte Dunkelheit gewöhnt hatten. Sie standen in einem Raum mit reichem Wandschmuck und in dem Saal stand eine Figurengruppe aus weißem Marmor, von der zwar einige Teile fehlten, die aber doch gut zu erkennen war. Ein Mann stand hier, unbekleidet, mit einem unendlich leidenden Ausdruck im Gesicht, der verzweifelt mit zwei Schlangen kämpfte, die ihn und die beiden rechts und links neben ihm stehenden, ebenfalls verzweifelt dreinblickenden Knaben zu erdrosseln suchten. Ein muskulöser Mann, unglaublich stark, aber doch nicht stark genug, um sich und die Kinder aus der tödlichen Umklammerung zu befreien.

War das nicht der Laokoon aus der Geschichte, die sie als Hausaufgabe bearbeitet hatten? »Jener versucht zugleich mit den Händen zu lösen die Knoten, die Priesterbinde durchtränkt von Blut und triefend von schwarzem Gift, und erhebet zugleich zu den Sternen ein schreckliches Klagen!« Als ob der Dichter bei seinen Versen das Standbild vor Augen gehabt hätte! »Denkst du auch, was ich denke?«, fragte Antonio seine Schwester, die er hinter sich glaubte. Aber Giulia war nicht mehr da.

Stattdessen tönte plötzlich vom Eingang her eine polternde Stimme: »Was geht hier vor? Eine Unverschämtheit, einfach meine Weinstöcke zu roden. Ich verlange Schadensersatz und im Übrigen scheren sie sich fort von meinem Grundstück!« Es war Felice de Fredis, herbeigeholt von seiner Tochter Giulia, die auch sofort die Laokoon-Gruppe erkannt hatte und sich erinnerte, dass sie im Unterricht in der Naturgeschichte des Plinius darüber gelesen hatte. Die Namen der Bildhauer fielen ihr nicht mehr ein, aber dass der Fund kostbar war, sah sie sofort. Daher hatte sie, ohne zu zögern, Vater herbeigeholt, damit er als Besitzer des Landes nicht betrogen würde.

»Nun beruhigen Sie sich mal, guter Mann«, sagte Herr da Sangallo. Was wir hier gefunden haben, ist bedeutend mehr wert als ein paar Weinstöcke. Man wird einen guten Preis für das Stück bezahlen. Ich selbst kann Ihnen leider nur fünfhundert Goldgulden bieten, aber ich fürchte, dass unser Papst ein noch höheres Angebot machen wird.« Felice war mehr als zufrieden, als er dies hörte, und er war auch stolz auf seine Tochter, weil sie die Situation so schnell durchschaut hatte. Dass sich das Schulgeld für sie in dieser Weise auszahlen würde, hatte er nicht geahnt.

Aber zeigen wollte er seine Zufriedenheit nicht. »Solltet ihr nicht um diese Zeit bei Magister Anselmo sein?«, fuhr er seinen Sohn und seine Tochter an. Damit hatte er leider Recht. Die Kinder rannten los und platzten mitten in die Besprechung der Hausaufgabe hinein. Anselmo war sehr aufgebracht und es dauerte einige Minuten, bis er zu schimpfen aufhörte und sich anhörte, was die Kinder zu erzählen hatten. Dann aber war plötzlich Pause. »Ihr könnt ein wenig spielen, bis ich wiederkomme«, rief Magister Anselmo und schon sah man ihn wenig würdevoll zum Weinberg des Felice de Fredi laufen. Hier drängte sich schon alles, was in der römischen Kunstszene Rang und Namen hatte. Jeder wollte das »Wunder der Kunst« sehen, wie es der große Michelangelo den Kindern gegenüber genannt hatte. Es dauerte lange, bis Anselmo sich von der Richtigkeit dieses Urteils mit eigenen Augen überzeugen konnte, so lange in der Tat, dass die kleine Pause in seiner Schule an diesem Tag bis zum Schulschluss dauerte.

So weit die Geschichte. Die Entdeckung hat sich so abgespielt, die Sache mit der Schule habe ich mir ausgedacht. Dieser 14. Januar 1506 war ein ganz entscheidendes Ereignis für die Kunstgeschichte Europas. Schon seit geraumer Zeit hatten die Künstler vor allem in Italien begonnen gezielt nach Kunstwerken der Antike zu suchen, sie zu studieren, nachzuahmen und weiterzuentwickeln. Man spricht von einer Wiedergeburt, einer *Renaissance* der Antike. Auch nach der von den drei griechischen Bildhauern Hagesandros, Athanodoros und Polydoros geschaffenen Laokoon-Gruppe hatte man gezielt gesucht. Man wusste, dass sie einst im Kaiserpalast gestanden hatte. Die Entdeckung war also nicht rein zufällig.

Papst Julius II. kaufte die Statue für sechshundert Goldgulden von Felice de Fredis. Dann wurde sie vorsichtig ans Tageslicht und auf einen Wagen gehoben und unter reger Anteilnahme der Bevölkerung, die den ganzen Weg säumte, in den Vatikan gebracht, wo sie in den Gärten aufgestellt wurde. Hier sahen sie viele der bedeutendsten Maler und Bildhauer der Zeit und ließen sich in ihren Werken von ihr beeinflussen. Hier erlebte sie aber auch zwanzig Jahre später, im Mai 1527, ein Ereignis mit, das man vielfach als das Ende der Renaissance in Italien ansieht, den »Sacco di Roma« (Plünderung Roms). Damals waren deutsche und spanische Landsknechtstruppen, deren Führer gefallen war, plündernd und zerstörend in die Ewige Stadt eingedrungen. Ein Augenzeuge berichtet: »Es ist gar nichts ganz geblieben, sodass auch das alte Bild des Laokoon, kunstreich gehauen aus einem Marmorstein und trotz so vielfältiger Zerstörung in Rom bis heute heil geblieben, nun zerbrochen ist.«

Allerdings konnte man die Statue wieder herstellen. Sie stand auch weiterhin in den Vatikanischen Gärten. Im 18. Jahrhundert wagte es ein italienischer Bildhauer, den fehlenden rechten Arm Laokoons aus Stuck zu ergänzen, nicht ganz richtig, wie man heute weiß. Denn, man mag es kaum glauben, im Jahre 1906 wurde eine antike römische Steinmetzwerkstatt ausgegraben, in der ein steinerner von einer Schlange umwundener Arm gefunden wurde. Es war das Originalstück, das an der Statue fehlte. Wie und warum das Teil dahingekommen ist, weiß niemand. Aber dass es sich bei dieser Gruppe um ein europäisches Kunstwerk ersten Ranges handelt, sieht auch heute noch jeder, der sie in den Vatikanischen Museen betrachtet.

EUROPA LERNT – DAS ZEITALTER DER ERFINDUNGEN UND ENTDECKUNGEN

Das europäische Haus wird umgebaut

Wir befinden uns im Jahre 1500. Die Zeit der Ritter ist romantische Erinnerung. Wer die Ritterromane ernst nimmt wie ein Don Quichotte, wird zum Ritter von der Traurigen Gestalt. An die Stelle der gepanzerten Reiter zu Pferde sind Landsknechte getreten, Berufskrieger, die jeweils dem dienten, der den besten Sold zahlt. Die politische Landkarte Europas verändert sich fast unablässig durch die Heiratspolitik der Fürstenhäuser und durch Kriege.

Auf der Iberischen Halbinsel ist 1492 mit dem Königreich Granada der letzte Rest der maurischen Herrschaft zusammengebrochen. Jetzt gibt es hier nur noch die Königreiche Portugal und Spanien, zu dem übrigens auch die Königreiche Neapel und Sizilien und die Niederlande und Belgien gehören. Frankreich hat in einem über hundertjährigen Krieg die Engländer gezwungen sich vom Kontinent zurückzuziehen. Deutschland ist zersplittert in zahllose kleine Fürstentümer und Städte, alle eifersüchtig auf ihre Selbstständigkeit bedacht und nur lose zusammengehalten durch den Kaiser. Selbst mit diesem will ein kleiner Staat in den Alpen nichts mehr zu tun haben, der sich für selbstständig erklärt hat, der Kern der heutigen Schweiz, die 1991 ihr siebenhundertjähriges Bestehen feierte. Zu welcher Prachtenfaltung Europa fähig ist, zeigt sich vor allem in den oberitalienischen Städten wie Mailand, Florenz, Genua und Venedig, die durch den Handel mit Orientwaren unermesslich reich geworden sind, und in Rom, Zentrum des vom Papst beherrschten Kirchenstaats in der Mitte Italiens.

Die größte Veränderung betrifft den Südosten des Kontinents. Hier ging am 29. Mai 1453 mit der Eroberung Konstantinopels durch die Türken die Geschichte des Oströmischen Reiches zu Ende. Die türkischen Sultane dehnten die islamische Herrschaft über den gesamten Balkan und fast ganz Ungarn aus. Mehrere Jahrhunderte lang war nun auch das Osmanische Reich ein bedeutender Teil Europas, waren die Türken gefürchtete und geachtete Nachbarn in Europa. Wien konnten sie militärisch nicht erobern, aber der türkische Mokka wurde über Wien zum Lieblingsgetränk im »Kaffeehaus Europa«.

Von Schwarzpulver, schwarzer Kunst und anderen Erfindungen

Die Europäer des Jahres 1500 glaubten, sie hätten allen Grund, auf ihre rückständigen Vorfahren hinabzublicken. Wichtige Erfindungen waren ihnen im letzten Jahrhundert gelungen, die das Leben tief greifend veränderten. Dass einige dieser Erfindungen in China schon lange vorweggenommen waren, wussten sie weder, noch hätte es sie gekümmert.

Eine dieser neuen Errungenschaften war das Schießpulver, das angeblich der Mönch Berthold Schwarz um 1450 erfunden, vielleicht aber auch nur wirkungsvoller gemacht hatte. Sein Schwarzpulver war, in verbesserten Kanonen und Gewehren eingesetzt, jedenfalls geeignet der Zeit der Burgen und Ritter endgültig den Garaus zu machen. Vor ihr boten Mauern und Rüstungen keinen sicheren Schutz mehr. Was für ein Fortschritt für Europa!

Wesentlich leichter fällt es, eine andere Erfindung positiv zu beurteilen, die um 1445 in Mainz gemacht wurde. Johannes Gensfleisch, genannt Gutenberg, war der erste europäische Buchdrucker, der bewegliche Lettern aus Metall verwendete. Auch vorher gab es schon gedruckte Bücher, aber für diese hatte man jede einzelne Seite spiegelverkehrt in Holzplatten geschnitten. Das war mühsam und man konnte wegen des weichen Materials nur wenige Exemplare von einer Platte drucken. Jetzt ließen sich beinahe beliebig viele herstellen und dann die gleichen Lettern in neuer Anordnung für die nächste Seite verwenden. Mit Papier, das in China erfunden und über die Araber nach Europa gekommen war, stand auch ein preiswertes Material zur Verfügung, das verhältnismäßig einfach herzustellen war und das teure Pergament ersetzte.

Nun wurde überall Gedrucktes angeboten und gekauft. Neue Ideen verbreiteten sich in kurzer Zeit im ganzen Land. Kein Wunder, dass die Mächtigen und die Kirche der neuen Technik mit einem gewissen Misstrauen begegneten. So verkündete Kaiser Karl V. im Jahre 1521, man müsse darauf sehen, dass »die hochberühmte Kunst der Druckerei allein in guten und löblichen Sachen gebraucht« werde. Darum dürfe kein Buch gedruckt werden, wenn es die Behörden nicht zuvor geprüft hätten. Aber auch solche Bestimmungen konnten den Siegeszug der »schwarzen Kunst« nicht aufhalten.

Weitere wichtige Erfindungen waren die Taschenuhr (Peter Henlein, Nürnberg 1500), ein verbesserter Kompass und andere nautische Geräte, die die Orientierung auf See erleichterten, ein verbessertes Fernrohr und das Mikroskop.

Eine neue Zeit

Unter den ersten gedruckten Büchern befinden sich neben der Bibel auffallend viele Werke von lateinischen Autoren des Altertums. Das war kein Zufall. Die Künstler und Gelehrten des 15. und 16. Jahrhunderts bemühten sich planmäßig um die Renaissance der Antike. Die kirchliche Welt der vergangenen Jahrhunderte mit ihrer Ausrichtung auf die Ewigkeit war schön und gut, aber sie waren Humanisten (von lateinisch *humanus* = menschlich), am Menschen interessiert, und über diesen fanden sie mehr bei den antiken Autoren. Die »finstere Zeit«, die zwischen ihrer neuen Zeit und der Antike stand, nannten sie verächtlich »Mittelalter«.

Die neue Bewegung war besonders stark in Italien, wo sie von den regierenden Fürsten in den reichen Stadtstaaten gefördert wurde, aber sie erfasste fast ganz Europa. Die Humanisten und die Künstler der Renaissance sahen das mit den Landesgrenzen ohnehin nicht so eng, sondern waren immer bereit voneinander zu lernen. Sprachprobleme hatten sie dabei nicht, da ihnen die alte lateinische Sprache als gemeinsames Verständigungsmittel diente.

Damit du siehst, wie international ihre Welt war, sind in der folgenden Liste, die bei weitem nicht alle wichtigen Namen enthält, jeweils die Länder angegeben, denen wir die Künstler und Gelehrten heute zuordnen würden.

Dichter und Schriftsteller

In der Literatur finden wir in der Renaissance Vorbilder für alle späteren Gattungen der Literatur.

Dante Alighieri (1265–1321), Italien, hätte vielleicht schon ins vorige Kapitel gehört. Mit seinem Hauptwerk, der »Göttlichen Komödie«, einer langen dichterischen Erzählung, gilt er heute noch als der größte Dichter Italiens und einer der größten der Weltliteratur.

Francesco Petrarca (1304–1374), Italien, verfasste zahlreiche Gedichte, aus denen spätere Dichter in ganz Europa lernten eigene Gefühle auszudrücken. Mit seiner Liebe zu den antiken Schriftstellern, besonders Vergil, gilt er als der Begründer der Renaissance.

Giovanni Boccaccio (1313–1375), Italien. Sein berühmtestes Werk ist das »Decamerone« (Zehntage-Erzählung). Sieben junge Damen und drei junge Männer haben sich auf der Flucht vor der Pest auf ihre Landgüter zurückgezogen und erzählen sich an zehn Tagen je zehn Geschichten, um sich die Zeit zu vertreiben. Boccaccio wird mit diesem Werk einer der wichtigsten Begründer der erzählenden Literatur in Europa.

Geoffrey Chaucer (ca. 1340–1400), England. In seinen »Canterbury Tales« erzählen sich Pilger auf einer gemeinsamen Wallfahrt nach Canterbury gegenseitig Geschichten.

Thomas Morus (1478–1535), England, entwirft in seinem Werk »Utopia« eine ideale Gesellschaft als Vorbild für seine Zeitgenossen. Alle späteren utopischen Romane gehen hierauf zurück.

François Rabelais (1494–1533), Frankreich, schildert in mehreren Bänden Geburt, Leben, Kriegsfahrten und Abenteuer des Riesen Pantagruel und seiner Gefährten, wobei er in Wirklichkeit die Missstände seiner Zeit anprangert.

Niccolo Machiavelli (1469–1527), Italien. Geschichtsschreiber und Verfasser der einflussreichen politischen Schrift »Il Principe« (Der Fürst), in der er lehrt, dass im Interesse des Staates auch Verrat und Verbrechen zulässig seien.

Miguel de Cervantes (1547–1616), Spanien, wurde durch seinen Roman »Don Quichotte« unsterblich und beeinflusste damit die ganze spätere europäische Romanliteratur.

William Shakespeare (1564–1616), England, ist so bekannt, dass man über ihn nichts zu sagen braucht. Auch wenn vor ihm in Europa schon Theater gespielt wurde, kann man ihn als den Vater des europäischen Theaters ansehen.

Maler

Stellvertretend für die vielen bedeutenden Maler der Renaissance, deren Bilder wir meist in Museen bewundern können, hier eine kleine europäische Auswahl großer Meister:

Sandro Botticelli (1445–1510), Italien, schuf zum Beispiel die Bilder »Der Frühling« und »Die Geburt der Venus«.

Albrecht Dürer (1471–1528), Deutschland, ist berühmt für seine Gemälde, Holz- und Kupferstiche.

Hans Holbein der Jüngere (1497/98–1543), Deutschland/England, war Hofmaler des englischen Königs Heinrich VIII.

Pieter Breughel der Ältere (1520–1569), Belgien/Niederlande, ist besonders bekannt für seine Darstellung bäuerlichen Lebens.

El Greco (1541–1614), Spanien (geboren in Griechenland), malte unter anderem ein Gemälde zum Schicksal des Laokoon.

Plastik

Holzschnitzer wie **Tilman Riemenschneider** (1460–1531), vor allem in Süddeutschland tätig, **Veit Stoß** (ca. 1445–1533), der in Nürnberg und Krakau (Polen) wirkte, der Goldschmied und Steinmetz **Benvenuto Cellini** (1500–1571) aus Italien, um wiederum nur wenige Namen zu nennen, schufen Meisterwerke der plastischen Kunst.

Baukunst

Wenn man von der Baukunst der Renaissance spricht, denkt man in erster Linie an Italien, an die von **Filippo Brunelleschi** (1376–1446) geschaffene Kuppel des Florenzer Doms, an **Bramante** (1444–1514), der den ersten Entwurf für den neuen Petersdom in Rom lieferte, oder an **Andrea Palladio**

(1508–1580), dem Venedig viel von seinem heutigen Aussehen verdankt. Sie und ihre Kollegen fanden Nachahmer in ganz Europa.

Musik

Auch die Musik in der Kirche und an den Fürstenhöfen war im besten Sinne europäisch. Von den Engländern (z. B. **John Dunstable**, gestorben 1453) lernten die Niederländer am burgundischen Hof (z. B. **Jakob Obrecht**, 1453–1503), von diesen wieder der Italiener **Giovanni Palestrina** (1525–1594) und der in München wirkende Niederländer **Orlando di Lasso** (ca. 1530–1594), wie man mehrstimmige Messen und weltliche Musik verfasste.

Naturforscher und Gelehrte

Im 15. und 16. Jahrhundert wurden die Grundlagen der modernen Wissenschaft gelegt, die ihre Ergebnisse nicht mehr aus der Bibel oder aus theoretischen Spekulationen gewinnt, sondern durch genaues Beobachten, Vergleichen und Messen. Ausgangspunkt waren vielfach die Lehrbücher der Antike, wobei man sich nicht mehr nur auf das Lateinische beschränkte. Nach dem Fall Konstantinopels waren eine Reihe von Wissenschaftlern aus dem Oströmischen Reich an die Universitäten in Italien und Frankreich gekommen. Sie brachten die Kenntnis altgriechischer Schriften mit.

Erasmus von Rotterdam (1465–1536), Niederlande/Deutschland/Schweiz, gilt als der bedeutendste der Humanisten. Was er sagte, wurde in ganz Europa beachtet. Er begründete die Philologie, die Wissenschaft, die sich bemüht, aus den durch vielfältiges Abschreiben veränderten Texten antiker Autoren den ursprünglichen Text wieder herzustellen und diesen zu erklären.

Theophrastus Bombastus von Hohenheim, genannt **Paracelsus (ca. 1494–1541)**, Schweiz/Österreich, war der Begründer einer neuen Heilkunst.

Miguel Servet, genannt Villanovanus (ca. 1510–1553), Spanien, machte erste Beobachtungen zum Blutkreislauf.

Adam Riese (1492–1515), Deutschland, verfasste Lehrbücher der Rechenkunst und der Algebra.

Nikolaus Kopernikus (1473–1543), Polen/Deutschland, erklärte, dass nicht die Erde, sondern die Sonne im Mittelpunkt der Welt steht. Auf seine Arbeiten bauten **Galileo Galilei** (1564–1642), Italien, und **Johannes Kepler** (1571–1630), Deutschland, auf. Der eine erklärte als Erster, dass sich die Erde um die Sonne drehte, der andere entdeckte die Gesetze der Planetenbewegung.

Martin Behaim (ca. 1459–1507), Deutschland/Niederlande/Portugal, fertigte den ersten Erdglobus an.

Gerhard Kremer, genannt **Mercator** (1512–1594), Belgien/Deutschland, gab als Erster einen Atlas heraus.

Georg Bauer, genannt **Agricola** (1494–1555), schrieb ein bedeutendes Werk über Gesteinskunde und Hüttenwesen.

Ugo Buoncampagni (1502–1585), Italien, führte als Papst **Gregor XIII.** 1582 in den katholischen Ländern den »gregorianischen Kalender« ein, indem er auf den 4. gleich den 15. Oktober folgen ließ und festlegte, dass die nicht durch 400 teilbaren Hunderterjahre (also 1700, 1800, 1900, 2100 usw.) keine Schaltjahre sein sollten. Zum Kalender ganz Europas wurde diese Regelung erst nach und nach (z. B. England 1752, Schweden 1753), in Russland erst 1923, sodass die russische Oktoberrevolution 1917 nach unserer Datierung in den November fällt.

Zwei Universalgelehrte und Künstler aus Italien haben auf so vielen Gebieten Herausragendes geleistet, dass sie extra genannt werden sollen:

Michelangelo (1475–1564), Italien, war Baumeister, Bildhauer, Maler, Dichter. Bedeutende Werke von ihm sind das Marmorstandbild des David in Florenz, die Wandgemälde der Sixtinischen Kapelle im Vatikan, die Kuppel des Petersdoms.

Leonardo da Vinci (1452–1519), Italien/Frankreich, war Maler, Bildhauer, Baumeister, Naturforscher, Techniker. Er malte die »Mona Lisa«, verfasste eine Abhandlung über den menschlichen Körper mit anatomischen Zeichnungen, zeichnete Landkarten und Stadtpläne, schrieb ein Lehrbuch der Malerei, stellte Untersuchungen über den Vogelflug an, erfand einen Fallschirm, entwarf ein Flugzeug, gestaltete Schloss- und Parkanlagen.

Europa entdeckt neue Ufer

Der Fall Konstantinopels hatte auch für das Wirtschaftsleben Europas erhebliche Folgen. Kaufleute, die Orientwaren aus Indien holen wollten, mussten bei ihrem Weg durch das Osmanische Reich hohe Zölle bezahlen. Gab es einen anderen Weg? Vielleicht, wenn man die Südspitze Afrikas umrundete? In Portugal war man davon überzeugt. Planmäßig wurden Schiffe ausgeschickt, um die Westküste Afrikas zu erkunden. Dann war es so weit: 1487 erreichte als Erster Bartolomeo Diaz das Kap der Guten Hoffnung, elf Jahre später segelte Vasco da Gama als Erster auf diesem Weg nach Indien. Von nun an waren Orientwaren ohne lästige Zölle nach Europa zu schaffen. Das versprach für Portugal märchenhafte Gewinne.

Ob die Erde eine Scheibe war oder eine Kugel, was viele Ge-

lehrte annahmen, ohne es recht zu glauben, spielte dabei für Portugal gar keine Rolle. Man war auf dem richtigen Weg und sah keinerlei Veranlassung, in einen gewissen Christoph Kolumbus aus Genua zu investieren, der von der Kugelgestalt überzeugt war und Indien erreichen wollte, indem er nach Westen statt nach Osten segelte.
Anders in Spanien, wo ihm die Königin Isabella von Kastilien eine kleine Flotte anvertraute, mit der er am 6. August 1492 lossegelte. Am 12. Oktober entdeckte er das, was er für Indien hielt und was man heute die »Westindischen Inseln« nennt. Er hatte, ohne es zu wissen, den Erdteil gefunden, den fünfhundert Jahre zuvor schon die Wikinger ereicht hatten. Erst durch die Reisen des Amerigo Vespucci aus Florenz in den Jahren 1497–1504 wurde allerdings deutlich, worum es sich hier handelte. Ihm zu Ehren nannte ein deutscher Kartenzeichner das neue Land »Amerika« und dieser Name bürgerte sich ein. 1497 erreichte Giovanni Caboto, auch John Cabot genannt, im Auftrag der englischen Krone auch Nordamerika.

Eine Schande für Europa

Wie dann den Entdeckern die Eroberer folgten, das gehört zu den schwärzesten Taten, die von Bewohnern des europäischen Hauses begangen wurden. Kleine Scharen spanischer Eroberer machten sich daran, die Einwohner Südamerikas zum Christentum zu »bekehren«, und benutzten ihre überlegene Waffentechnik dazu als Argument. Die Reiche der Azteken und Inkas, deren kulturelle Leistungen selbst in ihren Resten noch bewundernswert sind, wurden in grausamer Weise vernichtet. In Afrika und Indien, später in Nordamerika und anderen neu entdeckten Gegenden der Welt verhielten sich Portugal, Frankreich, England und andere

europäische Mächte ähnlich. Überall wurden die führenden Schichten ausgerottet, wurden die Menschen gezwungen die europäische Lebensweise anzunehmen.
Unermessliche Schätze, den rechtmäßigen Besitzern geraubt, flossen aus den neuen Kolonien nach Europa und legten hier die Grundlage für wirtschaftlichen Fortschritt. In Afrika wurden Millionen von Schwarzen entführt und als Sklaven auf die neuen Plantagen in Amerika verschleppt. Hier ließen die europäischen Unternehmer vor allem Zuckerrohr, Baumwolle und (später) Kaffee anbauen, Pflanzen, die ursprünglich aus Asien oder Afrika kamen. Die Gewinne aus diesen Plantagen und dem Sklavenhandel machten Europa reicher.
In dieser Zeit wurden die Grundlagen dafür gelegt, dass es Europa heute, im Vergleich zu anderen Teilen der Welt, wirtschaftlich gut geht. Wir sollten uns daran erinnern, dass wir allen Grund haben, den ausgebeuteten Ländern in Südamerika, Asien und Afrika die Baukosten an unserem prächtigen Haus Europa zu erstatten. Und wir sollten dem vor fünfhundert Jahren neu entdeckten Kontinent auch sonst dankbar sein. Denn was wären wir ohne Mais und Kartoffeln, ohne Tomaten und Kakao, der mit Zucker zur Schokolade verarbeitet wird, ohne das aus Kautschuk gewonnene Gummi, alles Produkte, welche die Europäer in Amerika kennen lernten? Ob die Dankbarkeit auch für den Tabak gilt, mag jeder selbst entscheiden.

Geld regiert die Welt

Im Jahre 1500 wurde in Gent in Flandern ein Karl von Habsburg geboren. Sein Stammbaum war vom Allerfeinsten: Seine Großeltern waren der König von Aragonien und die Königin von Kastilien, der deutsche Kaiser und die Tochter des

Herzogs von Burgund. Das war ein damals selbstständiger Staat, der die heutigen Benelux-Länder und Teile des heutigen Frankreichs und der Schweiz umfasste. Als Erstes erbte der genannte Karl von Habsburg die Herzogswürde von Burgund, dann wurde er als Karl I. zum König der inzwischen vereinigten spanischen Reiche gekrönt, zu denen auch Sardinien, Sizilien, Neapel und die amerikanischen Eroberungen gehörten. Er regierte also »ein Reich, in dem die Sonne nicht unterging«.

1519 starb sein Großvater, Kaiser Maximilian I. Karl wollte sein Nachfolger werden, dasselbe wollte der französische König Franz I. Das Recht der Kaiserwahl lag bei den sieben deutschen Kurfürsten (= Wahlfürsten). Die wussten, was ihre Stimme wert war, und wer Kaiser werden wollte, musste sich das etwas kosten lassen. Um seine Wahl sicherzustellen, benötigte Karl mehrere hunderttausend Gulden. So viel hatte auch ein König von Spanien und Herzog von Burgund nicht. Was tut man in einem solchen Fall? Man geht zur Bank.

In Karls Fall waren das die beiden großen Augsburger Handelshäuser der Fugger und der Welser, die bereit waren fast eine Million Goldgulden, nach heutigen Begriffen eine unfassbare Summe, vorzustrecken. Natürlich versprachen sie sich Profit davon. Sie waren ja auch bisher nicht schlecht damit gefahren, dass sie Kaiser, Päpste und Bischöfe unterstützt hatten. Und woher kam das Geld?

Nicht von der Landwirtschaft, in der auch im 15. Jahrhundert und in der Tat bis ins 19. Jahrhundert hinein noch die weitaus meisten Menschen arbeiteten. Mehr zu verdienen gab es in den Städten, wo Handwerk und Handel zu Hause waren. Im 15. Jahrhundert waren hier einige Familien besonders reich geworden. Da gab es zum Beispiel in Florenz

die Familie Medici, die sich im Orienthandel hervorgetan hatte und zum größten Bank- und Handelshaus in Europa aufgestiegen war. Sie beschäftigte allein im Textilgewerbe in 300 Firmen über 10.000 Arbeiter. Eine Grundlage ihres Reichtums war, dass sie als einzige das Recht hatte, mit Alaun zu handeln. Das ist ein Salz, das man zum Gerben von Leder, zum Bleichen von Stoffen und bei der Papierherstellung brauchte. In ähnlicher Weise hatte sich das erwähnte Handelshaus der Fugger das Recht auf den gesamten Kupferbergbau in Europa einräumen lassen.
Wo immer es etwas zu verdienen gab, von der Gewinnung von Rohstoffen über die Fertigung, den Transport und den Verkauf von Waren, bei der Finanzierung fremder Unternehmungen gegen Zinsen oder eben bei der Unterstützung notleidender Fürsten, von denen man Sonderrechte erhalten konnte, die großen Handelsgesellschaften waren dabei. Manches davon scheint uns heute unrecht, aber die großen Handelshäuser machten auch vieles möglich. Zahlreiche Kunstwerke, die uns heute erfreuen, wären ohne die Medici und die Fugger nicht entstanden. Ohne das Kapital, das sie zur Verfügung stellen konnten, hätten die großen Entdeckungsreisen und die technischen Neuerungen wie der Buchdruck nicht finanziert werden können. Ob wir das wollen oder nicht, Bauen kostet Geld, und Bankiers wie Jacob Fugger der Reiche oder Lorenzo Medici der Prächtige haben für die Finanzierung eines insgesamt besonders ansehnlichen Stockwerks in unserem Haus Europa gesorgt.

Noch ein dunkles Kapitel

Bei aller Pracht des Stockwerks, das wir Renaissance nennen, dürfen wir aber nicht vergessen, dass man nicht allen Europäern und vor allem Europäerinnen den ihnen zustehenden Platz einräumte. Die Bauern zum Beispiel wurden nach wie vor unterdrückt. Bauernaufstände in vielen europäischen Ländern wurden blutig niedergeschlagen. Auch Frauen hatten, von Ausnahmen abgesehen, weiterhin keine Möglichkeiten, sich an der Politik zu beteiligen, wenn sie wohl auch oft insgeheim mehr Einfluss hatten, als das die Männer zugaben. Wehe aber, sie waren zu selbstbewusst. Dann wurden die Männer misstrauisch, so wie bei Jeanne d'Arc, der »Jungfrau von Orleans«, die im Hundertjährigen Krieg die entscheidende Wende für Frankreich gebracht hatte. Eine Frau! Das konnte nicht mit rechten Dingen zugehen. Als sie den Engländern in die Hände fiel, veranlassten diese, dass sie als Hexe verurteilt und auf dem Scheiterhaufen verbrannt wurde.

Wie ihr erging es im 15., 16., 17. und sogar noch im 18. Jahrhundert tausenden von unschuldigen Frauen und (weniger) Männern in ganz Europa. Nach grausamen Folterungen wurden sie gezwungen einzugestehen, dass sie mit dem Teufel im Bunde waren, und anschließend verbrannt.

Wie so oft in der europäischen Geschichte liegen also auch in der Zeit, um die es hier geht, die dunklen und die glänzenden Seiten unseres Hauses dicht beieinander, aber dass es sich bei der Renaissance um eine besonders wichtige Epoche unserer gemeinsamen europäischen Vergangenheit handelt, ist kaum zu bestreiten. Dabei haben wir eine Seite bisher noch ausgelassen, um die es im nächsten Kapitel geht.

Ein feste Burg ist unser Gott

Es war Dienstag vor Ostern, der 26. März des Jahres 1521. Zum wiederholten Male las Martin Luther in seiner Turmstube im Augustinerkloster zu Wittenberg das Schriftstück, das ihm heute Mittag der Reichsherold Kaspar Sturm übergeben hatte. Es trug das Siegel des Kaisers und enthielt die Aufforderung, er, Luther, solle sich binnen 21 Tagen auf dem Reichstag in Worms einfinden. Hier sollte er vor dem Kaiser und den Reichsständen, das waren die Fürsten, Adlige und Städte des Reiches, über seine Lehren und Bücher Auskunft geben. Für seine Sicherheit auf dem Hin- und Rückweg garantierte der Kaiser.

Martin Luther wusste, was das bedeutete. Auch Johannes Hus aus Böhmen, der vor hundert Jahren ähnliche Lehren vertreten hatte wie er jetzt, war mit der Zusicherung freien Geleits zum Konzil nach Konstanz gereist und dort 1415 als Ketzer verbrannt worden. Sicher, die Zeiten hatten sich geändert. Seine Schriften waren dank der Erfindung des Buchdrucks viel weiter verbreitet als die seines tschechischen Vorgängers. Außerdem sympathisierten viele Herren in Deutschland mit seiner Lehre. Sie hatten es überhaupt erst durchgesetzt, dass er auf dem Reichstag noch gehört und nicht gleich verurteilt werden sollte. Schließlich hatte der Papst ihn exkommuniziert, das heißt vom Empfang der Sakramente ausgeschlossen. In solchen Fällen pflegte die weltliche Obrigkeit mit dem Ketzer kurzen Prozess zu machen.

Aber der Papst in Rom kümmerte Martin Luther wenig. Was sollte man von Päpsten halten, die sich den Beinamen »der Schreckliche« erwarben, weil sie sich mehr als Kriegsführer hervortaten als durch Heiligkeit? Was von der »Ewigen Stadt«, wo das Geld der Gläubigen auf Prachtbauten und die Prunksucht der Päpste verwendet wurde. Er, Martin Luther, Professor der Theologie, verstand die Kirche als die Gemeinschaft der Gläubigen. Keinen Hinweis hatte er in der Bibel darauf gefunden, dass man nur über die Kirche zu Gott kommen könne. Gott, so meinte er, verkündet jedem Einzelnen die Frohe Botschaft, dass ihm seine Sünden vergeben werden, wenn er sie ernsthaft bereut und daran glaubt, dass Christus sie durch seinen Opfertod auf sich genommen hat. Solange solch gefährliche Gedanken unter Professoren und Studenten der Theologie in Wittenberg diskutiert wurden, machte man sich in Rom wenig Sorgen. Was war schon Wittenberg? Schon der Name war für italienische Zungen eine Zumutung. Ein verschlafenes Nest an der Elbe, bekannt, wenn überhaupt, für seine Brauereien und die Trinkfestigkeit seiner kaum mehr als 2.000 Einwohner. Ja, Friedrich III. von Sachsen, einer der Kurfürsten, hatte hier ein Schloss und er leistete sich außerdem den Luxus einer Universität, weil sein Bruder in Leipzig auch eine hatte. Aber diese Universität war in keiner Weise vergleichbar mit den bedeutenden und viel älteren in Oxford, Cambridge, Köln, Löwen, Paris, Bordeaux, Valencia, Neapel, Rom, Basel, Wien oder Prag, ganz zu schweigen von Bologna. Für Papst Leo X., der seit 1513 regierte, gab es Wichtigeres, als sich mit solch einem verschlafenen Nest zu beschäftigen. In Rom waren die berühmtesten Baumeister und Künstler damit beauftragt, Pläne für einen neuen, gewaltigen Mittelpunkt der Christenheit zu entwerfen, einen neuen Petersdom. Und dazu brauchte man Geld, viel Geld!

Dazu waren viele Mittel Recht. Wer Bischof in einem Bistum werden wollte, das gute Einnahmen versprach, musste in Rom erst einmal eine gehörige Summe hinlegen, ehe er geweiht wurde. Wenn er selbst nicht genug hatte, musste er eben einen Kredit gegen Zinsen aufnehmen. Neben dem Verkauf geistlicher Ämter war auch eine zweite Finanzierungsmethode vielen Leuten ein Dorn im Auge. Die Kirche ließ Ablassbriefe verkaufen und versprach den Käufern, dass man sich mit solch einem Papier Jahre im Fegefeuer ersparen könne. Selbst zukünftige Sünden und die Sünden Verstorbener könnten auf diese Weise gesühnt werden. Davon, dass man seine Sünden bereuen müsse, war keine Rede.
Luther war entrüstet. Als im Herbst 1517 der Prediger Johannes Tetzel im Auftrag des Erzbischofs von Mainz und des Papstes in der Gegend von Wittenberg Ablassbriefe zum Bau der Peterskirche verkaufte, griff er zur Feder und verfasste eine Schrift mit 95 Thesen (Sätzen) gegen den Ablass. Warum, fragte er zum Beispiel, baut der Papst die Peterskirche nicht mit eigenem Geld? Und in einer anderen These stellte er fest, dass jemand, der sein Geld für einen Ablassbrief ausgibt, anstatt einem Armen zu helfen, nicht den Ablass des Papstes, sondern den Zorn Gottes erwirbt.
Eigentlich wollte Luther zunächst nur, dass man über seine Thesen diskutierte und den Missbrauch des Ablasshandels einstellte. Darum schickte er sie an verschiedene Personen wie den Erzbischof von Mainz und schlug sie, wie das damals üblich war, an die Tür der Schlosskirche in Wittenberg an. Das war am 31. Oktober 1517. Konnte er wissen, dass knapp vier Wochen später seine Schrift und der Name Martin Luther in ganz Deutschland bekannt sein würden? Vielen waren der Ablasshandel und das Geld, das nach Rom floss, ein Dorn im Auge. Wenn sie auch die theologischen Begründungen

des Wittenberger Augustinermönchs nicht verstanden, hier war endlich einmal jemand, der den Mut hatte, den Mund aufzumachen. War denn nicht in England, Frankreich und selbst in Spanien der Ablasshandel von den Königen verboten worden? Warum waren denn in Deutschland nur wenige Landesherren selbstbewusst genug, dafür zu sorgen, dass das Geld im Lande blieb?

Seit dem Anschlag der Thesen in Wittenberg war viel geschehen. Martin Luther erinnerte sich an sein Verhör in Augsburg durch den Gesandten des Papstes, an seine vielen Streitschriften gegen Papst und Kirche und die scharfen Angriffe, die gegen ihn selbst gerichtet wurden. Weder er selbst noch seine Gegner hatten ein Blatt vor den Mund genommen. Vielleicht war er ja wirklich zu weit gegangen, als er das Schreiben des Papstes öffentlich verbrannt hatte, in dem dieser ihm den Kirchenbann androhte. Und jetzt? Sollte er, um sein Leben zu retten, alles widerrufen, was er gesagt hatte? Sollte er sich überhaupt auf den Weg zum Reichstag nach Worms begeben?

Es waren keine echten Fragen. In Wirklichkeit brannte er darauf, seine Überzeugungen zu vertreten. Aber die Herren sollten nicht den Eindruck haben, sie brauchten nur zu pfeifen, damit er käme. Zu Ostern wollte er in seiner Gemeinde predigen. Danach war immer noch Zeit genug für die Reise.

Am 2. April brach er auf. Seinem kleinen Wagen voran ritt der Herold des Kaisers, die Fahne des Reiches in der Faust. Überall in den Dörfern liefen die Menschen zusammen, um einen Blick auf den Doktor Luther zu werfen, von dem ganz Deutschland sprach. In den Städten forderte man Luther auf zu predigen. Die Kirche in Erfurt war so voll, dass der hölzerne Balkon einzustürzen drohte.

Unterdessen ließ der Kaiser verkünden, dass man »alle Bücher und Schriften, so bisher von Martin Luther geschrieben und gedruckt worden sind«, der Obrigkeit auszuliefern habe und dass keine weiteren Schriften Luthers gedruckt und verkauft werden dürften.

Das Urteil stand also fest und Freunde warnten Luther noch auf dem Weg dringend davor, nach Worms zu gehen. Vergebens! Luthers Zuversicht war unerschütterlich:

> Ein feste Burg ist unser Gott,
> ein gute Wehr und Waffen,
> er hilft uns frei aus aller Not,
> die uns jetzt hat betroffen.

In jeder der drei Strophen dieser Hymne der »evangelischen« Bewegung, die wahrscheinlich zum Teil auf der Reise nach Worms entstanden ist, wird deutlich, wie sehr Luther von der Richtigkeit seiner Anschauungen überzeugt war.

Als er am 16. April in Worms ankam, geleiteten ihn an die 2.000 Menschen zu seiner Herberge. Selbst auf den Dächern standen Leute, die ihn sehen wollten. Um vier Uhr am nächsten Nachmittag sollte er vor dem Reichstag erscheinen. Wieder waren die Straßen so voll, dass man ihn auf Seitenwegen zum Versammlungssaal führen musste.

Jeder andere wäre wohl zusammengeschreckt im Angesicht des Kaisers und seines Bruders, von fast 100 Kurfürsten, Herzögen, Grafen, Bischöfen und weiteren 200 Landesherren. Nicht so Luther in seiner einfachen Mönchskutte. Er lächelte, wie der Botschafter des Papstes später voller Unverständnis schrieb.

Schon zeigte sein erbittertster Gegner, Dr. Johannes Eck, mit dem er schon so manche Auseinandersetzung in Wort und Schrift gehabt hatte, auf einen großen Packen Bücher. Luther sollte erstens sagen, ob diese Schriften von ihm seien,

und zweitens, ob er nach wie vor dazu stehe oder etwas widerrufen wolle.
Ehe Luther antworten konnte, ergriff sein Anwalt, Dr. Hieronymus Schurf, das Wort und verlangte, dass die Titel der Bücher vorgelesen würden. Dies geschah. Daraufhin gab Luther zu, der Verfasser zu sein. Er bat aber um Bedenkzeit für die Beantwortung der zweiten Frage.
Die Fürsten entschieden, eigentlich habe er genügend Zeit gehabt, sich alles zu überlegen, aber man wolle ihm Zeit bis zum folgenden Nachmittag geben. Er müsse dann aber frei sprechen. Am nächsten Tag erschien Luther wieder vor dem Kaiser und den Fürsten und erklärte sich zum Widerruf bereit, wenn jemand aus der Heiligen Schrift beweisen könne, dass er sich geirrt habe. Dann soll er die berühmten Worte gesprochen haben: »Hier stehe ich, ich kann nicht anders. Gott helfe mir. Amen!«
Für kurze Zeit herrschte völliges Schweigen. Der Kaiser verließ den Saal, ein ungeheurer Tumult brach los. »Ins Feuer mit ihm!«, riefen die einen, die anderen jubelten Luther zu. Der Kaiser hielt die Zusicherung freien Geleits zurück nach Wittenberg ein, verbot Luther aber jegliche Predigt. Am 26. Mai wurde im so genannten Wormser Edikt die Reichsacht gegen Luther verkündet. Niemand durfte von nun an dem »Ketzer Martin Luther Unterkunft und Verpflegung gewähren und ihm in anderer Weise helfen«. Luther sollte festgenommen und dem Kaiser überstellt werden. Sein Hab und Gut und das aller seiner Anhänger, die sich nicht von ihm lossagten, sollten beschlagnahmt werden dürfen. Alle Bücher Martin Luthers sollten verbrannt werden.
Wehe, wenn Luther nun in die Hand des Kaisers oder seiner Anhänger gefallen wäre! Das Schicksal des Johannes Hus wäre ihm gewiss gewesen. Aber er schien wie vom Erdboden

verschluckt, nachdem er am 26. April 1521 von Worms aufgebrochen war. In der Dämmerung im dunklen Wald vor Eisenach war es, wo Luther in seinem Wagen plötzlich durch Waffengeklirr aufgeschreckt wurde. Sein Begleiter konnte noch abspringen und in den Wald fliehen; er selbst wurde herausgezerrt und auf ein Pferd gehoben. Dann ging es fort durch die dunkle Nacht. Gegen Mitternacht ereichte man die Wartburg, wo der »Gefangene« abgeliefert wurde. In ganz Deutschland kreisten Gerüchte, Luther sei von Vertrauten des Kaisers und des Papstes entführt und ermordet worden.
Tatsächlich war Luther mit vollem Einverständnis »entführt« worden. Etwa ein Jahr lang lebte er als Junker Jörg auf der Wartburg. In dieser Zeit fertigte er den ersten Teil seiner deutschen Übersetzung der Bibel an. Diese Übersetzung machte nicht nur die Heilige Schrift für jedermann zugänglich, sondern wurde auch ganz entscheidend für die Entwicklung einer einheitlichen deutschen Sprache.
Doch das geht eher die Deutschen an und es betrifft nur ein Zimmer des europäischen Hauses. Die von Luther ausgehende »Reformation« aber hatte für das ganze Haus erhebliche Folgen. Sie machte viele Europäer selbstbewusster, aber sie drohte auch das Haus auseinander brechen zu lassen.

DER GLAUBE SPALTET EUROPA

Religionen im europäischen Haus um 1500

Verglichen mit der bunten politischen Landkarte Europas um 1500 ist die religiöse viel einförmiger. Die römisch-katholische Kirche überwiegt. In Spanien gibt es vielleicht hier und da noch ein paar Muslime, aber die meisten sind vertrieben. Lediglich im Osten des Kontinents wechselt die Farbe. Auf dem Balkan herrschen, wie wir gesehen haben, muslimische Türken, die Bevölkerung ist aber auch hier noch weitgehend römisch-katholisch oder gehört der griechisch-orthodoxen Kirche an, die seit 1054 von der römischen Kirche getrennt ist.

Das Zentrum dieser Kirche war jahrhundertelang Byzanz. Nachdem hier die Kirchen in Moscheen umgewandelt worden waren, verlagerte sich der Mittelpunkt der jetzt russisch-orthodoxen Kirche nach Moskau. Die Zaren (auch dieses Wort leitet sich wie das deutsche Wort »Kaiser« vom lateinischen *Caesar* ab) erhoben gar den Anspruch, Moskau sei nach Rom selbst und Konstantinopel das dritte Rom.

Eine verfolgte Religion

Eine Religion in Europa wollen wir nicht vergessen, obwohl sie auf der religiösen Landkarte Europas kein zusammenhängendes Gebiet beansprucht, die jüdische. Seit der Eroberung ihres Landes durch den römischen Kaiser Titus im Jahr 70 n. Chr. war das Volk der Juden über die ganze Welt bis hin nach China verstreut. Viele Juden lebten in Europa, wo sie wichtige Beiträge zum Aufbau der Wirtschaft und Kultur leisteten. Noch zur Zeit Karls des Großen zum Beispiel waren es vor allem jüdische Kaufleute, die den Handel mit Orientwaren betrieben.

Wirtschaftlicher Erfolg weckt leicht den Neid der Umgebung und im Fall der Juden kamen die religiösen Spannungen mit den Christen hinzu. Diese dachten weniger daran, dass Jesus ein Jude war, sondern gaben den Juden die Schuld an seiner Kreuzigung. Nach und nach wurden den Juden fast alle wirtschaftlichen Betätigungen, von der Landwirtschaft bis zum Handwerk, verboten. Schließlich war ihnen fast nur noch das Verleihen von Geld gegen Zinsen erlaubt, das andererseits für Christen verboten war. Damit begann der Teufelskreis erneut. Für große Vorhaben wie für den Bau von Klöstern und Kirchen, aber auch für den Freikauf eines Richard Löwenherz, musste man Geld bei Juden leihen. Dieses nahm man gern; die Zurückzahlung mit Zinsen aber erweckte Missgunst und Neid. 1180 ließ der französische König alle Juden im Land verhaften, bis sie auf ihre Geldforderungen an Christen verzichteten. Die mussten dafür ein Fünftel der Schuldsumme in die Staatskasse zahlen. Wiederholt – wir haben das schon in Verbindung mit den Kreuzzügen gesehen – kam es in fast allen Ländern Europas zu noch schwereren Verfolgungen. So sollen 1350 in Deutschland nicht weniger als 350 jüdische Gemeinden ausgelöscht worden sein; um 1500 wurden mit den Mauren gleich auch alle Juden unter Einziehung ihres Vermögens aus Spanien und Portugal vertrieben. Toleranz gegenüber Andersgläubigen wurde leider für lange Zeit in Europa nicht als wichtig angesehen.

Luthers Vorgänger

Das galt auch innerhalb der Kirche. Schon seit Konstantins Tagen hatten sich die Anhänger verschiedener theologischer Richtungen bekämpft. Die Frage, ob Christus Gott im Wesen gleich oder ähnlich sei, hatte Kriege provoziert. Angeblich um die griechische mit der römischen Kirche wieder zu vereinen, hatte Venedig den vierten Kreuzzug nach Byzanz gelenkt und diese christliche Stadt geplündert. Die Albigenser oder Katharer (daher unser Wort »Ketzer«), eine christliche Sekte in Frankreich, die sich gegen den Papst stellte, wurde im 13. Jahrhundert in einem blutigen »Kreuzzug« vernichtet. Dabei wurde die Kritik an den Päpsten und Bischöfen, die sich mehr als weltliche Herren denn als geistige Führer zeigten, immer lauter. John Wiclif (1320–1384), ein Theologieprofessor aus Oxford, griff die Missstände in der Kirche scharf an und bestritt, dass der Papst der Stellvertreter Christi auf Erden war. Wiclifs Lehren wurden von dem Tschechen Johannes Hus (1370–1415) aufgegriffen. Wie Wiclif fand er zahlreiche Anhänger, wie der allerdings schon 30 Jahre zuvor verstorbene Wiclif wurde er 1415 auf dem Konzil zu Konstanz als Ketzer verurteilt. Hus starb auf dem Scheiterhaufen.

Luthers Reformation

Luther erging es besser. Ob er ahnte, was sein Thesenanschlag am 31. Oktober 1517 bewirken würde? Ihm blieb das Schicksal des Johannes Hus wohl nur erspart, weil vielen Landesherren der Einfluss der römischen Kirche ein Dorn im Auge war. Auf ihre Sympathie für Luther musste der Kaiser Rücksicht nehmen, weil er ihre Unterstützung für den Kampf gegen die Türken brauchte.

Luther jedenfalls vermochten weder Kirchenbann noch Reichsacht etwas anzuhaben. Er kehrte 1522 von der Wartburg nach Wittenberg zurück. Drei Jahre später heiratete er, denn er konnte in der Bibel keinen Hinweis darauf entdecken, dass Geistliche ledig bleiben müssten. Seine Frau Käthe schenkte ihm insgesamt sechs Kinder. Luther erlebte noch mit, wie sich in zahlreichen deutschen Ländern evan-

gelische Landeskirchen bildeten. Sein Freund Philipp Melanchthon vertrat die Sache der »Protestanten«, wie sie von den Katholiken seit 1529 genannt wurden, mit Geschick, wenn auch nicht mit der Schärfe, die Luther sich gewünscht hätte, auf dem Reichstag von Augsburg 1530. Die Reformation war nicht mehr rückgängig zu machen.
Das bedeutete nicht, dass damit alle Missstände beseitigt waren. Die neue Kirche war vielfach nicht weniger unduldsam als die alte. Es war auch keineswegs so, dass jeder frei die Wahl hatte, wozu er sich nun bekennen, welcher Konfession er angehören wollte. 1555 wurde in Augsburg für das Reich bestimmt, dass alle Untertanen die Konfession ihrer jeweiligen Landesherrn annehmen mussten.

Luthers Nachfolger

Etwa gleichzeitig mit Luther trat in der deutschsprachigen Schweiz Ulrich Zwingli (1484–1531) als Reformator auf. Er war sich zwar in vielen Dingen mit Luther einig, nicht aber in der theologischen Frage, was das Abendmahl bedeute. Selbst ein Treffen Luthers mit Zwingli vermochte diesen Streit nicht auszuräumen.
Auch der dritte bedeutende Reformator, Jean Calvin (1507–1564), wirkte hauptsächlich in der Schweiz, besonders in Genf. Er legte seinen Anhängern strenge Regeln auf. Jede Gemeinde hat ihre Angelegenheiten demokratisch selbst zu regeln. In der Kirche sind keine Bilder, Plastiken und Kerzen erlaubt; sonntags sind Spiel und Tanz verboten. Die Gnade Gottes zeigt sich darin, dass man es durch Sparsamkeit und Fleiß im Leben zu etwas bringt. Der Staat hat darauf zu achten, dass alle diese Regeln eingehalten werden. Wer ihnen zuwiderhandelt wird aufs Strengste bestraft und sogar zum Tode verurteilt.

Calvin fand viele Anhänger in Frankreich, England und Schottland, später auch in Nordamerika, und in Deutschland. Die auf Sparsamkeit und Fleiß ausgerichtete Lebensweise der Calvinisten war eine wesentliche Grundlage für den wirtschaftlichen Aufschwung in den Ländern, in denen sie lebten. Der Gegensatz zwischen den Lutheranern, die vor allem in Norddeutschland und Skandinavien Fuß gefasst hatten, und den »Reformierten«, die sich auf Zwingli und Calvin beriefen, war ebenso unversöhnlich wie der zwischen ihnen und den Katholiken.

The Church of England

Auch England erkannte den Papst nicht mehr als Oberhaupt der Kirche an, allerdings zunächst nicht einer Reformation wegen. Tatsächlich war König Heinrich VIII. (König von 1509–1547) noch 1521 als »Verteidiger des Glaubens« ausgezeichnet worden, weil er eine Schrift gegen Luther verfasst hatte. Als ihm aber seine Frau Katharina von Aragonien keinen Sohn gebar und Heinrich von ihr geschieden werden wollte, lehnte der Papst das ab. Da erklärte der König die anglikanische Kirche für selbstständig und sich selbst zum Oberhaupt dieser Kirche. Sie bewahrte aber viele Formen der katholischen Kirche und stand im Gegensatz zu den Puritanern, den englischen Calvinisten.

Die katholische Kirche reformiert sich

Selbst die katholische Kirche musste zugeben, dass manches an der Kritik der Reformatoren berechtigt war. In den Jahren 1545 bis 1563 trafen sich kirchliche Würdenträger dreimal im oberitalienischen Trient zu einem Konzil, auf dem viele Lehrsätze der Kirche bekräftigt, aber auch Reformen beschlossen wurden, zum Beispiel in der Priesterausbildung.

Verfolgung und Kriege für den Glauben

Die Auseinandersetzungen zwischen den Konfessionen nahmen jetzt an Schärfe noch zu. In der Nacht vom 23. zum 24. August 1572, der »Bartholomäusnacht«, wurden in Paris 3.000 und in der Folge in ganz Frankreich 20.000 Hugenotten, so nennt man die französischen Calvinisten, ermordet. Man zählt in Frankreich bis 1585 insgesamt acht Hugenottenkriege. 1598 wurde ihnen die freie Ausübung ihres Glaubens eingeräumt, aber damit war die Verfolgung keineswegs zu Ende. Noch Ende des 17. Jahrhunderts mussten über 200.000 von ihnen ins Ausland, vor allem in die Niederlande und nach Preußen, fliehen, wo man sie wegen ihrer Tüchtigkeit gern aufnahm.

In den Niederlanden, die zum katholischen Spanien gehörten, war der Kampf um die religiöse Freiheit gleichzeitig ein Kampf um Selbstständigkeit. Er war im Norden, den heutigen Niederlanden, 1588 erfolgreich; der Süden, heute Belgien, blieb katholisch und spanisch.

Auch in England kam es zum Krieg. Als die Tochter Heinrichs VIII., Elisabeth I., ihre katholische, schottische Thronrivalin Maria Stuart hinrichten ließ, fühlte sich der spanische König Philipp II. berufen die vom rechten Glauben abgefallenen Engländer zu strafen. Eine gewaltige Kriegsflotte von 130 Schiffen, die Armada, wurde gegen England losgeschickt, unterlag aber 1588 der englischen Flotte unter Francis Drake. In den folgenden 100 Jahren kam es in England selbst noch zu mehreren bewaffneten Auseinandersetzungen zwischen Anglikanern, Katholiken und Puritanern. In Irland ist diese Auseinandersetzung bis heute nicht beendet.

In Deutschland schien der Kampf mit dem Augsburger Religionsfrieden 1555 friedlich gelöst zu sein. Tatsächlich schwelte der Konflikt weiter. Er führte zum Dreißigjährigen Krieg zwischen der Liga der katholischen und der Union der protestantischen Fürsten. Der Krieg begann 1618 in Prag. Auf protestantischer Seite griffen auch die Könige von Dänemark, Schweden und später Frankreich ein; auf katholischer Seite standen vor allem die kaiserlichen Truppen aus Süddeutschland und Österreich. Ein wahrhaft europäischer Krieg, der da in Deutschland ausgetragen wurde! Worum es ging, wusste eigentlich bald niemand mehr. Im Friedensschluss von 1648 ist jedenfalls von religiösen Fragen kaum die Rede.

Der Krieg brachte unglaubliche Leiden über die Bevölkerung, die von Söldnerheeren beider Parteien rücksichtslos ausgebeutet wurde. In dem entkräfteten Land konnten sich Seuchen wie die Pest ungehindert ausbreiten. Nach dreißig Kriegsjahren waren in Deutschland zwei Fünftel der Land- und ein Drittel der Stadtbewohner Krieg und Krankheit zum Opfer gefallen.

Und wer hatte gewonnen? Bestimmt nicht die Menschen, gleichgültig, welcher Konfession sie angehörten. Schweden und Frankreich wurden größer; die Schweiz und die Niederlande schieden aus dem Reich aus; einige Fürsten in Deutschland konnten ihr Herrschaftsgebiet erweitern. Insgesamt aber blieb das Reich ein Flickenteppich mit über 300 kleinen Einzelstaaten.

An Europa dachte in der Mitte des 17. Jahrhunderts kaum jemand. Damals hatten eher die Abbruchunternehmer als die Baumeister das Sagen. Wenn Europa überlebte, dann bestimmt nicht, weil sich seine Herrscher so friedlich benahmen, sondern weil das auseinander fallende Haus eben doch ein festes Fundament hatte, das frühere Baumeister gelegt hatten.

Ein musikalisches Opfer

Ein denkwürdiges Treffen war das am Sonntag, dem 7. Mai 1747 abends, als sich zwei Persönlichkeiten begegneten, von denen die eine den Beinamen »der Große« trug, den die andere mit mehr Recht verdient hätte. Kammermusik war angesagt im Stadtschloss zu Potsdam. Zu dem kleinen Orchester gehörten der berühmte Flötist Johann Joachim Quantz, die Brüder Johann Gottlieb und Karl Heinrich Graun, der Geiger Franz Benda und Carl Philipp Emanuel Bach, ein wahrer Künstler am Cembalo. Star des Ensembles aber war ein 35-jähriger König, Friedrich II. von Preußen, den man schon jetzt, vor allem weil er Schlesien im Krieg gegen Österreich für Preußen gewonnen hatte, den Großen nannte. Aber neben den Staatsgeschäften pflegte er die Künste. Er war ein hervorragender Flötist und komponierte auch. Für heute Abend war ein von ihm komponiertes Flötenkonzert angesetzt, bei dem ihn Carl Philipp Emanuel Bach am Cembalo begleiten sollte.

Die Instrumente waren gerade gestimmt, da überbrachte man dem König den Bericht über die Fremden, die an diesem Tag in Potsdam eingetroffen waren. Lächelnd wandte sich Friedrich, nachdem er das Papier überflogen hatte, den Musikern zu und sagte: »Meine Herren, der alte Bach aus Leipzig ist angekommen.«

Alle kannten sie ihn, den Thomaskantor Johann Sebastian Bach, teilweise waren sie sogar seine Schüler gewesen und sie freuten sich auf ein Wiedersehen. Auch Carl Philipp Emanuel strahlte, weil sein Vater die Reise von Leipzig auf sich genommen hatte. Sicher war er schon zu Hause und lernte endlich sein Enkelkind kennen. Für solche Familienangelegenheiten aber hatte der Preußenkönig keinen Sinn. Er hatte den jungen Bach immer wieder gedrängt seinen berühmten Vater nach Potsdam einzuladen und jetzt wollte er die Begegnung auf keinen Fall mehr aufschieben. Er gab Order, dass Bach sofort geholt werde.

Dieser war im Gespräch mit der Schwiegertochter und bestaunte den Enkel Johann August, als ihn der Befehl des Königs erreichte. So schnell hatte er damit nicht gerechnet. Er war doch noch in der Reisekleidung, die Schuhe staubig, der Rock zerknittert. Der schwarze Staatsrock und die spiegelblank geputzten Schuhe, die ihm seine Anna Magdalena mitgegeben hatte, steckten noch gut verpackt in der Reisekiste. Aber seine Majestät, der König, hatten »sofort« gesagt. Ob Bach wollte oder nicht, er musste mit, so wie er war.

Im Kammermusiksaal sah der König seinem Gast gespannt entgegen. Das also war er, der berühmteste Orgelspieler und Komponist in Deutschland, um den so viele Fürstenhöfe warben. Hoforganist und Konzertmeister war er gewesen beim Herzog von Weimar, der ihn mit vier Wochen Gefängnis bestrafte, weil er seinen Dienst verlassen wollte, dann Hochfürstlicher Anhalt-Cöthenischer wirklicher Hofkapellmeister, Hochfürstlicher Sachsen-Weißenfelsischer Hofkapellmeister, momentan Leiter des berühmten Chores des Thomas-Gymnasiums in Leipzig und Königlich-Polnischer und Kurfürstlich-Sächsischer Hofkomponist. Eine imponierende Gestalt mit seinen zweiundsechzig Jahren.

Bach schaute seinerseits auf den König, der als junger Mann gegen die Erziehung durch seinen Vater revoltiert hatte und der mit ansehen musste, wie darum sein bester Freund vor seinen Augen hingerichtet wurde. Wie musste er damals seinen Vater gehasst haben, ein unvorstellbarer Gedanke für den liebevollen Familienvater Johann Sebastian Bach. Viele seiner 20 Kinder waren früh gestorben, aber die Söhne und Töchter, die noch lebten, hatten sich freiwillig der Musik zugewandt und es dank der guten und zwar strengen, aber liebevollen Ausbildung durch den Vater zu etwas gebracht, wie sein Sohn Philipp Emanuel dort drüben am Cembalo. Doch wenn sie andere Neigungen gehabt hätten, er hätte sie nicht daran gehindert. Friedrich aber hatte als Sohn eines Königs keine andere Wahl gehabt als seine Rolle als Thronfolger anzunehmen. Bach empfand Sympathie für den Mann, der sein Sohn hätte sein können. Was für einen Musiker hätte er aus ihm gemacht! Zugleich aber empfand er ein wenig Furcht vor dem König, der sich nicht scheute Blut zu vergießen, wenn es um Preußens Größe ging.

Aber er wollte darüber jetzt nicht nachdenken. Er wusste, was sich bei Hof gehörte. So grüßte er denn den König ehrerbietig und entschuldigte sich weitschweifig dafür, dass seine Toilette so gar nicht dem Anlass angemessen war. Der König bat um Verständnis dafür, dass er ihm nach der beschwerlichen Reise so wenig Zeit gelassen habe. »Aber«, sagte er, »das Verlangen danach, einen so berühmten Musiker, wie Ihr es seid, Herr Hofkomponist, zu sehen und zu hören, war so groß, dass es keinen Aufschub duldete. Nun aber wollen wir mit unserem Konzert fortfahren. Erweist uns die Ehre, verehrter Meister, unser Zuhörer zu sein!«

Bach gab sich dem Musikgenuss hin. Ein bisschen neumodisch war es ja, aber ganz ordentlich. Seine Majestät war sehr zufrieden mit dem, was der Meister an Lob von sich gab, und drängte darauf, ihm die neueste Errungenschaft zu zeigen, einige Flügel, die der berühmte Gottfried Silbermann gebaut hatte. Es gab keinen größeren Klavier- und Orgelbaumeister zu dieser Zeit. Bach war mit ihm befreundet, ja er hatte sogar einige wichtige Anregungen für die Verbesserung des Klaviers gegeben, das erst vor wenigen Jahrzehnten aus dem Cembalo entwickelt worden war. Zahlreiche Kompositionen für dieses Instrument hatte er schon verfasst. So nahm er gern die Einladung des Königs an, die Produkte der silbermannschen Werkstatt auszuprobieren. Jeder staunte, wie mühelos er ein musikalisches Thema in immer neuen Abänderungen darzubieten wusste. Auch der König war beeindruckt.

Dann durfte Bach sich für den Abend verabschieden, musste aber versprechen am nächsten Abend wieder zu kommen. Bach war nicht böse darum, endlich entlassen zu sein. In der Kutsche, die sie nach Hause brachte, hatte er endlich Gelegenheit, auch mit Philipp Emanuel ein paar Worte zu wechseln.

Die Fahrt war kurz, aber es wurde noch ein langer Abend, denn das Abendessen war gut und der Alkohol lockerte die Zunge. Es dauerte nicht lange, da erzählte Johann Sebastian aus seinem Leben. Viele der Geschichten kannte Philipp Emanuel schon, aber er hörte sie trotzdem gern und für seine Frau waren sie neu.

Der Vater erzählte davon, wie ihm die Musikstunden am Cembalo bei seinem Bruder Christoph zu langweilig geworden waren und wie er heimlich an dessen Schrank gegangen war, um bei Mondlicht Noten abzuschreiben, die er dann auf dem Cembalo spielte, wenn der Bruder nicht da war, bis er eines Tages dabei ertappt wurde. »Heute weiß ich«, sagte der alte Bach lachend, »was Christoph meinte, als er sagte, ich sei noch zu jung für solche Stücke. Aber denkt bei eurem

Sohn daran, dass die Musik von Anfang an auch Spaß machen muss. Und lasst ihn reisen, zu den großen Künstlern!«, sagte der alte Bach. »Nur so kann man sich wirklich verbessern und außerdem erlebt man auf Reisen die tollsten Geschichten. Habe ich eigentlich schon einmal die Sache mit den Heringsköpfen erzählt?«
Er hatte, aber Philipp Emanuel tat so, als kenne er die Geschichte nicht, weil er wusste, wie gern sein Vater darüber sprach.
»Noch als Schüler war ich von Lüneburg nach Hamburg gewandert, um einen berühmten Organisten zu hören. Auf dem Rückweg wurde ich todmüde. Geld für die Herberge hatte ich keins, aber ausruhen wollte ich wenigstens. Und wie ich da auf der Bank vor der Schänke saß, ging plötzlich über mir ein Fenster auf und zwei Heringsköpfe flogen vor meine Füße. Hungrig wie ich war, wollte ich sie abnagen. Aber wie ich sie mir genauer ansehe, steckt doch in jedem der beiden Köpfe ein glänzender Dänischer Dukaten. Und das Beste kommt noch. Als ich in der Schänke fragte, wem das Geld gehörte, fand sich niemand. So durfte ich sie behalten. Ich habe mich dann satt gegessen und den Rest meines Heimwegs nach Lüneburg bequem in der Postkutsche zurückgelegt: Ihr seht, es lohnt sich, wenn man hin und wieder für die Musik das Opfer aufbringt, zu Fuß zu gehen.«
Noch manch andere Geschichte wurde erzählt, denn Bach war in seinem langen Leben viel herumgekommen. Philipp Emanuel seinerseits wusste viel zu berichten von seinem Dienstherrn, dem Preußenkönig, von seiner Disziplin bei der Arbeit, davon, dass er über alles, was in Preußen geschah, informiert war, dass ihm keiner seiner Beamten etwas vormachen konnte, und davon, dass er auch ein listiger Mann war.
»Neulich hat er sich ein tolles Stück geleistet. Du weißt viel-

leicht, dass er meint, dass sich Hungersnöte am besten vermeiden lassen, wenn hier in Preußen auch Kartoffeln angebaut werden. Aber die Bauern wollen mit so neumodischem Zeug nichts zu tun haben. Da hat er Saatkartoffeln in ein Dorf schaffen und gleichzeitig einen ganzen Trupp von Soldaten zur Bewachung abstellen lassen. Sie sollten allerdings nicht so genau aufpassen. Tatsächlich ließen die Bauern daraufhin keine Gelegenheit aus, heimlich so viele Kartoffeln wegzuschaffen, wie sie nur konnten, und sie auf ihren Feldern anzubauen.«

Über das gute Abendessen und die vielen Erzählungen war es Mitternacht geworden und man ging zu Bett. Am nächsten Abend fand sich der alte Bach, dieses Mal ganz nach der Etikette gekleidet, wieder beim König ein. Erneut spielte er auf einem Silbermann-Flügel zahlreiche seiner Kompositionen. Dann trat der König an den Flügel, spielte einige Takte und gab Bach auf, er solle aus diesem Thema, das er selbst erfunden hatte, etwas machen. Für einen ganz kurzen Moment ließ Bach das Thema in sich erklingen. Dann zeigte er seine ganze Kunst und entwickelte eine dreistimmige Fuge daraus. Alles lauschte gebannt, wie das Thema zuerst in der ersten Stimme ertönte und die zweite und dritte Stimme sich ihm unterordneten, wie es dann in die zweite wechselte und von der ersten ein Gegenthema entwickelt wurde, wie dann das Thema von der dritten und das Gegenthema von der zweiten Stimme aufgenommen wurden und die erste wieder etwas Neues bot, wie das Ganze dann im zweiten Durchgang sozusagen als Kanon erklang und alles zu einem kunstvollen Schluss geführt wurde. So etwas konnte nur der große Johann Sebastian Bach. Aber der König wollte die Sache auf die Spitze treiben und forderte Bach auf, nun auch noch eine sechsstimmige Fuge zu versuchen. Er durfte sich dazu das

Thema selbst wählen. Auch dies brachte der große Meister zu Stande.
Dann war sein Besuch beendet. Ein wenig enttäuscht war Bach schon, dass Friedrich der Große keine Anstalten machte, sich so spendabel zu zeigen wie viele der kleinen Fürsten in Deutschland, für die er zuvor musiziert hatte, doch hatte das Thema, das der König ihm gestellt hatte, seinen Ehrgeiz geweckt. Auch daraus musste sich eine sechsstimmige Fuge entwickeln lassen. Es gelang ihm tatsächlich. Zwei Monate später übersandte er dem Preußenkönig das Werk, und begann seinen Begleitbrief mit den Worten: »Eurer Majestät weihe ich hiermit in tiefster Untertänigkeit ein Musikalisches Opfer, dessen edelster Teil von Deroselben hoher Hand selbst herrühret.« Der Brief endet mit der Bitte: »Mögen Eure Majestät geruhen, gegenwärtige wenige Arbeit einer gnädigen Aufnahme zu würdigen, und Deroselben allerhöchste Gnade noch fernerweit zu gönnen.«
Was der König von dem Werk hielt, ist nicht bekannt. Für Bach wurde es ein Opfer. Von den 100 gedruckten Exemplaren, schrieb er ein Jahr später an seinen Vetter Elias Bach, habe er die meisten an gute Freunde gratis abgegeben.
Die Begegnung zweier großer Europäer am 7. und 8. Mai 1747 aber, die zu diesem Opfer führte, ist auch ein Stein in unserem europäischen Haus, ein Mosaiksteinchen vielleicht nur, aber doch ein besonders hell leuchtendes.

ALLE MACHT DEN FÜRSTEN

Der Staat bin ich

»Gott, der die Könige über die Menschen gesetzt hat, wollte, dass man sie als seine Stellvertreter achte, und er selbst hat sich das Recht vorbehalten, über ihre Taten zu urteilen. Es ist sein Wille, dass alle, die als Untertanen geboren sind, willenlos zu gehorchen haben.«

Das schreibt der französische König Ludwig XIV., auch als »Sonnenkönig« und mit dem Ausspruch »Der Staat bin ich« bekannt, der von 1643 bis 1715 regierte, in seinen Memoiren. Seine Auffassung von der absoluten Macht des Königs wurde unter den europäischen Herrschern sehr populär, sodass man vom 17. und 18. Jahrhundert auch als dem Zeitalter des Absolutismus spricht.

Ganz schön anmaßend diese absolutistischen Herrscher. Als Vorbilder für ein demokratisches Europa nicht zu gebrauchen!

Und dennoch: In der Liste der Baumeister Europas haben manche von ihnen einen bedeutenden Platz, denn sie sahen sich nicht nur als absolute Herren, sondern wie Friedrich II. von Preußen (1740–1786) es ausdrückte, auch als »erste Diener des Staates« und sie fühlten sich dafür verantwortlich, dass es ihrem Land gut ging.

Das Recht des Stärkeren

»Gut« setzten sie allerdings oft mit »groß« gleich, und wenn es um die Erweiterung des Staatsgebiets ging, waren sie nicht eben zimperlich. Sie legten Wert auf gut ausgebildete Armeen und die setzten sie auch ein. Dabei war die Überzeugung, militärisch stärker zu sein, oft Grund genug, dem Nachbarland den Krieg zu erklären. Aber diese Auffassung ist ja nicht nur bei absolutistischen Herrschern zu finden, sondern leider in der gesamten Geschichte Europas und auch in anderen Teilen der Welt bis heute verbreitet. Ein besonders abschreckendes Beispiel ist das Schicksal des Königreichs Polen, das von seinen Nachbarn sozusagen als Kuchen angesehen wurde. Die ersten Stücke nahmen sich der erwähnte Friedrich der Große von Preußen, Maria Theresia von Österreich und ihr Sohn Joseph sowie Katharina die Große von Russland im Jahr 1772; ihre Nachfolger verspeisten dann 1793 und 1795 den Rest. Das ist nichts, wofür Europa den Damen und Herren Herrschern ein Denkmal setzen könnte.

Der König braucht Geld

Aber in anderer Hinsicht waren sie schon wichtiger. Da war Ludwig XIV., der mit Hilfe seines klugen Finanzministers Colbert ein neues Wirtschaftssystem schuf. Er brauchte Geld für die teure Hofhaltung und die kostspieligen Kriege. Colbert beschaffte es, indem er dafür sorgte, dass auf ausländische Waren, die ins Land kamen, hohe Zölle erhoben wurden und dass in Frankreich selbst mit Unterstützung des Staates Manufakturen, die Vorläufer unserer Fabriken, eingerichtet wurden. Hier stellte man hochwertige Güter her, die man exportieren konnte. Der Staat verdiente dabei immer mit, am Transport der Rohstoffe aus Übersee auf staatlichen Schiffen, an den Ein- und Ausfuhrzöllen, an Steuern, die beim Kauf bestimmter Waren zu entrichten waren.

Der »Merkantilismus«, wie man dieses Wirtschaftssystem nennt, war nur am Anfang erfolgreich, denn natürlich wehrten sich die anderen Länder Europas dagegen, dass so viel Geld nach Frankreich floss, und schützten sich mit Zöllen. Heute wissen wir, dass ein großer gemeinsamer Markt mit freiem Wettbewerb für die wirtschaftliche Entwicklung besser ist. Aber dieser Gedanke wurde erst im 18. Jahrhundert von dem Schotten Adam Smith (1723–1790) entwickelt.

Dennoch war der Merkantilismus für Europa wichtig, denn nun wurden die Handwerker angeregt mehr zu produzieren. In den Manufakturen übte man die Methoden der Arbeitsteilung, für den Transport der Waren wurden Kanäle und Straßen angelegt. Es verkehrten regelmäßig Postkutschen. Europa wurde mobiler.

Der wirtschaftliche Aufschwung hatte auch andere wichtige Folgen. Jahrhundertelang hatten neben dem König vor allem der Adelsstand und die Geistlichen das Sagen. Nun wurden die reicher gewordenen Handwerker und Manufakturbesitzer selbstbewusster. Es ist nur scheinbar paradox: Gerade weil gegenüber dem absolutistischen König alle anderen, auch der Adel und die Geistlichen, Untertanen waren, wuchs in Europa in dieser Zeit die Bedeutung des »dritten Standes« der Bürger. Europa wurde bürgerlicher.

Europa wird größer

Europa wurde in dieser Zeit auch größer. Zum einen ging die Eroberung der Welt durch die europäischen Mächte, neben Spanien und Portugal vor allem England, Frankreich und die Niederlande, weiter; zum anderen wuchs Europa im Osten. Zar Peter der Große (1689–1725) hatte vor seiner Thronbesteigung Westeuropa bereist und sich hier, angeblich inkognito, über moderne Schiffbaumethoden informiert. Als Zar eroberte er einen Teil der bisher schwedischen Ostseeküste. Hier ließ er gegen den erbitterten Widerstand des Adels in Moskau eine neue Hauptstadt für Russland anlegen, Sankt Petersburg. Er schickte junge russische Adlige

zum Studium ins Ausland, holte selbst Handwerker und Gelehrte aus dem Westen ins Land, in einem Wort, er machte Russland zu einem Teil Europas. Ein wichtiger europäischer Baumeister!
Allerdings sollte man, auch wenn man die romantische Oper »Zar und Zimmermann« sieht, nicht vergessen, dass in Russland nur wenige von den Reformen etwas spürten. Dazu gehörten nicht die russischen Bauern. Sie blieben auch unter Peter dem Großen und seinen Nachfolgern Leibeigene ihrer adligen Grundherren. Von diesen wurden sie nach Belieben ausgenutzt und konnten sogar verschenkt oder verkauft werden. Auf eine Verbesserung ihrer Rechtslage mussten sie noch viel länger warten als ihre Kollegen in Westeuropa.

Europa und seine Beamten

In der Zeit des Feudalismus hatten die Herrscher das Land an die hohen Herren aufgeteilt und diesen die Verwaltung ihrer Landesteile überlassen. Ein König, der sich als absoluter Monarch versteht, kann so etwas nicht dulden. Er ist für alles verantwortlich, aber natürlich ist seine Arbeitszeit begrenzt. Ludwig XIV. schreibt: »Ich habe es mir zum Gesetz gemacht, regelmäßig zweimal am Tag zu arbeiten, jedes Mal zwei oder drei Stunden.« Darüber hinaus brauchte er Minister und diese wiederum mussten Leute haben, die dafür sorgten, dass der Wille des Königs überall ausgeführt wurde. Es entstanden staatliche Behörden, in denen königliche Beamte arbeiteten, die oft nicht mehr aus dem Adel stammten. Viele Einrichtungen zum Beispiel im Rechts- und im Finanzwesen und in der Verwaltung, die heute noch bestehen, führen ihre Geschichte auf diese Zeit zurück.

Europa wird »aufgeklärt«

Seit dem Zeitalter der Reformation war man nicht mehr bereit die Erklärung der Welt der Kirche zu überlassen. Im 17. und 18. Jahrhundert forderten immer mehr Denker die Menschen dazu auf, ihre Vernunft zu gebrauchen. Sie wollten die Menschheit aus dem Dunkel der Unwissenheit befreien und »aufklären«. Wir sprechen daher auch vom Zeitalter der Aufklärung. Die Aufklärung hatte ihre Vorläufer im 17., sie erfasste aber vor allem im 18. Jahrhundert fast ganz Europa und fast alle Lebensbereiche.

Mathematik und Physik wurden gefördert durch die Arbeiten eines **Isaac Newton** (1643–ca. 1727) aus England, der das Prinzip der Schwerkraft entdeckte, eines **Denis Papin** (1647–1712) aus Frankreich, der eine erste Dampfmaschine baute, eines **Anders Celsius** aus Schweden (1701–1744), dem wir die praktische Einteilung der Temperaturskala verdanken.

Philosophen wie der Holländer **Baruch Spinoza** (1632–1677), der Engländer **John Locke** (1632–1716), der Deutsche **Wilhelm Leibniz** (1646–1704), der auch ein bedeutender Mathematiker war, die Franzosen **Charles de Montesquieu** (1689–1755), **Voltaire** (1694–1778) und **Jean-Jacques Rousseau** (1712–1778) und zahlreiche andere beeinflussten die Gedanken der Menschen in Europa über Religion, Staatswesen und richtiges Verhalten. Der schon erwähnte Schotte **Adam Smith** begründete die Wissenschaft der Volkswirtschaft; der Tscheche **Johannes Comenius** schuf um 1650 mit dem »Orbis Pictus« (Die Welt in Bildern), einer Bilderfibel, einen ganz neuen Typ von Lehrbuch, das speziell für Kinder geschrieben war. Sie alle wurden weit über ihre Landesgrenzen hinaus bekannt, manchmal in Übersetzungen, oft im Original, insbesondere dann, wenn sie ihre Schriften noch in lateinischer oder sie in französischer Sprache abfassten.

Der Hof Ludwigs XIV. übte nämlich so große Anziehungskraft auf Europa aus, dass jeder, der etwas auf sich hielt, Französisch sprechen musste. Frankreich kann man auch als Zentrum der Aufklärung bezeichnen. Hier wurde schon 1635 die Académie Française gegründet, welche die französische Sprache erforschen und pflegen sollte, hier erschien in den Jahren 1751 bis 1780 die berühmte Enzyklopädie, Vorläufer aller modernen Lexika, die das gesamte Wissen der Welt in einem Nachschlagewerk enthielt. Ein großer und wichtiger Baustein europäischer Kultur!

Auch die Könige ließen sich aufklären. Friedrich der Große zum Beispiel, der mit Voltaire befreundet war, erklärte für sein Land, dass jeder, ob Katholik, Lutheraner, Reformierter, Jude oder sogar Mohammedaner ein Recht auf die eigene religiöse Überzeugung habe. Die Folter wurde weitgehend abgeschafft. Jeder konnte die Gerichte des Königs anrufen. Ihrem Spruch unterwarf er sich sogar selbst. Ähnliche Reformen gab es im Österreich Maria Theresias und ihres Sohnes Joseph II. Hier wurde zum Beispiel 1781 die Leibeigenschaft der Bauern aufgehoben. Bis dahin waren viele Bauern noch von ihren Gutsherren abhängig. Sie konnten ihren Aufenthaltsort nicht frei wählen, nicht ohne dessen Einwilligung heiraten und mussten unentgeltlich für ihn arbeiten.

Die Gedanken der Aufklärung wurden auch durch die Literatur vorbereitet und verbreitet. Viele der Werke, die im 17. und 18. Jahrhundert geschrieben wurden, waren in ganz Europa bekannt und sind es noch. Kein Theater, das nicht auch heute noch gelegentlich eine Komödie wie »Der eingebildete Kranke« von **Jean Baptiste Molière** (1622–1673) spielt und dabei keine Mühe hat, das Stück modern erscheinen zu lassen. Wer in Europa kennt nicht die Romane »Robinson Crusoe« des Engländers **Daniel Defoe** (1719), »Gullivers Reisen« des Iren **Jonathan Swift** (1726) oder »Tom Jones« des Engländers **Henry Fielding** (1749)? In welchem größeren Buchladen in Europa hat man nicht die Auswahl unter mehreren Ausgaben der Fabeln von **Jean de la Fontaine** (1621–1695)? Wo wäre der Gedanke der Toleranz zwischen Angehörigen verschiedener Religionen besser ausgedrückt als in dem 1779 entstandenen Schauspiel »Nathan der Weise« des Deutschen **Gotthold Ephraim Lessing**? Den Verfassern solcher Werke gebühren Ehrenplätze in der Galerie der Baumeister Europas.

Zur Aufklärung Europas trug es auch auch bei, dass im 17. und 18. Jahrhundert immer mehr Menschen zur Schule gingen. Vielerorts wurde der Schulbesuch staatlich vorgeschrieben, ein Gebot, das allerdings nicht immer beachtet wurde. Auch die Auflagen der in dieser Zeit aufkommenden Tages- und Wochenzeitungen stiegen. In diesen konnte man etwas über die Welt und die Politik erfahren, wenn auch die Fürsten dafür sorgten, dass die Zeitungen nichts für sie Unbequemes berichteten.

Am Ende der Zeit des Absolutismus also hatten die europäischen Bürger wenig, die europäischen Bürgerinnen fast gar nichts zu sagen, aber sie wussten über manches Bescheid. Darum waren sie dann im 19. Jahrhundert in der Lage, auch politisch einen maßgeblichen Anteil am Bau des europäischen Hauses zu übernehmen.

Europa trägt Perücken und wird barock

Bevor wir uns damit beschäftigen, müssen wir noch einmal in die Welt der Fürsten zurückkehren, die sich in dieser Zeit im wahrsten Sinne des Wortes als Bauherren betätigten. Da ließ sich Ludwig XIV. in Versailles ein Schloss errichten, wie man es noch nie zuvor gesehen hatte. Alle Teile sind spiegelbildlich zueinander angeordnet, in den Parkanlagen, die das riesige Schloss umgeben, herrschen streng geometrische Formen vor. Hier in diesem Schloss entfaltete sich das höfische Leben, das ungeheure Summen verschlang. Hier zeigten der König und die Adligen, die am Hof lebten, gepudert und in ihren heute komisch wirkenden Kleidern und Perücken, was »Etikette« war. Und ganz Europa, die Fürsten, der Adel und auch viele Bürger schauten bewundernd zu und ahmten den Sonnenkönig und seinen Hof nach.

Überall entstanden Schlösser nach Art von Versailles, allerdings immer runder und dann im 18. Jahrhundert immer verschnörkelter. Decken und Wände wurden mit Stuck verziert und farbenprächtig bemalt, niedliche Engel und antike Götter aus Marmor oder Gips bevölkerten Parks und Gärten. Meisterwerke der Baukunst des pompösen Barock und seiner späteren Form, des Rokoko, ziehen heute tausende von Besuchern an. Da könnte man die vom berühmten Barockbaumeister Balthasar Neumann entworfene Residenz der Fürstbischöfe in Würzburg, die Wieskirche in Süddeutschland, das Königsschloss in Stockholm, Schloss Sanssouci in Berlin, Schloss Schönbrunn in Wien, zahlreiche Kirchen und Schlösser in Italien und Spanien und die in einem etwas anderen Stil von Christopher Wren erbaute Sankt-Pauls-Kathedrale in London nennen.

Maler wie **Rubens** (1577–1640) aus Belgien, **Rembrandt** (1606–1669) aus Holland, **Velázquez** (1599–1660) aus Spanien oder **Watteau** (1684–1721) aus Frankreich schufen die für solche Bauten passenden Gemälde.

Europa geht in die Oper und ins Konzert

Wenn ich unter den verschiedenen Gattungen der Kunst jedoch in dieser Zeit einer den Vorrang einräumen sollte, möchte ich mich für die Musik entscheiden. Da wurde in Italien im Jahre 1608 ein gesungenes Theaterstück mit dem Titel »Orfeo« aufgeführt. Der Komponist war **Claudio Monteverdi** (1567–1643) und er hatte damit die erste Oper geschaffen, der im 17. und 18. Jahrhundert insbesondere in Italien und Frankreich viele andere folgten. Da komponierten und musizierten an den Fürstenhöfen Europas viele andere Berühmtheiten, von denen hier leider wieder nur einige aufgezählt werden können. Zu den musikalischen Baumeistern Europas zählen im 17. und 18. Jahrhundert unter anderem:

Antonio Vivaldi (1680–1743), Italien. Sein Werk »Die vier Jahreszeiten« ist auch heute noch ein Hit.

Georg Friedrich Händel (1685–1759), geboren in Deutschland, aber seit 1712 in England lebend, schrieb zahlreiche Opern und Orchesterwerke, unter anderem die »Feuerwerksmusik«.

Johann Sebastian Bach (1685–1750), Deutschland. Kein Chor, der etwas auf sich hält, hat sich nicht an einer der großen Passionen versucht, kein Organist oder Pianist, der an ihm vorbeiginge. Seine »Brandenburgischen Konzerte« hat wohl jeder schon einmal gehört, möglicherweise, ohne zu wissen, worum es sich handelte.

Joseph Haydn (1732–1809), Österreich, schrieb zahlreiche Sinfonien. Von ihm stammt die Melodie der deutschen Nationalhymne.

Wolfgang Amadeus Mozart (1756–1791), Österreich, der Komponist unter anderem der »Zauberflöte«, ist so berühmt, dass man über ihn in Europa kein Wort zu verlieren braucht.

Anders als Dichter, Schriftsteller, Baumeister oder Maler deren Werke man jederzeit lesen oder sehen konnte, waren die Komponisten darauf angewiesen, dass man ihre Werke in der Kirche, am Fürstenhof, im Salon gebildeter Bürgerhäuser oder auch in der Gastwirtschaft immer wieder neu aufführte. Leben konnten sie von ihrem Beruf nur, wenn sie reiche Gönnerinnen oder Gönner hatten, selbst ein Gehalt als Musiker bezogen oder wenn ein Musikverleger dafür bezahlte, ihre Kompositionen drucken zu dürfen. Viele waren Musiker an europäischen Höfen. Heute aber, seitdem moderne Medien ihre Werke für jeden hörbar gemacht haben, füllen sie jeden Tag aufs Neue unser europäisches Haus. Danke!

In Europa auf der Flucht

Die Zeit der absoluten Fürsten in Europa ging zu Ende, als 1789 in Frankreich die Revolution ausbrach. Auch manche Adlige begrüßten zunächst die Ereignisse, gingen aber vielfach vorsichtshalber ins Ausland, bis die Lage sich beruhigt hatte. Im Jahr 1797 erschien unter dem Titel »Die kleinen Auswanderer« eine Sammlung von Kinderbriefen, in denen die stürmischen Ereignisse geschildert werden. Madame de Genlis, selbst eine Adlige, die aus Frankreich fliehen musste, und nach ihrer Rückkehr Erzieherin am Königshof, hat die Briefe erfunden, aber da sie viele Emigrantenschicksale aus nächster Nähe beobachtet hat und sich sowohl in Gegner als auch Befürworter der Revolution hineinzuversetzen vermochte, gibt sie ein gutes Bild der Zeit.

Eine Hauptperson ist der 12-jährige Eduard von Armilly. Sein Vater hält die Ideale der Revolution für eine gute Sache. Nicht die Herkunft eines Menschen, sondern seine Bildung ist seiner Meinung nach für den Erfolg im Leben entscheidend. Ganz anderer Auffassung ist die Familie von Ermont, die auf ihre Adelsvorrechte pocht und auf Bildung nicht viel Wert legt. Beide Familien sind aus Frankreich in die Schweiz geflohen. Von hier schreibt der 14-jährige Gustav von Ermont in sehr origineller Orthografie einen Brief an Eduard, in dem er seine Gedanken darüber ausbreitet, dass eine Republik allenfalls für ein kleines Land wie die Schweiz tauge, für ein Land mit zwanzigtausend Einwohnern wie Frankreich aber die Monarchie die beste Staatsform von allen sei. Gustav empfiehlt Eduard den Brief vor seinem Vater zu verstecken, weil dieser die politischen Anschauungen der Familie Ermont sicher nicht billige. Außerdem will Gustav wissen, was Eduard auf der Flucht aus Frankreich erlebt hat. Eduard antwortet:

Eduard an Gustav

Küssnacht, den 18. Mai 1793

Ich verberge nichts vor meinem Vater, mein lieber Gustav, und er hat selbstverständlich nichts dagegen, wenn ich dir schreibe. Von Politik verstehe ich nichts. Aber ich will dir sagen, dass Frankreich nicht 20 Tausend, sondern 20 Millionen Einwohner hat.

Du willst wissen, wie das mit unserer Flucht aus Frankreich war. Im Sommer 1792 wurde mein Vater, der die Entwicklung schon seit längerem sehr kritisch sah, angezeigt. Da er adlig und reich war, musste man eine solche Anzeige ernst nehmen. Ein Freund teilte ihm im Vertrauen mit, dass er am nächsten Tag verhaftet werden sollte, und zeigte ihm Papiere, die bewiesen, dass man ihn vernichten wollte. Meine Mutter beschwor ihn noch am gleichen Abend abzureisen, aber er wollte nicht ohne seine Familie gehen. Nun war meine Schwester Adelaide zwei Wochen zuvor wie jedes Jahr für zwei Monate zu meiner Großmutter in die Normandie gereist. Vater und Mutter waren untröstlich sie nicht bei sich zu haben, meinten dann aber, vielleicht sei es für sie sogar besser, nicht zu emigrieren, weil ihr mit ihren elf Jahren und der 62-jährigen Großmutter, die sich nie in Intrigen und Affären eingemischt hatte, schon nichts passieren werde.

Mutter zog ihre Schwester ins Vertrauen. Bei ihr aßen wir an diesem Tag zu Abend. Ich wusste noch nicht, warum alle so be-

drückt aussahen. Dann nahm mich mein Vater beiseite und erzählte mir alles. Die Neuigkeit traf mich wie ein Schlag. Als ich in den Salon zurückkehrte, konnte ich kaum die Tränen zurückhalten.
Um Viertel vor elf sagte mein Vater: »Wir müssen los!« Meine Tante umarmte mich mit Tränen in den Augen, ich nahm schluchzend Abschied von meinem Vetter August und meiner Kusine Adrienne, die ich sehr sehr gern habe. Dann fuhren wir nach Hause. Wieder kamen mir die Tränen, als ich unser Haus sah, das wir vielleicht für immer verlassen mussten und das bestimmt in einigen Tagen geplündert würde. Ich stieg hinauf in mein Zimmer. Am wichtigsten war es mir, alles einzupacken, was mir Adrienne geschenkt hatte, die Tasse mit dem A im Blütenkranz verstaute ich sorgfältig in meiner Rocktasche, die Bilder, die sie für mich gemalt hatte, nahm ich aus dem Rahmen und versteckte sie zwischen Weste und Hemd.
Vater ergriff alle für die Flucht notwendigen Vorsichtsmaßnahmen. Wir hatten Glück und ereichten Mons ohne Zwischenfall. Von unseren Dienstboten hatten wir nur Dupuy, Leblanc und Fräulein Benoit mitgenommen.
In Mons wollte mein Vater noch drei oder vier Monate bleiben. Aber wir änderten unseren Namen und trennten uns, um nicht erkannt zu werden, von meiner Mutter und meinen drei jüngeren Geschwistern. Sie quartierten sich zusammen mit Dupuy und Fräulein Benoit bei einem Pfarrer zwei Meilen von Mons entfernt ein. Sie gab sich als Witwe eines Kaufmanns aus Genf aus. Der Pfarrer, der ehrenwerteste Mann, den man sich denken kann, war eingeweiht.
Vater und ich blieben in Mons. Aber dann kam ein Kommissar in die Stadt, ein abscheulicher Mensch und persönlicher Feind meines Vaters. Unser Gastgeber verriet uns, aber wir wurden glücklicherweise gewarnt und konnten gerade noch zu einem

Freund fliehen. Es war zehn Uhr abends. Vater trug Mutter schriftlich auf, ein paar Tage später aufzubrechen und sich nach Schaffhausen zu begeben. Er schickte ihr Leblanc, damit sie mit Dupuy und ihm zwei vertrauenswürdige Männer bei sich hätte, außerdem ließ er ihr fast alles Geld bringen, was er hatte.

Wir selbst verkleideten uns als Fuhrleute. Obwohl ich traurig war, dass wir uns von Mutter trennen mussten, freute ich mich auf das Abenteuer. Außerdem sah Vater als Fuhrmann so komisch aus, dass ich aus dem Lachen nicht herauskam, vor allem weil er ganz so würdevoll dreinblickte, als sei er gekleidet wie gewöhnlich. Man gab uns ein mit Stroh beladenes Fuhrwerk mit zwei armseligen Gäulen. Vater lenkte den Wagen, mich schickte er nach hinten. So fuhren wir gegen Mitternacht los. Es war der 1. März und sehr kalt, aber ich vergrub mich im Stroh und schlief bald tief und fest. Ich erwachte erst wieder bei hellem Tageslicht und prustete bei Vaters Anblick erneut laut los. Der hatte sich schon so an seine Verkleidung gewöhnt, dass er sich gar nicht vorstellen konnte, warum ich lachte. Gegen Mittag hielten wir an einer Bauernkate an, weil die Pferde nicht mehr konnten. Drei Stunden später waren wir wieder auf der Straße. Wir fuhren die ganze Nacht und den folgenden Tag hindurch nach Lüttich. Dort beschafften wir uns einfache Kleidung und durchquerten einen großen Teil Deutschlands, bald auf Mietpferden und in öffentlichen Postkutschen, dann wieder zu Fuß. Die Nächte verbrachten wir in abscheulichen Wirtshäusern und schliefen nur auf Stroh, da mein Vater nicht genug Geld bei sich hatte, um auf andere Art zu reisen. Mehrfach legten wir sieben oder acht Meilen (ca. 30 km) zu Fuß zurück und trotz des kalten und feuchten Wetters, der schlechten Ernährung und so viel Mühsal kam ich völlig gesund in Schaffhausen an. Da war ich meinen Eltern wirklich dankbar, dass sie mich immer und zu jeder Jahreszeit zu Spaziergängen oder Ausritten ins Freie geschickt hatten. Sonst hätte ich eine so lange und mühsame Reise nicht überstanden und wäre unterwegs krank geworden.

Fünf oder sechs Tage später kam Leblanc in Schaffhausen an, allein. Meine Mutter hatte ihn zu uns geschickt, da sie selbst mit Fräulein Benoit und Dupuy auskam. Leblanc brachte Geld und einen Brief, in dem meine Mutter schrieb, dass sie bei ihrem guten Pfarrer völlig sicher sei und noch einige Zeit da bleiben werde. Sie wollte sich um die Dinge kümmern, die Vater nicht mehr hatte erledigen können. Dann kamen wir hier nach Küssnacht, wo Vater ein hübsches, kleines Haus mietete. Jetzt warten wir auf Mutter. Das ist alles, was ich erlebt habe, mein lieber Gustav. Und wie war es bei dir?

Gustav hat nichts Aufregendes erlebt und außerdem macht ihm das Schreiben langer Briefe Mühe. Er klagt auch über Langeweile, woraufhin Eduard ihm empfiehlt etwas zu lernen. Diesem Rat folgt Gustav, nachdem er seinen früheren Hauslehrer wieder gefunden hat, und macht – besonders in der Rechtschreibung, im Malen, im Sport und in der deutschen Sprache – gute Fortschritte. Das wiederum ruft Gustavs Mutter auf den Plan. Sie schreibt einen geharnischten Brief an den Lehrer ihres Sohnes. Der solle bitte bedenken dass ein Gustav von Ermont mit seinem Namen und jährlich 75.000 Pfund Einkünften es nicht nötig habe, zu arbeiten wie ein Künstler oder Handwerker. Sie verbietet ihm aus ihrem Sohn »einen Weisen oder Schöngeist« zu machen und warnt auch vor körperlicher Ertüchtigung:

Denn sain Fater und isch, wier verapschoien die Pedanterie, und aine herforragende Ertziehung ist in kainer waise nach unserem Geschmak. Darumm erschainen mir die Mahlerei und das Studium fon Vremtsprachen föllig unnüts. Wenn mann

Franzose ist, mus mann sisch damit begnügen, saine Mutersprache gut zu beherschen. Main Son wird die Dypplomatenlauvban ainschlaagen. Aber mann sprischt an allen Höfen Oiropas Französisch. Wotsu also soll im die doitsche Sprache dihnen? Dise Art von Unterwaisung ist nur gut vür die bootschafftssekretähre, aber die bootschafter brauchen so etwas überhauppt nischt. Was die Laibesübungen betrift, so misbilige isch ales, wass zu seer anstrengt. Gustav hat seer laicht raitsbaare nerfen.

Ich kann hier nicht erzählen, was sonst noch alles in den Briefen geschildert wird, wie es den Emigranten in der Schweiz und in Deutschland ergeht, wie man in Paris die vielen Hinrichtungen erlebt, wie Eduards Tante verhaftet wird, weil sie sich in ihrem Haus heimlich die Messe lesen lässt, und wie sie in letzter Minute gerettet wird, wie die Familie von Armilly endlich wieder vereinigt wird. Das ist alles recht spannend und erweckt Sympathie mit vielen derjenigen, die damals Frankreich verlassen haben, aber es zeigt auch, warum die Wut des Volkes gegen manche Adlige so groß war, dass es zur Revolution kam.

Aber jetzt wird es Zeit, dass wir diese für Europa so wichtigen Ereignisse des Jahres 1789 nicht mehr von außen betrachten, sondern uns direkt nach Paris begeben.

FREIHEIT – GLEICHHEIT – BRÜDERLICHKEIT

Menschen- und Bürgerrechte für Frankreich

Was in diesem Jahr in Frankreich geschah, ließ die Fürstenhäuser ganz Europas erschauern. Angefangen hatte alles, wie so oft, beim Geld. Die Staatskassen waren leer. Adlige und Geistliche aber weigerten sich auf ein Vorrecht zu verzichten, nach dem sie keine Steuern zu zahlen brauchten. Da berief König Ludwig XVI. eine Versammlung ein, für die 300 Adlige, 300 Geistliche und 600 Vertreter des so genannten dritten Standes, also der Bürger, gewählt wurden.

Diese Versammlung trat am 5. Mai 1789 in Versailles zusammen. Der König erklärte, ihre einzige Aufgabe sei es, Steuererhöhungen zu beschließen. Dagegen forderten die Vertreter des dritten Standes, unterstützt von einer Reihe von Adligen und Geistlichen, zunächst ein Gesetz, in dem die Rechte aller Bürger festgeschrieben waren, eine Verfassung. Sie drohten, dass sie dies Gesetz auch selbst beschließen könnten, und nannten sich Nationalversammlung. Das war in den Augen eines absolutistischen Königs eine Ungeheuerlichkeit, die mit Gewalt verhindert werden musste. In Paris verbreitete sich die Nachricht, der König lasse Truppen um Versailles und um Paris zusammenziehen. Zugleich wurde das Brot knapp und teuer, angeblich weil die Adligen Getreide horteten.

Da stürmten am 14. Juli, der heute Frankreichs Nationalfeiertag ist, die Massen die Bastille, das Staatsgefängnis in Paris. Die Nachricht verbreitete sich wie ein Lauffeuer im Land. In den Provinzen drangen Bauern, mit Sensen, Dreschflegeln und Mistgabeln bewaffnet, in die Schlösser vieler Adliger ein.

In der Nacht vom 4. zum 5. August 1789 schaffte die Nationalversammlung Vorrechte der beiden ersten Stände wie Steuerfreiheit und Jagdrechte ab. Alle Bauern wurden für frei erklärt. Am 26. August 1789 wurden die Menschen- und Bürgerrechte verkündet. Alle Menschen werden frei und gleich an Rechten geboren, hieß es da. Freiheit, Eigentum, Sicherheit und Widerstand gegen Unterdrückung sind natürliche und unantastbare Rechte der Menschen. Der Ursprung jeder Herrschaft liegt beim Volk. Alle Bürger haben das Recht, persönlich oder durch Vertreter an der Gesetzgebung teilzunehmen. Niemand darf angeklagt, verhaftet und festgehalten werden, wenn das nicht durch ein Gesetz vorgesehen ist. Niemand darf wegen seiner Überzeugung, auch nicht seiner religiösen, belangt werden. Jeder Mensch darf frei denken, reden, schreiben und veröffentlichen, es sei denn, er missbraucht dieses Recht.

Das scheint dir selbstverständlich? Kein Wunder, denn diese Erklärung der Menschen- und Bürgerrechte war für Europa beispielgebend. Sie stellt einen besonders wichtigen Stein beim Umbau des Europas der Fürsten in ein demokratisches Bauwerk dar.

Die Vorbilder

Ganz aus heiterem Himmel kamen die Umbaupläne natürlich nicht. Im Europa der absolutistischen Herrscher gab es einige Inseln, auf denen man Erfahrung damit hatte, wie das ist, wenn man mehr Menschen an der Verantwortung beteiligt. In England hatte schon König John, der Sohn Eleonores von Aquitanien, 1215 einen großen Freiheitsbrief, »Magna Charta (Libertatum)« genannt, ausstellen müssen, in dem er die Rechte der Adligen, aber auch das Recht der Bürger auf Freiheit und Eigentum bestätigte. In England gab es auch schon sehr früh ein Parlament, das den König beriet. Ohne dessen Einwilligung konnten keine neuen Steuern erhoben werden. Schließlich hatte Engand sich auch erfolgreich gegen den Absolutismus gewehrt. Seit 1688 mussten alle englischen Königinnen und Könige bei ihrem Amtsantritt versprechen die Rechte des Parlaments zu achten.

Auch in der Schweiz und in manchen großen Städten waren die Bürger – allerdings nicht alle, und keine Frau – an der Regierung und der Gesetzgebung beteiligt.

Die französischen Philosophen der Aufklärung hatten diese Beispiele vor Augen, als sie ihre Forderungen aufstellten. Voltaire pries das englische System, weil hier die Freiheit des Einzelnen gegenüber dem Staat gewährleistet sei; Montesquieu, weil hier Gesetzgebung, Regierung und Gerichtsgewalt voneinander weitgehend unabhängig waren. Rousseau, der aus Genf stammte, also das Schweizer Beispiel kannte, entwickelte den Gedanken von der Herrschaftsgewalt des Volkes.

Praktisch umgesetzt wurden diese Gedanken aber zuerst außerhalb Europas, in den Vereinigten Staaten von Amerika. Als diese am 4. Juli 1776 ihre Unabhängigkeit von England erklärten, taten sie das mit den Worten: »Wir halten es für selbstverständlich, dass alle Menschen gleich geschaffen sind und gewisse unveräußerliche Rechte haben, zu denen Leben, Freiheit und das Streben nach Glück gehören.« Wenn die Regierungen diese Rechte nicht schützen, darf das Volk sie absetzen.

Von Amerika wurden diese Gedanken vor allem von den vielen Freiwilligen, die im Unabhängigkeitskrieg gegen England auf der Seite der Amerikaner gekämpft hatten, nach Europa zurückgetragen und in der französischen Nationalversammlung aufgegriffen.

Die Revolution geht weiter

Noch allerdings erkannte der König deren Beschlüsse nicht an. Außerdem wurden in Paris die Nahrungsmittel knapp. »Paris hungert, Versailles schlemmt«, hieß es. Da griffen die Pariser Frauen massiv in die Geschichte ein. Aus einem Arbeiterviertel zogen 7.000 von ihnen, gefolgt von 20.000 Männern am 5. Oktober 1789 nach Versailles und drangen ins Schloss ein. Der König musste die Beschlüsse der Nationalversammlung anerkennen und nach Paris umziehen. Er sollte erfahren, wo die Probleme seiner Untertanen lagen. Die Nationalversammlung folgte. Am 3. September 1791 wurde eine Verfassung verkündet, die den Bürgern viel mehr Rechte gab als früher, die aber noch keineswegs demokratisch war. Wählen durften nur Männer über 25 Jahre, die ein gewisses Vermögen besaßen. Auch behielt der König noch das Recht, Gesetze zu verhindern.

Die Kaufleute, Ärzte, Rechtsanwälte und die fortschrittlichen Adligen und Geistlichen, die die Mehrheit in der Nationalversammlung hatten, waren damit zufrieden, aber die Entwicklung ging weiter. Die kleinen Leute fühlten sich um den Erfolg ihrer Revolution betrogen, denn von Freiheit, Gleichheit und Brüderlichkeit, den Schlagworten der Revolution, konnte man wirklich noch nicht sprechen. Radikalere Kräfte setzten sich durch. Am 20. September 1792 wurde der König abgesetzt, wurde Frankreich zum ersten Mal zur Republik erklärt. Auch unter den Republikanern gab es besonnene Leute, die kein Blutbad wollten. Sie konnten es aber nicht verhindern, dass der König als Bürger Louis Capet vor Gericht gestellt, verurteilt und hingerichtet wurde. Wie ihm erging es wenige Monate später seiner Frau Marie Antoinette, einer Tochter Maria Theresias.

Die radikale Gruppe der »Jakobiner« übernahm unter Füh-

rung des Rechtsanwalts Robespierre die Macht in Frankreich. Es begann die Zeit der »Schreckensherrschaft«. Europa war entsetzt, als es hörte, dass in Frankreich das Christentum verboten und durch einen Kult der Vernunft ersetzt worden war. Niemand war dort seines Lebens mehr sicher. Allein der Verdacht, ein Feind des Volkes zu sein, oder der Besuch einer heimlich abgehaltenen Messe reichten in diesem glorreichen Zeitalter der Vernunft aus, um von einem Revolutionsgericht verurteilt zu werden und unter dem Fallbeil, der von dem französischen Arzt Guillot als »humane« Tötungsmaschine erfundenen Guillotine, zu sterben. 1794 wurden innerhalb von nur sechs Wochen insgesamt 1.295 Männer, Frauen und Kinder aus allen Kreisen der Bevölkerung öffentlich hingerichtet. Dann fielen am 28. Juli 1794 Robespierre selbst und seine letzten Anhänger ihrem eigenen Terror zum Opfer.
Frankreich blieb eine Republik, aber nicht mehr lange, denn ein neuer Stern ging auf. Er war einer von den Männern, von denen man mit Fug und Recht behaupten kann, dass sie im Guten wie im Bösen europäische Geschichte gemacht haben: Napoleon Bonaparte.

Das Europa Napoleons

Während der ganzen Zeit der Französischen Revolution blieben viele Adlige fest davon überzeugt, dass die »Gegenrevolution« dem Spuk ein Ende machen würde. Sie hatten guten Grund dazu, denn Europas Fürstenhäuser waren entschlossen in Frankreich die alte Ordnung wiederherzustellen und führten große, gut ausgerüstete Armeen gegen das Land. Wider Erwarten unterlagen diese aber den französischen Revolutionstruppen. Die waren zwar schlechter bewaffnet, aber ihre Soldaten kämpften nicht für Fürsten,

sondern für die Freiheit des Volkes. Bei ihnen entschied auch nicht die Herkunft über eine Beförderung, sondern Tapferkeit und Fähigkeit.
Hierüber verfügte der 1769 in Korsika geborene Napoleon Bonaparte in besonderem Maße, sodass er rasch zum General aufstieg. Er führte 1796 die französischen Truppen in Italien zum Sieg über die vereinigten europäischen Mächte. Dann nutzte er 1799 seine große Popularität dazu aus, die Regierung in Frankreich zu stürzen und sich selbst zum Staatsoberhaupt wählen zu lassen. 1804 krönte er sich nach einer Volksabstimmung selbst zum Kaiser. Das war das Ende der ersten französischen Republik.
Napoleons Truppen lehrten Europa das Fürchten. 1810 beherrschte er fast den ganzen Kontinent. Es schien fast so, als sei es ihm gelungen, Europa mit militärischer Gewalt zu einen. Ein europäisches Land jedoch widersetzte sich seinen Plänen ganz energisch, England. Auf einer hohen Säule auf dem Londoner Trafalgar Square ist dem englischen Admiral Nelson ein Denkmal gesetzt, weil er bei Trafalgar in der Nähe von Gibraltar 1805 die englische Flotte zu einem triumphalen Sieg über die Flotte Napoleons geführt hat. Zur See, das musste Napoleon einsehen, ließ sich dieses Land nicht bezwingen. Damit war es auch ausgeschlossen, eine Armee überzusetzen. Aber er verbot wenigstens allen Handel mit England. Notgedrungen hielten sich die unterworfenen Länder hieran, nicht so Russland.
Da marschierte Napoleon 1812 nach Russland und erreichte sogar Moskau, eine Geisterstadt, aus der sich alle Einwohner zurückgezogen hatten. Erfolglos und unter schweren Verlusten musste sich die Große Armee bei Winteranbruch zurückziehen. 1813 stand Napoleon bei Leipzig einem Bündnis der von ihm unterdrückten deutschen Staaten, Ös-

terreich, England, Schweden und Russland gegenüber. Napoleon verlor die »Völkerschlacht«. 1814 marschierten die Verbündeten in Paris ein. Napoleon dankte ab und ging nach Elba. Frankreich bekam wieder einen König, Ludwig XVIII. Noch einmal kehrte der Kaiser für 100 Tage zurück, ehe er 1815 bei der belgischen Ortschaft Waterloo dem preußischen und englischen Heer unterlag. Napoleon starb 1821 in englischer Gefangenschaft auf der kleinen Atlantikinsel St. Helena.

Napoleon hat Kriege geführt hat, die vielen Menschen das Leben kosteten. Gleichwohl waren auch viele Menschen von den Ideen der Französischen Revolution angetan und sahen in ihm nicht nur einen Fremdherrscher, sondern durchaus auch einen Befreier. In den von ihm beherrschten Gebieten wurden Adelsvorrechte beseitigt, wurde eine gleichmäßige Besteuerung aller festgesetzt, wurde die Religionsfreiheit garantiert, durfte jeder frei seinen Beruf wählen, wurde nach einem einheitlichen Recht, dem berühmten *Code civil,*entschieden. Auf der Straße wurde der Rechtsverkehr eingeführt, die fast in jedem Land unterschiedlich lange Meile wurde durch Meter und Kilometer, das ebenso unterschiedlich definierte Pfund durch Gramm und Kilogramm ersetzt. Selbst die so praktischen Hausnummern stammen aus dieser Zeit. Auch in den von Napoleon nicht eroberten Gebieten wie in dem Teil Preußens, der selbstständig geblieben war, wirkte das französische Beispiel. Hier wurden die Bauern befreit, das Schulwesen reformiert und eine Heeresreform durchgeführt.

Also kein Zweifel, Europa wurde durch Napoleon mit Mitteln, die man nicht billigen kann, zu etwas mehr Vernunft gezwungen. Das Rad der Geschichte ließ sich nicht mehr auf die Zeit vor seinem Erscheinen zurückdrehen.

Ein europäischer Kongress

Aber versuchen konnte man es ja. In den Jahren 1814 und 1815 trafen sich die Fürsten und Staatsmänner Europas zum Wiener Kongress, um darüber zu entscheiden, wie es denn nun in Europa weitergehen sollte. Das heißt, an Europa dachte man weniger als an die Interessen des eigenen Landes und daran, dass die anderen nicht zu stark wurden. Im Wesentlichen versuchte man die alte Ordnung wiederherzustellen. Erschütterungen, wie sie die Französische Revolution hervorgebracht hatte, wollte man auf jeden Fall in Zukunft im Keim ersticken. In Deutschland erhielten zwar nicht alle 300 Kleinstaaten die Selbstständigkeit zurück, die sie vor Napoleon besessen hatten, aber es blieben doch noch fast vierzig, die zum deutschen Bund zusammengeschlossen waren. Der war allerdings im besten Sinne europäisch, denn zu ihm gehörten neben dem Kaiser von Österreich auch die Könige von England, Dänemark und den Niederlanden für die Länder Hannover, Holstein und Luxemburg. Der Wiener Kongress berücksichtigte eben nicht die Interessen der Völker, sondern die der Fürsten. Das europäische Haus, das diese erste gesamteuropäische Konferenz entwarf, war an allen Enden und Ecken windschief. Eine vertane Chance! Schade!

Europa bleibt revolutionär

Aber wenn die Fürsten geglaubt hatten, es könnte alles so weitergehen wie bisher, hatten sie sich getäuscht. Europa blieb unruhig. 1820 erhob man sich in Spanien, Portugal und Neapel gegen die Monarchie, 1821 in Griechenland gegen die türkische, 1830 in Polen gegen die russische und in Belgien gegen die niederländische Herrschaft. Auch in Frankreich wurde wieder einmal ein König abgesetzt und

durch einen anderen ersetzt. Die Erfolge der Aufstände waren nur teilweise, so in Belgien und Griechenland, von Dauer. Aber Europas Fürsten wurden unruhig. Zum Teil stimmten sie von sich aus zu, dass ihre Rechte eingeschränkt wurden und ihre Länder eine Verfassung bekamen.
Der eigentliche Sturm brach 1848 los. Wieder begann alles mit einer Revolution in Paris. Kleinbürger und Arbeiter forderten für sich mit Erfolg das Wahlrecht, das bis dahin nur den Reicheren zugestanden worden war. Der König dankte ab, in Frankreich wurde zum zweiten Mal eine Republik ausgerufen, die allerdings wiederum kein langes Leben hatte. 1852 hatte Frankreich mit Napoleon III. wieder einen Kaiser. Aber es war, als hätte man in ganz Europa nur auf ein Signal gewartet. In Polen, in Ungarn, in Italien, in Österreich, in Böhmen, in Preußen und in anderen deutschen Staaten erhoben sich die Menschen, um Freiheit von der Fremdherrschaft und politische Mitsprache zu fordern.
Vergebens. Ein paar Monate lang sah es so aus, als könnte es einer frei gewählten Nationalversammlung in Frankfurt gelingen, ein einheitliches Deutschland mit einer nahezu vorbildlichen demokratischen Verfassung zu schaffen. Dann setzten sich hier wie an den anderen Schauplätzen der Revolutionen von 1848 noch einmal die Fürsten mit militärischer Gewalt durch. Viele engagierte Demokraten emigrierten aus ihren Heimatländern, vor allem in die Vereinigten Staaten von Amerika. Wieder eine vertane Chance für Europa!

Von Werthers Leiden zum Wiener Walzer

Während die Fürsten sich nach Kräften und oft blutig bemühten den Neubau eines Europas zu verhindern, in dem die Menschen ihr Schicksal selbst bestimmten, wurde auf kulturellem Gebiet kräftig weitergebaut an einem europäischen Haus, in dem man sich nicht langweilt. In Königsberg in Ostpreußen entwickelte der Philosoph **Immanuel Kant** (1724–1804) bahnbrechende Gedanken über die Möglichkeiten und Grenzen menschlicher Erkenntnis. In Weimar schrieb **Johann Wolfgang von Goethe** (1749–1832), der mit seiner Erzählung »Die Leiden des jungen Werther« aus dem Jahr 1774 in ganz Europa bekannt geworden war, an seinem »Faust«. In Wien komponierte der in Bonn geborene **Ludwig van Beethoven** (1770–1827) seine Sinfonien. In Spanien stellte der Maler **Francisco Goya** (1746–1828) in ergreifenden Bildern das Elend und die Not des Krieges und der Armut dar.

In der Baukunst griff Europa wieder einmal auf seine antike Vergangenheit zurück. 1791 wurde das Brandenburger Tor, das Wahrzeichen Berlins, vollendet, das unverkennbar griechische Vorbilder hat. Die bekanntesten Viertel Berlins, Kopenhagens und Sankt Petersburgs erhielten in dieser Zeit ihr charakteristisches Aussehen. Werke des dänischen Bildhauers **Thorvaldsen** (1768–1844) schmückten und schmücken Denkmäler, Kirchen, Schlösser, Gräber und Museen in ganz Europa.

An den Rückgriff auf die Antike und zum Teil parallel hierzu schloss sich die Sehnsucht nach dem Mittelalter an, an die Betonung der Vernunft, die Hinwendung zum Gefühl. Man wurde »romantisch.« 1812 gaben die deutschen **Brüder Grimm**, übrigens hervorragende Wissenschaftler, den ersten Band ihrer Märchensammlung heraus, die ebenso wie die Ritterromane des Schotten **Walter Scott** (1771–1832) und die Märchen des Dänen **Hans Christian Andersen** (1805–1875) schon bald über ihre Landesgrenzen hinaus bekannt wurden.

Es ist vielleicht kein Zufall, dass neben zahlreichen Dichtern und Schriftstellern, die der Romantik zugerechnet werden, auch Frauen in den Vordergrund traten, und da ich bisher so selten Gelegenheit hatte, die Baumeisterinnen zu erwähnen, will ich das hier umso lieber tun.

Da war **Mary Shelley** (1797–1851) aus England, eine engagierte Kämpferin für die Rechte der Frauen. Zwar gilt ihr Mann als der bedeutendere Dichter, aber mit einem Buch stellt sie noch heute dessen Werk an Bekanntheit weit in den Schatten, mit dem Roman »Frankenstein«.

Da waren in Deutschland **Karoline Schelling** (1763–1809), **Dorothea Schlegel** (1763–1839) und **Bettina von Arnim** (1785–1859), auch sie viel weniger bekannt als ihre Ehemänner, aber von großem Einfluss auf die Dichtung und das Denken ihrer Zeit.

Da verbreitete in Frankreich **Madame de Staël** (1766–1817) die Gedanken der deutschen Romantik. Hier schrieb auch die Baronin von Dudevant unter dem Namen **George Sand** (1804–1876) zahlreiche berühmte Romane.

Es ist unmöglich, auch nur annähernd alle wichtigen Schriftsteller und Dichter zu nennen, die die europäische Bibliothek in der ersten Hälfte des 19. Jahrhunderts füllten. Falsch wäre es auch, sie als »Romantiker« abzutun. Die Betonung des Gefühls und die Hinwendung zur Vergangenheit hinderte sie nicht daran, ihre Gegenwart scharf und kritisch zu beobachten. So war der in Paris lebende Deutsche **Heinrich Heine** (1797–1856), der Dichter des weltberühmten Liedes von der Loreley, zugleich ein so scharfer Kritiker der Verhältnisse in Deutschland, dass seine Werke hier verboten wurden. In Frankreich sparten ein **Honoré de Balzac** (1799–1850), in England ein **Charles Dickens** (1812–1870), in Russland ein **Nikolai Gogol** (1809–1852) in ihren spannenden Romanen das

Elend und die negativen Seiten ihrer Zeit nicht aus. Wer empfindet nicht heute noch Sympathie für den kleinen Oliver Twist, wenn er im Armenhaus die ungeheure Frechheit besitzt, um einen zweiten Teller der dünnen Suppe zu bitten?
Die Zeit hatte aber auch heitere Seiten, besonders in der Musik, wo ganz Europa die berühmte Arie des Figaro aus der 1816 uraufgeführten Oper »Der Barbier von Sevilla« des Italieners **Giacomo Rossini** (1792–1868) sang und pfiff und wo ein neuer Modetanz ganz Europa dazu brachte, sich immer schneller zu drehen, der Wiener Walzer.
Auch sonst nahm in Europa das Tempo zu, aber davon erzählt das nächste Kapitel.

Glanz und Elend einer neuen Zeit

Wie eine Rakete

»Großer Lokomotivenwettbewerb auf der Liverpool & Manchester Eisenbahn«, hatte in der Zeitungsanzeige gestanden. 500 Pfund konnte derjenige gewinnen, der eine brauchbare Lokomotive für die neue, fast fertige Eisenbahnstrecke konstruierte.

Eine wichtige Verbindung, denn die Fabrikanten in Manchester brauchten für ihre Spinnereien und Webereien die Baumwolle, die in dem über fünfzig Kilometer entfernten Hafen von Liverpool aus Amerika ankam. Der Transport mit Pferdewagen über die Straße oder auf kleinen Schiffen über einen Kanal, der im Sommer austrocknete und im Winter einfror, war umständlich. Schienen mussten her, allerdings nicht für die neuen Dampflokomotiven. Wer wollte schon diese lärmenden und schmutzigen Ungetüme, die das Vieh erschreckten und außerdem ständig liegen blieben oder sogar explodierten? Nein, man wollte die Züge nach der guten alten Methode fortbewegen: mit Pferden. Allenfalls konnte man sich vorstellen, dass man an der Strecke Dampfmaschinen aufstellte, die die Züge an Drahtseilen zogen.

Aber erst einmal musste die Strecke gebaut werden. Das war schwer genug, führte sie doch durch einen Sumpf, über zahlreiche Brücken und durch einen Hügel. Aber man hatte einen Bauleiter, der etwas von der Sache verstand, denn George Stephenson hatte schon die 43 Kilometer lange Eisenbahnlinie von der Hafenstadt Stockton zum Kohlenbergwerk bei Darlington gebaut, die am 26. September 1825 eingeweiht worden war. Hier verkehrten Züge, die von der in seiner kleinen Fabrik in Newcastle gebauten Dampflokomotive mit Namen »Locomotion« gezogen wurden. Es war schon die fünfzehnte, die er in zehn Jahren konstruiert hatte. Die erste hatte am 25. Juli 1814 mit einer Geschwindigkeit von sieben Kilometern in der Stunde acht beladene Waggons gezogen. Er hatte sie »Blücher« genannt, nach dem berühmten General, der zusammen mit dem Herzog von Wellington bei Waterloo über Napoleon gesiegt hatte.

Angesichts des fürstlichen Jahresgehalts von 1.000 Pfund im Jahr, das er für den Bau der Schienenstrecke von Manchester nach Liverpool beziehen sollte, fand sich Stephenson sogar damit ab, dass auf ihr keine fortschrittliche Dampfeisenbahn verkehren sollte. Vielleicht konnte er ja auch die Herren von der Eisenbahngesellschaft noch umstimmen. In der Tat erklärten sie sich schließlich bereit den genannten Lokomotivenwettbewerb auszuschreiben. Sieger sollte derjenige sein, dessen Lokomotive zwanzigmal ohne jede Panne und am schnellsten einen 3.200 Meter langen ebenen Streckenabschnitt der neuen Bahnlinie durchfahren würde. Bis zum 1. Oktober 1829 mussten die Lokomotiven, die am Wettbewerb teilnehmen sollten, fertig sein.

Manch ein Ingenieur ließ sich schon durch die Ausschreibung abschrecken. Mindestens zehn Meilen (16 km) pro Stunde sollte die Lokomotive schnell sein, nicht mehr als sechs Tonnen wiegen, 20 Tonnen bewegen können. Außerdem durfte der Dampfdruck nicht so hoch sein, dass die Kessel explodieren konnten. Zu diesen und anderen Bedingungen eine Maschine zu konstruieren, die nicht mehr als 550 Pfund kosten durfte, schien kaum möglich. Dennoch wurden der Jury am 6. Oktober fünf Lokomotiven vorgestellt. Zwei wurden nicht zum Wettbewerb zugelassen, die erste, weil sie bei der Fahrt bequem von jedem Fußgänger überholt werden konnte, die zweite, weil sie wieherte, als die Jury sie begutachtete. In ihrem Inneren steckte ein Pferd.

Übrig blieben die »Novelty« (= Neuheit), die »Sans Pareil« (= Unvergleichliche) und Stephensons neunzehnte Lokomotive, die »Rocket« (= Rakete). Die Probefahrten auf der eingleisigen Strecke wurden für den 7. Oktober festgesetzt. Ein Lokomotivenrennen war noch nie da gewesen. Wer immer konnte, eilte zur Rennstrecke. Picknickkörbe wurden ausgepackt, man malte sich aus, was alles passieren konnte. Dann die große Enttäuschung! Die »Unvergleichliche« und die »Neuheit« hatten Pannen, die sich an dem Tag nicht mehr reparieren ließen. Die Jury verschob das Wettrennen auf den nächsten Tag.

George Stephenson allerdings wollte die Menge nicht enttäuschen. Er ließ einen Personenwagen an seine »Rakete« hängen und fuhr mit 30 Passagieren über die Strecke. Die Menschen jubelten ihm zu, als der kurze Zug vorbeibrauste. Stephenson war stolz auf seine »Rakete«. Laut war sie zwar immer noch, aber verglichen mit der »Blücher«, mit der alles angefangen hatte, flüsterte sie geradezu. Was für ein Gefühl, wenn man den Dampfhahn öffnete, wenn der Kolben sich im Zylinder zu bewegen begann, wenn die an ihm befestigte Kurbelstange das Auf und Ab auf das große Rad übertrug und dieses sich auf der Schiene immer schneller zu drehen begann, wenn man auf dem offenen Führerstand den Zylinder fest in die Stirn ziehen musste, damit er nicht im Fahrt-

wind davonflog! Da vergaß man, welch harte und schmutzige Arbeit es war, das stets hungrige Feuer für den Dampfkessel mit Kohle zu füttern; vergaß die vielen Fehlversuche und Irrwege bei der Konstruktion der Maschine.
Am nächsten Morgen säumten wieder zahlreiche Menschen die Strecke. Stephensons Mitbewerbern war es noch nicht gelungen, ihre Maschinen zu reparieren, aber jetzt wurde das Rennen nicht noch einmal verschoben. Ein Kanonenschuss gab das Startsignal, dann dampfte Stephensons Rakete los, zehnmal in die eine Richtung, zehnmal zurück, ohne jede Panne, mit einer Durchschnittsgeschwindigkeit von 22 Kilometern in der Stunde, und das trotz angehängter Wagen. Die Begeisterung der Leute an der Strecke kannte keine Grenzen. Was machte schon der schwarze Rauch, der aus dem großen Schornstein der vorbeidonnernden Lokomotive aufstieg und sich als Kohlenruß auf den Gesichtern und der Kleidung festsetzte?
Auch die Herren von der Eisenbahngesellschaft waren beeindruckt. Sie waren sich jetzt sicher, dass sie Dampflokomotiven auf der neuen Eisenbahnstrecke einsetzen wollten. Den Zuschlag für Stephenson wollten sie aber doch nicht gleich erteilen, denn die Konstrukteure der »Neuheit« versprachen, sie wären noch schneller und ihre Maschine verbrauche deutlich weniger Kohle als die »Rakete«. Da konnte es nichts schaden, noch ein wenig zu warten.
Zwei Tage später konnte die »Neuheit« wirklich starten, aber schon auf der ersten Strecke brach ein Rohr und sie musste von Pferden an den Ausgangspunkt ihrer Reise zurückgeschleppt werden. Nicht besser erging es der »Unvergleichlichen« am 13. Oktober. Noch einmal durfte die »Neuheit« auf die Strecke; sie blieb wieder liegen. Jetzt gab es keinen Zweifel mehr: Der Preis gehörte George Stephenson.

Und der wollte nun noch einmal zeigen, was seine Maschine leistete, und ging mit seiner »Rocket« ohne angehängte Wagen auf die Strecke. Seine Maschine machte ihrem Namen alle Ehre. Sie erreichte eine Stundengeschwindigkeit von über 50 Kilometern. Nie zuvor hatte sich ein Mensch auf einem Verkehrsmittel so schnell bewegt.

Ein Jahr später beförderten die Züge mit Stephensons Lokomotiven schon über 1.000 Passagiere pro Tag und große Mengen Fracht. Die 500 Pfund Preisgeld für den Wettbewerb erwiesen sich als eine der besten Investitionen der Wirtschaftsgeschichte. Die Liverpool & Manchester Eisenbahn machte im Jahr 1831 einen Profit von 80.000 Pfund. Mit George Stephensons »Rocket« begann die raketenhafte Entwicklung des Eisenbahnbaus in Europa. Geschwindigkeit in unserem europäischen Haus war jetzt keine Hexerei mehr, für die man die märchenhaften Siebenmeilenstiefel brauchte.

Das kurze Leben der Betty Drake

Betty Drake lebte in Leeds. Heute war ihr vierzehnter Geburtstag. Alle hatten ihr gratuliert: Mutter, Anne und die beiden Kleinen, auch Vater und ihr älterer Bruder John, ehe sie heute Morgen um fünf in die Fabrik aufbrachen. Vor heute Abend um neun würden sie nicht zurück sein, aber dann musste ihr Vater endlich einmal zuhören. Sie sah ja, wie das, was er und John verdienten, kaum zum Notwendigsten reichte. Wehe, jemand brauchte einen Arzt oder Medizin. An ein neues Paar Schuhe wagte Betty gar nicht zu denken.

Gern hätte sie wie einige ihrer Freundinnen im Bergwerk gearbeitet. Als Mädchen hätte man ihr zwar nicht so viel gezahlt wie den Jungen. Die verdienten fast fünf Schilling die Woche, wenn sie die Kohlenwagen unter Tage schoben. Dafür mussten sie allerdings zwölf Stunden jeden Tag außer sonntags arbeiten, hatten jede zweite Woche Nachtschicht und waren für die Sonntagsschule meist zu müde. Davon wollte ihr Vater für seine Tochter nichts wissen. Er achtete darauf, dass sie regelmäßig den Gottesdienst und die Schule besuchte. Außerdem musste sie Mutter bei der Versorgung der Kleinen und im Garten und im Stall helfen, denn ohne die Kartoffeln, die sie auf einem kleinen Stück Land anbauten, und das Schwein, das sie jedes Jahr mästeten und verkauften, wäre es der Familie noch schlechter gegangen.

Aber allmählich konnte Anne doch die Aufgaben zu Hause übernehmen. Sie, Betty, wollte endlich etwas verdienen und sie wusste auch schon, wo. Ihre Freundinnen Mary, Jane, Alice und Vicky arbeiteten für drei Schilling die Woche in der Flachsmühle von Mr Benyon. Das wollte sie auch.

Joshua Drake war nicht begeistert. Er wusste um die viel zu langen Arbeitsstunden in der Fabrik, um Aufseher, welche die Kinder prügelten. Was war das nur für eine Zeit, in der die Not einen Mann dazu zwang, seine Kinder unter solchen Bedingungen arbeiten zu lassen! Aber drei Schilling pro Woche, das war die Miete für Haus und Garten, mit der sie so oft in Rückstand gerieten. Betty war gesund und fleißig, und wenn sie Glück hatte, würde sie auch an einen Aufseher geraten, der die Kinder mehr durch Ermahnungen als durch Prügel zu ordentlicher Arbeit anhielt.

In Mr Benyons Fabrik wurde das Stroh der Flachspflanze bearbeitet. Aus den feinen, langen Fasern gewann man das Leinengarn. Es wurden aber auch kürzere Fasern, das Werg, versponnen und dabei wurden die Mädchen eingesetzt. In der Fabrikhalle war es heiß und so staubig, dass man alles nur durch einen Nebel hindurchsehen konnte. Als sie eintrat, musste Betty husten und hätte am liebsten sofort kehrtgemacht, aber nach einiger Zeit gewöhnte sie sich an die Arbeitsbedingungen.

Der Aufseher war in den ersten Tagen recht geduldig und zeigte ihr, wie sie das Werg auszubreiten hatte, damit es mit der Maschine zu Garn versponnen werden konnte. Wie stolz war sie, als sie am Ende der ersten Woche die drei Schilling, die sie verdient hatte, zu Hause abgeben konnte.

Drei Monate später hatte Bettys Freundin Jane die Arbeit aufgeben müssen, weil sie krank geworden war. Auch Betty selbst fühlte sich jetzt oft unwohl. Wieder einmal wischte sie sich mit der Hand den Schweiß von der Stirn, da fuhr der Aufseher sie plötzlich an, sie habe das Werg schon wieder zu dick ausgebreitet, und versetzte ihre eine so gewaltige Ohrfeige, dass sie zu Boden stürzte und mehrere Minuten benommen liegen blieb.

Joshua Drake war außer sich und verbot Betty noch einmal in die Fabrik zu gehen. Zwei Tage blieb sie zu Hause, dann kam eine Nachricht von der Fabrik, man würde sie gern weiterbeschäftigen, sie würde auch zu einem anderen Aufseher geschickt. Noch einmal ließ sich Joshua Drake umstimmen, noch einmal arbeitete Betty für einige Wochen. Dann musste sie immer häufiger würgen und hatte heftige Schweißausbrüche. Wenige Wochen später war sie tot, ebenso wie drei ihrer vier Freundinnen.

Ihr Vater, Joshua Drake, berichtete im Jahr 1832 vor einer Untersuchungskommission des englischen Parlaments über ihr Schicksal. Dieser und andere Berichte führten dazu, dass das englische Parlament 1833 in einem Gesetz die Kinderarbeit auf acht Stunden pro Tag beschränkte.

EINE REVOLUTION MIT DAMPF

Ingenieure revolutionieren Europa

Die Zeit, in der in Europa die Menschen begannen Demokratie und Selbstbestimmung für die Völker zu fordern, war zugleich die Zeit der »industriellen Revolution«, in der immer mehr Güter immer schneller und immer billiger hergestellt wurden, in der in ganz Europa Fabrikschornsteine zu rauchen begannen.

Vorläufer von Fabriken, die Manufakturen, in denen man sich die einzelnen Arbeitsgänge bei der Produktion teilte, hatte es in Europa schon lange gegeben, im Aquitanien Eleonores, im weltumspannenden Unternehmen der Fugger in Augsburg, im Frankreich Ludwigs XIV. Man wusste auch schon lange, wie man sich Wasser oder Wind zu Nutze machen kann, um die Muskelkraft von Mensch oder Tier zu ersetzen. Wasserräder drehten sich schon im Altertum, gegen Windmühlenflügel kämpfte Don Quichotte. Aber im 18. Jahrhundert ersann man in England Wege, auch Spinn- und Webmaschinen mit Wasserkraft zu betreiben. Damit konnte nun ein Mann in der gleichen Zeit viel mehr herstellen als vorher, und wenn man mehrere dieser Maschinen in einer Halle aufstellte, war das noch günstiger. Zahlreiche Fabriken entstanden entlang der Flussläufe, welche die Wasserkraft lieferten.

Aber nicht überall steht genügend Wasserkraft zur Verfügung. Da besann man sich einer anderen Energiequelle. Dass man Dinge mit Hilfe von Wasserdampf bewegen kann, wusste man schon seit der Antike und einfache Pumpen, die mit Dampf betrieben wurden, hatten der Franzose Denis Papin und der Engländer John Newcomen schon um 1700 gebaut. Aber erst die Arbeiten des Schotten James Watt führten nach langer Entwicklungsarbeit 1769 zu einer vielseitig verwendbaren Dampfmaschine, die zwar noch verbessert werden musste, aber bald in der Lage war, Webstühle und Spinnmaschinen, Schmiedehämmer, Walzen und Sägen, Pumpen für Bergwerke und Feuerwehren anzutreiben.

Schon zu der Zeit, als James Watt an seiner Dampfmaschine arbeitete, stellten sich Ingenieure zum Beispiel in der Schweiz, in Frankreich und Russland die Frage, ob man eine Dampfmaschine auch auf Räder stellen und einen Dampfwagen zur Fortbewegung auf der Straße konstruieren könnte. Zunächst ohne großen Erfolg. Jeder vernünftige Mensch sah, dass Pferde diesen Ungetümen auf jeden Fall überlegen waren. Pferde zogen auch die auf eisernen Schienen rollenden Züge, die man schon länger kannte. Konnte man vielleicht für die Fortbewegung (lateinisch: locomotio) auf diesen Eisenbahnen eine dampfgetriebene Maschine entwickeln? 1804 stellte der englische Ingenieur Richard Trevithick die erste dieser Lokomotiven vor. Sie erwies sich zwar für die Schienen als zu schwer, aber sie funktionierte und man wusste nun, dass es ging. Zahlreiche Lokomotiven unterschiedlichster Bauart wurden in der Folgezeit gebaut, aber, während ein brauchbares Dampfschiff in Amerika schon 1807 fuhr, dauerte es bis zum Jahr 1829, ehe mit George Stephensons »Rocket« ein wirklich brauchbares Modell zur Verfügung stand. Ein Jahr später donnerte die erste Personendampfeisenbahn über die 53 km lange Strecke von Liverpool nach Manchester und legte sie in kaum mehr als zwei Stunden zurück. Das war schneller als jede Postkutsche. Auf dem Kontinent folgte man rasch. Im Jahr 1850 gab es in Europa schon fast 25.000 km Eisenbahnstrecke.

Für die Schienen und Lokomotiven brauchte man Stahl, für

die Stahlerzeugung Kohle und Roheisen, für den Transport dieser Dinge wieder Schienen und Lokomotiven, für die Dampferzeugung Kohle. So beschleunigte sich das Wachstum der Industrie fast von selbst. Nahezu alle Lebensbereiche veränderten sich. In die Landwirtschaft hielten Maschinen zum Säen, Dreschen und Heuwenden Einzug. Die Erträge wurden durch künstliche Düngung gesteigert, für dessen Herstellung die chemische Industrie sorgte. Neue Erfindungen und Entdeckungen ermöglichten diesem Industriezweig auch die Herstellung leuchtender Farben aus Teer und von Impfstoffen, durch die man Infektionskrankheiten wie die Pocken verhinderte. Mit der Elektrizität wurde eine neue Energiequelle entdeckt, die Maschinen und Fahrzeuge antrieb, die Menschen mit Licht versorgte und es erlaubte, Nachrichten von einem Ort zum anderen in kürzester Zeit zu übermitteln. Auch die Elektroindustrie nahm in ganz Europa einen raschen Aufschwung. Schließlich war auch die Erfindung des Verbrennungsmotors durch Nikolaus August Otto 1867 selbst ein Motor für die industrielle Entwicklng. Sie machte das Auto möglich. Nie zuvor hatte es ein Jahrhundert gegeben, in dem sich das Leben in Europa so veränderte wie im neunzehnten. Fortschritt, wohin man blickte!

Die Kehrseite des Fortschritts

Dieser Fortschritt hatte seinen Preis. Umweltschutz zum Beispiel war noch kein Thema. Damals begann die Verschmutzung von Gewässern, Böden und Luft in großem Umfang. Auch das Leben der Mehrzahl der Menschen war zunächst durch großes Elend gekennzeichnet. Das war nicht nur auf die Industrialisierung zurückzuführen. Vielmehr nahm in ganz Europa aus Gründen, die auch heute noch nicht ganz geklärt sind, die Bevölkerung zu. Bei weitem nicht mehr alle

Menschen fanden Arbeit in der Landwirtschaft. Die neuen Fabriken versprachen Arbeit, aber weil es viele Arbeitswillige gab, konnten die Unternehmer die Löhne niedrig, die Arbeitsbedingungen schlecht halten. Um die Familie zu ernähren, nahmen auch Frauen und Kinder Lohnarbeit an. Sie waren als Arbeitskräfte noch billiger und drückten insgesamt die Löhne. Ein Teufelskreis. Gegen Krankheit, Unfall und Invalidität gab es keinen Schutz und krank wurde man angesichts der unvorstellbaren Wohnverhältnisse leicht. Wir hören von einem Zimmer, knapp sechs Meter lang und fünf Meter breit, in dem 14 Betten für insgesamt 42 Männer und 14 Knaben standen.

Die Probleme werden erkannt

Arbeitslosigkeit und Hungerlöhne führten nicht selten zu Aufständen. Gegen solche Erhebungen reagierte man mit Gewalt. Als in England zwischen 1810 und 1820 Handweber, die durch die neue Entwicklung ihre Arbeit verloren, in die Fabriken eindrangen und die mechanischen Webstühle zerstörten, wurden sie zum Tode verurteilt. Als 1844 in Schlesien die Weber sich gegen die Hungerlöhne, die man ihnen bezahlte, zur Wehr setzten, wurde ihr Aufstand von preußischen Truppen blutig niedergeschlagen. Aber dann begannen Regierungen und Parlamente sich der Fragen anzunehmen, unter anderem darum, weil als Folge der Kinderarbeit viele Jungen für den Militärdienst untauglich wurden und weil befürchtet wurde, dass die Mädchen nicht mehr genügend gesunde Kinder zur Welt brachten. Nach und nach wurden überall in Europa Gesetze erlassen, durch die Kinderarbeit eingeschränkt und schließlich verboten wurde. Für alle wurde die Höchstarbeitszeit beschränkt. Aber es dauerte noch bis ins 20. Jahrhundert, ehe die europäischen Staaten einigermaßen ausreichende Vorsorgeeinrichtungen für Krankheit, Unfall, Alter und Arbeitslosigkeit geschaffen hatten. Vorbildlich wurde hier übrigens Belgien, wo es schon seit 1844 eine gesetzliche Krankenversicherung gab.

Allerdings gab es neben dem Staat auch andere Stellen, die sich der Probleme annahmen, so die christlichen Kirchen, die an das Gebot der Nächstenliebe nicht nur erinnerten, sondern es auch ernst nahmen und sich um menschenwürdige Unterkünfte und die Unterstützung in Not geratener Familien kümmerten.

Auch unter den Unternehmern gab es nicht nur gewissenlose Ausbeuter. Der englische Textilfabrikant Robert Owen (1771–1858) etwa ließ für seine Arbeiter ordentliche Wohnungen bauen, sorgte für eine Schulausbildung ihrer Kinder und schuf preiswerte Einkaufsmöglichkeiten (Konsumgenossenschaften). Auch Alfred Krupp in Essen gründete schon 1836 eine Betriebskrankenkasse und sorgte in ähnlicher Weise wie Owen für die Arbeiter seines Werkes, nicht nur aus Verantwortungsgefühl, sondern auch, weil er erkannt hatte, dass zufriedene Leute besser arbeiteten und der Firma länger treu blieben.

Schließlich begannen auch die Arbeiter selbst sich zu organisieren. Zuerst in England, später auch in anderen europäischen Ländern, schlossen sie sich zu Gewerkschaften zusammen, die auch das Mittel des Streiks (von englisch *to strike* = zuschlagen) entdeckten. Gemeinsam waren die Arbeiter stark genug, bei den Unternehmern Verbesserungen des Lohns und der Arbeitsbedingungen durchzusetzen.

Auch Wissenschaftler und Denker wurden auf die Probleme aufmerksam. Der Deutsche Karl Marx (1818–1883) zum Beispiel, der große Teile seines Lebens in Paris, Brüssel und London verbrachte, beschäftigte sich mit der Bedeutung der Maschinenarbeit für die Menschen, die nun nur noch Teile des gesamten Produktionsprozesses überblickten und nicht mehr sagen konnten, welchen Anteil sie an dem fertigen Produkt hatten. Er erkannte auch wichtige Zusammenhänge zwischen den Entscheidungen der Unternehmer und der Lage der Industriearbeiter. Am bekanntesten aber wurde er als einer der Verfasser des »Kommunistischen Manifests«, in dem 1848 die »Proletarier aller Länder« aufgefordert wurden sich zu vereinen, sich gegen die herrschende Bourgeoisie, das heißt die Bürger, zu erheben und eine neue »kommunistische« Gesellschaftsordnung zu errichten, in der das Privateigentum abgeschafft war.

Vieles von dem, was Karl Marx schrieb, wird heute allgemein als richtig angesehen, anderes hat sich als falsch erwiesen. Die revolutionären Ideen, die er hatte, sind erst im 20. Jahrhundert wirksam geworden und haben hier viel Leid über Europa gebracht. Aber Karl Marx ist auch aus der Geschichte der sozialdemokratischen Parteien nicht wegzudenken und diese haben an unserem gemeinsamen Haus Europa im 20. Jahrhundert entscheidend mitgebaut und tun es noch. Es wäre daher ungerecht, ihm seinen Rang unter den Baumeistern Europas zu bestreiten.

KRIEG UND FRIEDEN

Verhängnisvolle Schüsse

In diesem Kapitel wird über ein Ereignis berichtet, das sich im Juni 1914 in einer Stadt auf dem Balkan ereignet hat. Es war ein schreckliches Ereignis, aber seine Folgen waren noch schrecklicher. Unendliches Leid kam über Europa und die Welt; Millionen von Menschen verloren ihr Leben oder wurden verkrüppelt.

Darüber dass etwas passieren könnte, hatten viele gesprochen, gerechnet damit hatten nur wenige. Die englische Kriminalschriftstellerin Agatha Christie beschreibt 1977 in ihren Memoiren, wie es ihr als noch nicht 25-Jähriger so weit entfernt schien, als im fernen Serbien ein Erzherzog ermordet wurde. Nichts, was sie betraf. Auf dem Balkan brachte man sich doch andauernd um! Sie entsinnt sich, wie dann Gerüchte aufkamen über so etwas wie Krieg, was ihr völlig undenkbar schien, denn zivilisierte Völker im Europa des 20. Jahrhunderts konnten doch unmöglich Krieg führen. Und sie kann sich auch 63 Jahre später noch daran erinnern, wie sie eines Abends im Frieden zu Bett ging und morgens im Krieg aufwachte.

Was war das für ein Ereignis im fernen Serbien? Doch halt, hier fängt es ja schon an. Sarajevo, wo die verhängnisvollen Schüsse fielen, liegt gar nicht in Serbien, sondern es ist die Hauptstadt von Bosnien-Herzegowina. Aber für Europäer aus dem Norden war das ohnehin schwer durchschaubar. Hundert Jahre zuvor war alles noch ziemlich klar gewesen: Der größte Teil des Balkangebiets gehörte zum Osmanischen Reich, und wo die Türken nicht waren, herrschten die Österreicher oder die Russen. Dann kamen die Freiheitsbewegungen und jetzt war alles so unübersichtlich. Kroatien, Dalmatien und Bosnien gehörten zu Österreich-Ungarn; Serbien, Montenegro, Albanien, Griechenland, Bulgarien und Rumänien waren selbstständig; die Türken waren fast ganz heraus aus Europa. Dann hatte man auch noch zwei Balkankriege geführt, einen gegen die Türken und einen mit den Türken gegen Bulgarien und jedes Mal waren die Grenzen neu festgelegt worden. Das war wirklich verwirrend und von einer jungen Frau in England durfte man nicht erwarten, dass sie das alles fein auseinander hielt.

So Unrecht hatte sie nämlich nun auch wieder nicht, denn die Ereignisse in Sarajevo fanden zwar nicht in Serbien statt, aber sie hatten viel, wenn nicht alles mit diesem Land zu tun, das seit 1878 selbstständig war. Das hatte man so auf dem »Berliner Kongress« vereinbart, auf dem ein Krieg zwischen Russland und der Türkei beigelegt worden war. Gleichzeitig sollten die Österreicher Bosnien-Herzegowina besetzen und verwalten dürfen. Das hatten sie getan und 1908 erklärten sie es sogar zu einem Teil des Kaiserreichs Österreich-Ungarn. In Serbien dagegen träumte man von einem Staat, in dem das ganze serbische Volk vereint war, und in Bosnien-Herzegowina lebten viele Serben, die nicht vom fernen Wien aus regiert werden wollten. Auch die Bulgaren waren unzufrieden, weil man ihnen nach dem verlorenen zweiten Balkankrieg viel von ihrem Staatsgebiet weggenommen hatte. Es war also einiges daran an dem Bild eines kurz vor der Explosion stehenden Pulverfasses, mit dem man den Balkan verglich,

oder dem eines Kessels, der dicht vor dem Überkochen stand.
Am kaiserlichen Hof und bei der Regierung in Wien hätte man es wissen müssen. Was für eine Idee, den Kronzprinzen, Erzherzog Franz Ferdinand, mit seiner Frau im Juni 1914 zu einem offiziellen Besuch nach Sarajevo, in die Hauptstadt des unruhigen Bosnien, zu schicken? Oder war es vielleicht sein eigener Wunsch? Jetzt war er »Generalinspekteur der gesamten bewaffneten Macht«, aber eines Tages würde er als Kaiser Oberhaupt dieses Staates sein, in dem so viele Völker nicht immer friedlich zusammenlebten. Sein Onkel, Kaiser Franz Joseph I., mochte mit seinen 84 Jahren noch der Fürstenwelt des 19. Jahrhunderts nachtrauern, er dagegen wollte, dass die slawischen Völker in seinem Reich sich selbst verwalten sollten. Wo eher als in Bosnien also hätte er Unterstützung für solche Pläne finden können?
Neunzehn Jahre war Gavrilo Princip alt. Er stand kurz vor seinem Schulabschluss und er träumte davon, Serbien groß zu machen und seine Landsleute in Bosnien vom Joch der Fremdherrschaft zu befreien. Viele im Land dachten wie er und über einen Freund war er zu einer Gruppe gestoßen, die sich »Vereinigung oder Tod« oder auch »Die Schwarze Hand« nannte. Hier erfuhr er von dem bevorstehenden Besuch Franz-Ferdinands, hier schmiedete man Pläne, wie man durch ein Attentat auf diesen die verhassten Österreicher treffen könnte. Gavrilo Princip hielt es für seine heilige Pflicht dem Vaterland gegenüber, mitzumachen. Woher die Bombe und die anderen Waffen kamen, was kümmerte es ihn, wenn sie nur funktionierten? War es nicht geradezu ein göttliches Zeichen, dass die Zöllner sie ganz ohne Kontrolle nach Bosnien hineingelassen hatten?

Wir schreiben den 28. Juni 1914. Das Wetter ist schön, als der kaiserliche Sonderzug im Bahnhof von Sarajevo eintrifft. Man steigt um in einen offenen Wagen, um sich der Bevölkerung zu zeigen. Da fliegt plötzlich etwas durch die Luft und trifft, so behauptet ein Augenzeuge, auf die Rückenlehne des Wagens. Franz-Ferdinand schleudert es wieder hinaus. Kurz nachdem der kaiserliche Wagen die Stelle passiert hat, ertönt eine Explosion. Das Etwas war eine Bombe. Dem Kronprinzen ist nichts geschehen, aber eine Reihe von Zuschauern und der Sicherheitsoffizier, der im Wagen dahinter folgt, werden verletzt.

Die Fahrt zum Rathaus wird trotzdem fortgesetzt. Es kommt zum vorgesehenen Empfang durch den Bürgermeister. Aus Sicherheitsgründen soll der Rückweg zum Bahnhof über eine andere Route erfolgen. Aber dann wünscht der Erzherzog den verletzten Offizier im Krankenhaus zu besuchen. Der Fahrer ist sich unsicher über den Weg. Er fährt langsam an einer kleinen Menschenansammlung vorbei. Ein junger Mann springt heraus, einen Revolver in der Hand. Zwei Schüsse fallen. Der eine durchschlägt die Schläfe des Erzherzogs, der andere trifft die Herzogin in den Unterleib. Beide überleben das Attentat nicht.

Der Attentäter, Gavrilo Princip, wird sofort verhaftet, seine Komplizen wenig später. Eine Reihe von ihnen wird später zum Tode, der Attentäter selbst wegen seiner Jugend nur zu zwanzig Jahren Haft verurteilt, stirbt aber vier Jahre später im Gefängnis. Veljko Cubrilovic, einer der Verschwörer, schreibt kurz vor seiner Hinrichtung am 20. Januar 1915 einen Brief an seine dreijährige Tochter, der ihr ausgehändigt werden sollte, wenn sie alt genug sei, ihn zu verstehen.

Meine liebe einzige Tochter,
Viele Jahre werden vorbei sein, wenn du diesen Brief liest. Ich kann mir vorstellen, wie die kleine Blütenknospe dann zu einer wunderschönen Blume geworden sein wird. Das Einzige, mein Kind, das dein Vater dir hinterlassen kann, ist ein ehrlicher und unbefleckter Name. Er bleibt in deiner Schuld; aber er hinterlässt dir seine große Liebe und seinen makellosen Namen.
Jetzt, wo du herangewachsen bist, kannst du die stürmischen Zeiten verstehen, in denen dein Vater lebte, und, wenn du sie verstehst, wirst du ihm vergeben.
Liebe und ehre deine Mutter. Sie wird viele Opfer für dich bringen. Von dir, meine Kleine, erwartet dein Vater ein reines Herz und edle Gedanken. Sei aufrichtig. Und liebe das Volk, dessen Wurzeln deine eigenen sind.
Das ist alles, was dein Vater dir hinterlassen kann. Der gnädige Gott wird für alles andere sorgen. Ich liebe dich, mein einziges Kind, und in diesen letzten Momenten meines Lebens denke ich einzig an dich und deine Mutter.
Dein Vater Veljko

In Österreich sah man die Motive der Attentäter verständlicherweise als weniger edel an. Der Jubel über die Schüsse von Sarajevo in Serbiens Zeitungen führte zu noch größerer Erbitterung. Am 23. Juli verlangte man von Serbien binnen 48 Stunden die Zusage, alle Propaganda gegen Österreich zu verbieten und österreichische Beamte ins Land zu lassen, um die Hintergründe des Attentats aufzuklären. Zu vielem war Serbien bereit, auf diese letzte Forderung aber wollte man nicht eingehen.
Am 28. Juli erklärte Österreich dem mit Russland verbündeten Serbien den Krieg. Einen Tag später erteilte der russische Zar seiner Armee den Befehl, mobil zu machen, das

heißt sich in Kriegsbereitschaft zu versetzen. Am 31. Juli folgte das mit Österreich verbündete Deutschland, am 1. August das mit Russland verbündete Frankreich. Am 2. August verpflichtete sich die Türkei in einem Vertrag mit Deutschland in den Krieg gegen Russland mit einzutreten. Am 3. August marschierten deutsche Truppen in das neutrale Belgien ein. Am 4. August befand sich England im Krieg, weil es sich 1839 verpflichtet hatte, die belgische Neutralität zu schützen. Der große Krieg, der von 1914 bis 1918 dauern sollte, hatte begonnen und er erfasste nicht nur Europa, sondern auch die überseeischen Kolonien der europäischen Länder, Japan und die USA. Die Schüsse von Sarajevo hatten den Ersten Weltkrieg ausgelöst. Das Haus Europa wäre an ihm fast zerbrochen.

Und was wäre gewesen, wenn ...?

War dieser Krieg unvermeidlich? Auf den 2-Euro-Münzen, die in Österreich geprägt werden, sieht man Bertha von Suttner, geboren 1843, gestorben eine Woche vor den Schüssen von Sarajevo. Was wäre gewesen, wenn man auf sie gehört hätte, die Verfasserin des 1889 erschienenen Romans »Die Waffen nieder«?

Der Roman erzählt die Lebensgeschichte einer Wiener Baronin. Ihr erster Mann, ein Husarenleutnant, fällt 1859, als sie gerade 19 ist. Auch ihr zweiter Mann muss in den Krieg und wird vermisst. Auf der Suche nach ihm im Kampfgebiet erlebt die Baronin aus eigener Anschauung das Grauen der Schlacht. Zwar kehrt ihr Mann verwundet zurück, aber durch den Krieg wird die Cholera in ihre Heimat eingeschleppt. Durch die Seuche verliert sie drei Geschwister; aus

Gram hierüber stirbt ihr Vater. Von nun an setzt sie sich zusammen mit ihrem Mann unermüdlich für den Frieden ein. Den Ausbruch des Deutsch-Französischen Krieges 1870 erleben sie in Paris mit. Hier wird ihr Mann, nur weil er aus einer preußischen Familie stammt, als angeblicher Spion erschossen. Trotz ihrer Verzweiflung entschließt sich die Baronin für ihre beiden Kinder weiterzuleben und sich von nun an unablässig dafür einzusetzen, dass Auseinandersetzungen zwischen Völkern nur noch mit friedlichen Mitteln beigelegt werden.

Der Roman mit seiner Anklage gegen jeden Krieg erregte Aufsehen in einer Zeit, in der die Kinder sich vom Weihnachtsmann noch »Trommel, Pfeifen und Gewehr, Fahne, Säbel und noch mehr, ja ein ganzes Kriegesheer« erhofften. Kein Wunder, dass Bertha von Suttner Mühe hatte, einen Verleger zu finden, der mutig genug war ihn herauszubringen. Aber nachdem das Buch einmal erschienen war, trat es einen unaufhaltsamen Siegeszug an und wurde in zahlreiche Sprachen übersetzt. Viele Menschen ließen sich von ihm beeindrucken. Mit Stolz erzählt Bertha von Suttner zum Beispiel in ihren Lebenserinnerungen von der Begegnung mit einem Studenten aus Schweden, der sich durch die Lektüre ihres Romans von seiner festen Absicht hatte abbringen lassen, eine militärische Laufbahn einzuschlagen.

Andere dagegen bekämpften die Autorin gerade deswegen erbittert. Dass sich jemand erdreistete, Ideale wie Tapferkeit und Heldenmut in Zweifel zu ziehen, war schlimm genug, aber dieser jemand war auch noch eine Frau! Einer der Kritiker reimte:

> Die Waffen hoch! Das Schwert ist Mannes eigen;
> wo Männer fechten, hat das Weib zu schweigen.

Bertha von Suttner ließ sich davon nicht beeindrucken. Sie setzte sich für die Gründung von Friedensgesellschaften ein und sie konnte den schwedischen Industriellen Alfred Nobel, Erfinder des Dynamits, dazu bewegen, in seinem Testament nicht nur Nobelpreise für Physik, Chemie, Medizin und Literatur auszusetzen, sondern auch einen für denjenigen, »der am besten für die Verbrüderung der Menschheit gewirkt hat«. Die ersten Träger des Friedensnobelpreises waren 1901 der Franzose Frédéric Passy und der Schweizer Henri Dunant, der Begründer des Roten Kreuzes. Bertha von Suttner erhielt den Preis im Jahre 1905.

Ihr Kampf für den Frieden war nicht ganz ohne Erfolg. Immerhin durfte sie die Haager Friedenskonferenz von 1899 miterleben. Zar Nikolaus II. von Russland hatte sie angeregt und 26 Staaten, darunter alle europäischen, nahmen an ihr teil. Das Ergebnis war mager, aber immerhin wurde in Den Haag ein ständiger Schiedshof eingerichtet, der in internationalen Streitfragen vermitteln sollte.

Bertha von Suttner war eine bewundernswerte Frau, eine große Europäerin! Auch wenn sie und ihre Mitstreiterinnen und Mitstreiter die beiden großen Weltkriege des 20. Jahrhunderts nicht verhindern konnten, so überdauerten ihre Ideen diese Kriege doch. Wer heute in Europa sein Recht wahrnehmen kann, aus Gewissensgründen den Kriegsdienst zu verweigern, hat allen Grund, dieser Baumeisterin Europas dankbar zu sein.

(K)EIN PLATZ AN DER SONNE

Eine Nation – ein Staat

Um die Ereignisse des Jahres 1914 besser zu verstehen, müssen wir zurückkehren in die Mitte des 19. Jahrhunderts. Politisch bewegten damals vor allem zwei Wünsche die Europäer: Die Völker wollten ihre eigenen Staaten und die Menschen wollten mitentscheiden darüber, von wem und wie sie regiert wurden. Dafür waren viele auf die Straße gegangen, hatten zu den Waffen gegriffen und erleben müssen, wie die europäischen Revolutionen von 1848 unterdrückt wurden. Zwar bekamen nun selbst Länder wie Preußen und Österreich Verfassungen, aber keine, die sich die Völker selbst gaben, sondern solche, die vom König oder Kaiser gnädig gewährt wurden. Dabei achtete dieser darauf, dass ihm nicht zu viel von seinen Rechten weggenommen wurde. Aber es war ein Anfang, darauf konnte man weiterbauen, wenn man sich einig war. Gleich gesinnte Abgeordnete in den neuen Parlamenten schlossen sich zusammen, es bildeten sich allmählich politische Parteien.

Was die Selbstbestimmung der Völker betraf, gab es weniger Fortschritt. 1848 schrieb der Italiener Giuseppe Mazzini: »Deutschland ausgenommen, haben wir allein unter den Völkern unsere Einheit, Unabhängigkeit und Freiheit erst noch zu erkämpfen.« Diese Aussage war falsch. Die Isländer wollten sich von Dänemark, die Iren von Großbritannien lösen. Finnland, Litauen, Lettland und Estland standen unter russischer Herrschaft, Polen war nach wie vor geteilt. In Wien regierte ein Kaiser aus dem Hause Habsburg, in dessen Reich Deutsche, Tschechen, Slowaken, Ungarn, Kroaten, Slowenen, Rumänen, Polen, Ukrainer und eben Italiener nicht gerade friedlich zusammenlebten. Vom »Pulver-

fass« Balkan war schon die Rede. Vielleicht hätten sich die Fragen in einem Vereinigten Europa lösen lassen, aber bis man zu solch einem Gedanken fähig war, musste noch ein Jahrhundert mit Kriegen und Blutvergießen vergehen.
Betrachten wir das Italien Giuseppe Mazzinis! Italien? Das war damals nur eine Idee, für die nach der gescheiterten Revolution von 1848/49 fast 1.000 Freiheitskämpfer hingerichtet wurden. Im Norden gehörte es zur Habsburger-Monarchie, in der Mitte lag der Kirchenstaat, im Süden wurden die vereinigten Königreiche von Neapel und Sizilien von einem französischen König regiert. Nur im Nordwesten und auf Sardinien gab es ein italienisches Königreich, Piemont-Sardinien. Hauptstadt war Turin. Hier begann die Einigungsbewegung. In einem Bündnis mit Frankreich wurde 1859 die österreichische Armee bei Solferino besiegt.
Hätte der französische Kaiser Napoleon III. allerdings gewusst, dass ein Jahr später ein gewisser Giuseppe Garibaldi mit einem Trupp von Freiwilligen von Genua aus nach Sizilien aufbrechen würde, hätte er sich sein Eintreten für Piemont-Sardinien vermutlich überlegt. Garibaldi wurde von der Bevölkerung als Befreier begrüßt. Fünf Monate später war die französische Herrschaft in Süditalien zu Ende. 1861 erklärte in Turin ein gesamt-italienisches Parlament Rom, das noch zum Kirchenstaat gehörte, zur Hauptstadt und Viktor Emanuel II. von Piemont-Sardinien zum König Italiens. Aber erst nach weiteren Kriegen mit Österreich und mit dem Kirchenstaat hatte Italien (ohne Südtirol) ungefähr die Grenzen von heute. König, Regierung und Parlament zogen 1871 nach Rom um. Der Papst regierte nur noch über den kleinen Vatikanstaat innerhalb der Stadt Rom.
Im gleichen Jahr wurde auch Deutschland ein Staat. Der Wunsch dazu bestand schon lange. Im ersten frei gewähl-

ten deutschen Parlament in der Frankfurter Paulskirche 1848 hatte man lange darüber diskutiert, ob Österreich Teil eines solchen Staates sein sollte. Das war schwierig, denn im Reich der Habsburger lebten nicht nur Deutsch-Österreicher, sondern auch zahlreiche andere Völker. Es sprach also vieles dafür, einen deutschen Staat ohne Österreich zu schaffen. Zur Enttäuschung der Nationalversammlung hatte aber im März 1849 der preußische König Friedrich Wilhelm IV. die ihm angebotene Kaiserkrone in einem solchen Reich abgelehnt, weil ihm die vorgesehene Verfassung zu wenig Rechte einzuräumen schien. Dann erledigte sich die Frage ohnehin, weil die deutschen Fürsten die Revolution mit Gewalt unterdrückten und das Parlament auflösten.

Im Jahr 1861 wurde Wilhelm I. König in Preußen. Er berief 1862 einen Mann zum Ministerpräsidenten, der danach für fast dreißig Jahre die europäische Politik mitgestaltete: Otto von Bismarck (1815–1898). Ein überzeugter Demokrat war dieser Mann nicht. Wenn es ihm nötig schien, regierte er auch gegen das Parlament. Er hatte eine sehr klare Vorstellung davon, was politisch machbar war und was nicht. Das Ziel seiner Politik war ein einheitliches Deutsches Reich unter Führung Preußens ohne Österreich. Dazu war er bereit auch Kriege zu führen. Im Deutsch-Dänischen Krieg 1864 verbündete er sich mit Österreich und gewann Schleswig, Holstein und Lauenburg. Zwei Jahre später provozierte er einen Krieg, durch den Österreich allen Einfluss nördlich des Mains verlor. Wieder vier Jahre später befanden sich Frankreich und Preußen im Krieg.

Der Anlass war geringfügig. 1868 hatten Generäle in Spanien in einem Putsch Königin Isabella abgesetzt und die Krone einem entfernten süddeutschen Verwandten des preußischen Königs angeboten. Dies löste in Paris, wohin Isabella

geflohen war, einen Sturm der Entrüstung aus. Man fühlte sich von Preußen umzingelt. Selbst als der Deutsche auf die Bewerbung um den spanischen Thron verzichtete, beruhigte man sich nicht. Kaiser Napoleon III. verlangte vom preußischen König, der sich zur Kur in Bad Ems aufhielt, durch seinen Gesandten, nie wieder einer solchen Kandidatur zuzustimmen. Der König empfand die Form, in der dieses Verlangen vorgetragen wurde, als ungehörig und weigerte sich den französischen Gesandten in dieser Angelegenheit noch einmal zu empfangen. Zugleich ließ er in einem Telegramm, der so genannten »Emser Depesche«, seinen Ministerpräsidenten in Berlin am 13. Juli 1870 über die Vorgänge unterrichten. Bismarck gab diese Depesche an die Presse, verkürzte sie aber so, dass jeder den Eindruck haben musste, als lehnte der König jede weitere Verhandlung ab. Wie vorausgesehen empfand man dies in Frankreich als Provokation und erklärte den Krieg.
Was Napoleon III. nicht wusste, war, dass Bismarck sich in geheimen Bündnissen auch die Hilfe der süddeutschen Staaten gesichert hatte. Frankreich unterlag. Der Sieg einte Deutschland und ausgerechnet im Spiegelsaal des Schlosses von Versailles wurde am 18. Januar 1871 ein einheitliches Deutsches Reich ausgerufen, dem Österreich nicht angehörte. An seine Spitze trat der preußische König als Kaiser Wilhelm I. Ihm zur Seite stand Bismarck als Reichskanzler. Der Jubel in Deutschland über den militärischen Erfolg und das Ende der Kleinstaaterei war ungeheuer.

Wer hat das größte Reich?

Vielleicht hätte man sich jetzt, wo zumindest in Mitteleuropa die Frage der Nationalstaaten geklärt war, an einen Tisch setzen und darüber beraten können, wie man die

noch verbleibenden europäischen Probleme lösen und den Frieden sichern könnte. Aber hierfür waren die Voraussetzungen denkbar ungünstig. Die vielen Toten der Kriege waren unvergessen. Außerdem hatte Frankreich im Friedensvertrag mit Deutschland – übrigens gegen den Willen Bismarcks – seine Westgebiete, das Elsass und Lothringen, an Deutschland abtreten müssen. Da fällt es schwer, sich schnell wieder zu versöhnen.
Auch waren die europäischen Länder im letzten Drittel des 19. Jahrhunderts weniger an einer europäischen Einigung interessiert als daran, wie sie ihr Reich, ihr Imperium, vergrößern konnten. Sie starteten in diesem Zeitalter des »Imperialismus« geradezu einen Wettlauf, um die Welt unter sich aufzuteilen. Auch das neue deutsche Kaiserreich beanspruchte »einen Platz an der Sonne« und erwarb Kolonien in Afrika und in der Südsee. In China wurde eine ganze Provinz »gepachtet«. Die größte Kolonialmacht war zweifellos England mit Besitzungen in Afrika, Amerika (Kanada), Australien und Asien. Als »Juwel in der Krone« der englischen Königin Victoria (1819–1901, Königin seit 1837) galt das reiche Indien, dessen »Kaiserin« sie war. Aber auch die anderen westeuropäischen Länder, Portugal, Spanien, Italien, Frankreich, Belgien und die Niederlande besaßen Kolonien in Afrika, Südamerika und Asien. Russland vergrößerte, nachdem es vergeblich versucht hatte, türkische Gebiete auf dem Balkan und die Schifffahrtsstraßen vom Schwarzen Meer zum Mittelmeer in die Hand zu bekommen, seinen Einfluss in Zentralasien und gewann mit Wladiwostok (das heißt »Beherrsche den Osten«) Zugang zum Japanischen Meer.
Was die einheimische Bevölkerung von den europäischen Herrschern hielt, war diesen ziemlich gleichgültig. Aufstän-

de wurden blutig unterdrückt. Jede der imperialistischen Mächte war überzeugt davon, dass sie den unterentwickelten Barbaren das Licht der Zivilisation brächte. »Ich behaupte«, sagte der Engländer Cecil Rhodes, »dass wir die erste Rasse der Welt sind und dass es für die Menschheit umso besser ist, je größere Teile der Welt wir bewohnen. Gott hat sich die englisch sprechende Rasse zu seinem auserwählten Werkzeug geformt.« Das hätten auch die anderen europäischen Länder so unterschrieben, nachdem sie »englisch« durch »deutsch«, »französisch«, »russisch«, und so weiter ersetzt hätten. Es war eine Zeit, für die wir uns als heutige Bewohner des europäischen Hauses schämen müssen.

Der Weg in die Katastrophe

Wo jeder davon überzeugt ist, dass er zum Herrscher über andere geboren ist, lässt sich auf die Dauer kein Friede sichern. In Europa war es nicht anders. Die großen Mächte hielten Krieg nach wie vor für ein geeignetes Mittel der Politik, wenn es eine begründete Aussicht gab, diesen zu gewinnen. Solange Bismarck als Kanzler die Fäden zog, gab es diese nicht. Durch ein raffiniertes System von Verträgen sorgte er dafür, dass Deutschland immer so viele Verbündete hatte, dass kein Land einen Krieg gegen es wagen konnte. Als er 1890 als 75-Jähriger von dem jungen deutschen Kaiser Wilhelm II. zum Rücktritt gezwungen wurde, änderte sich die Lage. Seine Nachfolger ließen es zu, dass in Europa neue Bündnisse entstanden und sich England, Frankreich und Russland in der so genannten »Entente cordiale« (herzliches Einvernehmen) zusammenschlossen. Anstatt nun alles daranzusetzen, in Verhandlungen eine dauerhafte Friedensordnung zu schaffen, entwickelte man in Deutschland einen Plan, wie man einen möglichen Krieg an zwei Fronten gegen Frankreich und Russland gewinnen konnte. Die deutsche Kriegsflotte wurde vergrößert und verstärkt. Das empfand England als Herausforderung und rüstete seinerseits auf. Die anderen Mächte folgten und so war man 1914 recht gut auf einen großen Krieg vorbereitet. Die Schüsse von Sarajevo waren nur der letzte Auslöser für das schreckliche Geschehen, das bis 1918 dauerte und das europäische Haus bis in seine Fundamente erschütterte.

Europa wird menschlicher

Dennoch gab es auch in der Zeit der vielen Kriege, mit denen wir uns in diesem Kapitel beschäftigen mussten, einige Hoffnungsschimmer, einige Menschen, die Europa ein wenig menschlicher zu machen versuchten und zu den ganz großen Europäern gehören.

So pflegte im Krimkrieg (1853–56) die Engländerin **Florence Nightingale** (1820–1910) verwundete und an Cholera erkrankte Soldaten. Mit Entsetzen erkannte sie, dass viele nur deswegen starben, weil die Verantwortlichen dem Sanitätswesen nicht halb so viel Aufmerksamkeit schenkten wie ihren Waffenbeständen und Schlachtplänen. Nach ihrer Rückkehr nach England setzte sie sich rastlos dafür ein, dass die Krankenpflege in den Kriegslazaretten und den zivilen Krankenhäusern verbessert wurde.

Für den Schweizer Kaufmann **Henri Dunant** (1828–1910) wurde die Schlacht von Solferino 1859 zum Schlüsselerlebnis. Hier erlebte er das Leid der Verwundeten mit. Fortan kämpfte er für eine international gültige Abmachung aller Staaten, die auch im Krieg ein Mindestmaß an Menschlichkeit garantieren sollte. 1864 unterzeichneten 16 Staaten diese Genfer Konvention, die heute auf der ganzen Welt gültig ist. In diesem Jahr entstand auf Dunants Initiative hin auch die Hilfsorganisation des Roten Kreuzes.

Europa wird sportlicher

Auch ein anderer Europäer aus dieser Zeit verdient es, dass wir uns seiner erinnern, denn er zeigte einen Weg, wie sich Menschen verschiedener Nationen zugleich im Wettkampf gegeneinander messen und in der Begegnung miteinander verstehen lernen. Es war der französische Baron **Pierre de Coubertin** (1863–1937), der die Olympischen Spiele der alten Griechen wieder aufleben lassen wollte. Dank seiner Überzeugungskraft brachte er es dahin, dass 1896 bei den ersten Olympischen Spielen der Neuzeit in Athen 285 Männer aus 13 Staaten an den Start gingen. Bei den fünften 1912 in Stockholm, den letzten vor Ausbruch des Weltkriegs, waren schon 2.541 Männer und 57 Frauen aus 28 Staaten beteiligt. Schade, dass aus der olympischen Idee des Friedens und des fairen Wettkampfs so wenig in den politischen Alltag Eingang fand.

Und die Kultur?

Je näher wir an unsere Zeit kommen, desto mehr Raum nimmt die Darstellung der politischen Ereignisse ein. Dabei sind sie größtenteils heutzutage nur noch als schlechte Beispiele zu gebrauchen. Eigentlich müssten wir also den Malern und Musikern, den Schriftstellern und Dichtern mehr Platz zugestehen, denn sie waren auch in der Zeit, um die es in diesem Kapitel geht, mächtig am Werk, um das europäische Haus, oder zumindest das Zimmer, das ihre Nation bewohnte, bunter und vielfältiger zu machen. Wieder ist es unmöglich, alle wichtigen Namen zu nennen, zumal immer mehr Länder wichtige Beiträge beisteuerten.

In der Malerei war ohne Zweifel Frankreich führend. Hier tat sich Neues und, wie sich das für Frankreich gehört, Revolutionäres. Da gab es Maler, die sich vornahmen nicht mehr die Wirklichkeit abzubilden – das konnte die neu erfundene Fotografie viel besser –, sondern ihre Impressionen (Eindrücke) von dieser. Einen Sturm der Empörung riefen die Bilder der »Impressionisten« zuerst hervor. Das sollten Künstler sein, dieser **Edouard Manet** (1832–1883), **Claude Monet** (1840–1926) oder dieser **Auguste Renoir** (1841–1919)? Und als man sich dann endlich an ihre Malweise gewöhnt hatte, kamen Leute wie ein **Paul Gauguin** (1848–1903) oder der Niederländer **Vincent van Gogh** (1853–1890) und beleidigten das Auge mit ihren groben Formen und grellen Farben. Auf einmal war es in Europa Mode, seine Gefühle hinauszuschreien, man gab sich »expressionistisch«. Wir braven Bürger, die wir heute zu Scharen ins Museum stürmen, um die in dieser Zeit geschaffenen Meisterwerke zu bestaunen, wären damals wohl genauso schockiert gewesen wie unsere Ur-Ur-Großeltern, aber die wussten ja auch noch nicht, wie sich die Malerei unter dem Einfluss eines 1881 in Spanien geborenen Mannes, eines gewissen **Pablo Picasso,** weiterentwickeln würde.

Mit der Musik kamen die Europäer schon eher zurecht, jedenfalls mit mancher. Gegen die Opern eines **Richard Wagner** aus Deutschland (1813–1883) durfte man nichts laut sagen, denn sie wurden von der Kritik über den grünen Klee gelobt und die eine oder andere Melodie prägte sich auch ein, aber das lange Sitzen im Opernhaus war doch sehr ermüdend, obwohl, große Kunst war es ja, was man da zu hören bekam. Aber es gab Unterhaltsameres, das mehr ins Ohr ging. Die Chöre und Arien zum Beispiel aus den Opern des **Giuseppe Verdi** (1813–1901), die mitreißenden Melodien der Operetten des in Paris lebenden Kölners **Jacques Offenbach** (1819–1880) wie den berühmten »Cancan«, die Oper »Carmen«, des Franzosen **Georges Bizet** (1838–1875), »Die verkaufte Braut«, des Tschechen **Friedrich Smetana** (1824–1884), ganz zu schweigen von den Walzern des Wieners **Johann Strauß** (1825–1899). Aus Russland tönte Neues herüber, fremdartig, aber exotisch interessant. **Modest Mussorgski** (1839–1881), **Nikolai Rimski-Korssakow** (1844–1908) oder **Peter Tschaikowski** (1840–1893) brachten ebenso wie der Norweger **Edvard Grieg** (1843–1907), der Tscheche **Antonin Dvorak** (1841–1904), **Frédéric Chopin** (1810–1849), Sohn einer polnischen Mutter und eines französischen Vaters, und der Finne **Jean Sibelius** (1865–1957) neue Klangfarben in die europäische Musik. Unter den großen Komponisten der Zeit sind auch der in Deutschland geborene, aber hauptsächlich in Wien wirkende **Johannes Brahms** (1833–1897), der Österreicher **Anton Bruckner** (1824–1896), der in Ungarn geborene und hauptsächlich in Deutschland tätige **Franz Liszt** (1811–1886) und der für viele damals zu moderne Franzose **Claude Debussy** (1862–1918) zu nennen. Europas Tonwelt war so vielfältig und so international wie nie zuvor.

Auch die Leserinnen und Leser kamen auf ihre Kosten. Gerade bei den jungen Leserinnen und Lesern sind heute noch viele Bücher dieser Zeit bekannt. In England folgten Erwachsene wie Jugendliche gespannt den Ermittlungen des von **Arthur Conan Doyle** (1859–1930) geschaffenen »Sherlock Holmes«. **Lewis Carroll** (1832–1898) ließ seine Alice ihre Reisen im Wunderland und in der Spiegelwelt antreten, spannende Abenteuer waren auf der »Schatzinsel« des **Robert Louis Stevenson** (1850–1894) oder im Urwald der »Dschungelbücher« von **Rudyard Kipling** (1865–1936) zu bestehen. Mit **Jules Verne** (1828–1905) aus Frankreich konnte man »In 80 Tagen um die Welt« oder »20.000 Meilen unter dem Meer« reisen. In Deutschland schuf **Karl May** (1842–1912) seinen »Winnetou« und seinen »Old Shatterhand«, eine **Emmy von Rhoden** (1832–1885) ihren »Trotzkopf«. Die Schweizerin **Johanna Spyri** (1827–1901) veröffentlichte um 1880 ihre Heidi-Romane. Etwa zur gleichen Zeit trat von Italien aus die Figur des »Pinocchio«, geschaffen von **Carlo Collodi** (1826–1890) ihren Siegeszug durch die Welt an. Seit 1906 kann man mit **Selma Lagerlöfs** (1858–1940) »Nils Holgersson« auf seiner wunderbaren Reise mit den Wildgänsen Schweden überfliegen. In den Kinderbüchern erschienen seit Ende des 19. Jahrhunderts immer mehr Farbtafeln und farbige Illustrationen. Das Europa der Kinder wurde erheblich bunter.

Aber natürlich ist auch für Erwachsene Bemerkenswertes entstanden in dieser Zeit, zum Beispiel die großen Romane »Krieg und Frieden« und »Schuld und Sühne« der Russen **Leo Nikolajewitsch Tolstoi** (1828–1910) und **Fjodor Dostojewski** (1821–1881), die Dramen des Norwegers **Henrik Ibsen** (1828–1906) und des Schweden **August Strindberg** (1849–1912) und vieles andere in vielen anderen europäischen Ländern, für dessen Aufzählung und Beschreibung hier der Platz fehlt.

Sie war schon interessant, die Zeit, in der die Technik ihren Siegeszug fortsetzte und uns so interessante Bauten wie den Londoner Kristallpalast (1851) und den Pariser Eiffelturm (1889), aber leider auch »verbesserte« Waffen und Kampfstoffe bescherte. Schade, dass wir uns unsere Geschichte nicht aussuchen können, sondern hinnehmen müssen, dass in unserem europäischen Haus die hell erleuchteten und die rabenschwarzen Räume so dicht nebeneinander liegen.

JUNGE LEUTE IN EUROPAS SCHWÄRZESTER ZEIT

Verführt

Düsseldorf, Montag, der 10. April 1933

Vor zehn Wochen ist in Berlin Adolf Hitler zum Reichskanzler ernannt worden, vor zweieinhalb Wochen hat er sich vom Reichstag ermächtigen lassen vier Jahre lang ohne Zustimmung des Parlaments zu regieren. Seine Partei, die Nationalsozialistische Deutsche Arbeiterpartei, ist dabei, Deutschland in ihrem Sinne umzugestalten.

Wie das neue Deutschland aussehen soll, erfahren die Düsseldorfer Bürger, als sie heute Morgen die Zeitung aufschlagen. »Deutsche Jugend!«, liest man da in einem Aufruf der Hitler-Jugend. »Jahrelang hat man versucht auch dich zu vergiften, durch Bücher und Schriften, die eine Gefahr für Jugend und Volk bedeuten.« Und dann heißt es, dick unterstrichen: »Auf den Scheiterhaufen mit diesem Gift! Sammelt alle Bücher dieser Art!« Am Dienstag, dem 11. April, abends um acht Uhr, soll sich die Düsseldorfer Jugend vor dem Planetarium, vor einem »lodernden Scheiterhaufen« versammeln und durch die Bücherverbrennung ihren Willen »zu Sauberkeit und deutschem Geist« bekunden.

Am 13. April las man dann in der gleichen Zeitung, was sich ereignet hatte:

Am Dienstagabend strömten aus verschiedenen Teilen der Stadt Jugendgruppen zu einer gemeinsamen Kundgebung gegen undeutsche Literatur. Insgesamt dürften wohl 1.000 Jugendliche in ihren verschiedenen Uniformen aufmarschiert sein. In den Anlagen standen die Zuschauer zu vielen tausenden. Zunächst ergriff der Bannführer der Hitlerjugend, Klute, Düsseldorf, das Wort zu einer zündenden Ansprache. Er zeichnete in kurzen Sätzen die Jahre, in denen nationale Jugend in jeder Weise geknebelt wurde, in denen sie sich drücken musste und in denen sie mit viel Schmutz und Schund in Schule und Haus überschüttet wurde. Er begrüßte die neue Zeit, in der die Jugend wieder aufatmen und zu ihrem Teil an der Erneuerung des deutschen Volkslebens helfen dürfe. Deswegen, so führte der Redner aus, seien hier die nationalen Verbände Düsseldorfs zusammengekommen, um in einem symbolischen Akt ein gut Teil schlechter Literatur und Zersetzungsschriften marxistischer Parteien und Bünde zu vernichten. Daraufhin flogen die Fackeln in den Scheiterhaufen und hell loderten die Flammmen auf.

Dann ergriff der Führer einer anderen Jugendgruppe die Initiative, und bei jedem Buch, das er ins Feuer warf, fährt die Zeitung fort, »gab er eine kurze Skizzierung des Schriftstellers und öffnete nicht nur der Jugend, sondern auch manch einem Erwachsenen die Augen für ein durch und durch undeutsches und zersetzendes Schrifttum. Jedes Mal, wenn der Redner ein Buch nannte, stellte er die Frage an die Anwesenden, was damit geschehen solle, und jedes Mal brauste der Chor auf: ›Ins Feuer!‹ Zuletzt warf noch einmal der Hitlerjugendführer die Fahne, unter der sich all dieses üble Schrifttum entwickeln durfte, die Fahne schwarz-rot-gold, ins Feuer.«

Zu diesem »üblen Schrifttum«, das in Düsseldorf und anderen Städten verbrannt wurde, gehörten Gedichte eines Mannes wie Heinrich Heine, der es fast ein Jahrhundert zuvor von Paris aus gewagt hatte, die deutsche Obrigkeit zu verspotten, ein Roman wie »Im Westen nichts Neues«, in dem Erich Maria Remarque eindringlich den Wahnsinn des Ersten Weltkriegs vor Augen führt, ein Buch wie Lion Feuchtwangers »Jud Süß«, das die Lebensgeschichte eines jüdischen Bankiers im 17. Jahrhundert schildert, die Schriften des Kommunisten Karl Marx und der Friedenskämpferin Bertha von Suttner. Die Jugend sollte lernen, dass man für den Krieg zu sein hatte, gegen Kommunisten, Juden und Zigeuner. In der Schule durfte ein Stück wie »Nathan der Weise« von Lessing, in dem für ein friedliches Zusammenleben zwischen den Religionen geworben wurde, nicht mehr gelesen werden. In Geschichte sollte von Anfang an auf die Gefahr der Demokratie hingewiesen werden. Im Sport übte man unter anderem Handgranatenwerfen. In Biologie sollte man lernen, dass die germanische Rasse allen anderen überlegen sei. In Mathematik musste man ausrechnen, wie viel die Unterhaltung von Geisteskranken, Krüppeln und Verbrechern den Staat pro Tag kostete. Wohin das führen sollte, beschrieb Adolf Hitler einmal so: »Eine gewalttätige, herrische, unerschrockene, grausame Jugend will ich. Schmerzen muss sie ertragen. Es darf nichts Schwaches und Zärtliches an ihr sein.«

Das Resultat solcher wahnsinnigen Vorstellungen war nicht nur für Deutschland fürchterlich.

Verschickt

London, Sonntag, der 3. September 1939

Es war eine unruhige Nacht gewesen für viele Menschen, nicht nur, weil es ein schweres Gewitter gegeben hatte. Da war auch die bange Frage, was England tun würde, nachdem am Freitags Hitlers Truppen nach Polen einmarschiert waren. Bedeutete das Krieg für England? Aber am Morgen machte sich doch Sonntagsstimmung breit. Der Himmel war blau, es war warm und noch war nichts Entscheidendes geschehen.

Aufmerksame Beobachter wurden allerdings stutzig, als sie im Radio auf den gewohnten Wetterbericht verzichten mussten. Sie ahnten, dass dies eine Anordnung der Regierung war, um der deutschen Luftwaffe keine Informationen zu geben. Schließlich war ja auch die Straßenbeleuchtung nachts schon seit zwei Tagen ausgeschaltet, um feindlichen Flugzeugen die Orientierung zu erschweren.

Auch in der Kirche war es nicht so wie sonst. Wann hatte man es schon einmal erlebt, dass hier Radiogeräte standen und der Gottesdienst für eine Ansprache des Premierministers unterbrochen wurde? Dann kam die Gewissheit. Um neun Uhr hatte der britische Botschafter in Berlin die deutsche Regierung aufgefordert bis elf Uhr alle Kämpfe in Polen einzustellen. Jetzt war es 11.15 Uhr. England hatte Deutschland den Krieg erklärt. Und während noch die Stimme des Premierministers Neville Chamberlain aus dem Äther in die Kirchen und Häuser hineinklang, ertönten über London schon die Luftschutzsirenen, die vor einem deutschen Angriff warnten. Es war, wie sich später herausstellte, ein Fehlalarm, aber er brachte tausende dazu, zum ersten Mal die Luftschutzräume aufzusuchen, die sie in den

Jahren zuvor vorsichtshalber im Keller oder im Garten angelegt hatten. Wer keinen solchen Raum hatte, nagelte Wolldecken über die Haustür und verstopfte Fensterritzen und Kamine, um vor Giftgas geschützt zu sein, und füllte die Badewanne mit Wasser, um einen Brand schnell löschen zu können.

Eine Viertelstunde später kam die Entwarnung. Niemand konnte damals wissen, dass es noch Monate dauern würde, bis zum ersten Mal deutsche Flugzeuge Bomben auf die britische Hauptstadt werfen würden. Am 3. September wollte man nichts riskieren. Über eine Million Schulkinder und Mütter mit kleinen Kindern wurden aus den Gegenden, welche die deutschen Bomber erreichen konnten, in Sicherheit gebracht. Vierundzwanzig Stunden lang rollte Zug auf Zug nach Norden und Westen in die nicht gefährdeten Gebiete. Es gab Tränen, wenn sich die Kinder am Bahnhof von ihren Eltern verabschiedeten, aber für viele war es auch ein Abenteuer, vielleicht die erste Reise überhaupt. Ein seltsames Bild, wie da die Kinder in Schuluniform in Zweierreihen zu den Bahnhöfen marschierten; ein erschreckendes Bild, wie sie alle die Pappschachteln mit der Gasmaske darin um den Hals hängen hatten; ein rührendes Bild, wie da der Lieblingsteddy aus dem Umhängebeutel herausschaute, um zu sehen, wohin die Reise ging.

Dann die Ankunft an den Zielbahnhöfen, wieder ein Marsch in Zweierreihen zum Dorfplatz oder in eine Kirche, aber nicht mehr so freudig wie zum Teil noch am Morgen. Die Kinder und die jungen Mütter waren müde und erschöpft nach der langen Fahrt in dem überfüllten Zug. Natürlich sollte alles seine Ordnung haben. Verzweifelt versuchten die Beamten, die für die Einquartierung zuständig waren, dafür zu sorgen, dass die Kinder in passende Gastfamilien kamen.

Aber sie konnten sich kaum verständlich machen. Die zukünftigen Pflegeeltern gingen selbst durch die Reihen und suchten sich ihre Schützlinge aus und die Kinder, die am gepflegtesten und gesündesten aussahen, fanden auch als erste Aufnahme. Man kann sich vorstellen, was in denjenigen vorging, die zum Schluss übrig blieben. »Es war wie auf dem Viehmarkt«, beschrieb eine der jungen Mütter später die Ereignisse.

Und dennoch war dieses Leid geringfügig gegenüber dem, was Hitler und seine Anhänger schon über Polen und ihr eigenes Land zu bringen begonnen hatten und was Europa und der ganzen Welt noch bevorstehen sollte.

Versteckt

Amsterdam, Samstag, der 8. Juli 1944

Seit etwa einem Monat schon herrscht bei den Familien Frank, van Daan und Herrn Dussel Hochstimmung. Genauer gesagt, seit dem 6. Juni. Da meldete der englische Rundfunk, dass in der Normandie britische und amerikanische Verbände gelandet waren. Von Tag zu Tag kamen jetzt immer bessere Nachrichten über französische Städte, die befreit worden waren. Es konnte nicht mehr lange dauern, bis auch hier in Amsterdam der Spuk vorüber sein würde, bis die Deutschen sich auch aus den Niederlanden zurückziehen mussten. Dann konnten sie endlich ihr Versteck verlassen, in dem sie vor zwei Jahren untergetaucht waren, als die Deutschen anfingen alle Juden festzunehmen und in Konzentrationslager zu verschicken. Was ihnen dort blühte, ahnte Anne Frank, die am 12. Juni, sechs Tage nach der Invasion, ihren fünfzehnten Geburtstag gefeiert hatte. An den Tag, an dem sie mit ihrer Familie 1933 aus Frankfurt in die sicheren Niederlande geflüchtet waren, konnte sie sich nicht erinnern. Dazu war sie damals zu jung gewesen. Aber den Mai 1940, als die Deutschen die Niederlande überfielen und es mit ihrer scheinbaren Sicherheit vorbei war, hatte sie sehr bewusst miterlebt und der 9. Juli 1942, als sie keinen Tag zu früh »untergetaucht« waren, stand ihr vor Augen, als sei es gestern gewesen. Wie sie den Tag ihrer Befreiung herbeisehnte! Wie eng es war, hier im Hinterhaus der Firma, deren Direktor ihr Vater gewesen war! Wie vorsichtig man sein musste, wie ruhig, solange unten in der Firma jemand arbeitete! Immer die Angst, jemand könnte die mit einem Regal getarnte Drehtür und die steile Treppe dahinter entdecken, die in ihr Versteck führte. Wenn man doch das schöne Wetter endlich wieder einmal nutzen könnte, um spazieren zu gehen oder Rad zu fahren.

Aber es gab auch kleine Freuden. Heute zum Beispiel war Samstag und da konnte man schon ab Mittag das Hinterhaus verlassen und sich frei in der Firma bewegen, weil niemand mehr arbeitete. Außerdem gab es etwas ganz Besonderes, das Abwechslung in dem kargen Speiseplan versprach: Erdbeeren, 24 Kistchen, für die untergetauchten Familien und ihre Helfer im Büro der Firma, ohne die sie verloren gewesen wären. Das würde ein Fest!

Um halb eins waren endlich keine Fremden mehr im Haus; die Außentür der Firma wurde abgeschlossen und jetzt ging es hinunter, um die erste Portion der staubigen Früchte zum Waschen nach oben zu holen. Was für eine Lust, die Stiele abzuzupfen und die Früchte für die weitere Verwendung im Mund oder Eimer verschwinden zu lassen. Bald musste Nachschub von unten besorgt werden. Peter, der Sohn der

Familie van Daan, war an der Reihe. Er ging die Treppe hinunter. Da klingelte es. Wie der Blitz war Peter wieder auf der Treppe und verschloss die Drehtür hinter sich. Oben waren alle ungeduldig. Die Erdbeeren dürsteten förmlich danach, gewaschen zu werden, aber niemand durfte den Hahn aufdrehen. Das war eiserne Regel bei den Bewohnern des Hinterhauses, denn das Geräusch hätte sie verraten können. Um eins kam die Nachricht, dass es der Postbote gewesen war. Wieder eilte Peter die Treppe hinunter und wieder ging die Türglocke; wieder musste er kehrtmachen; wieder verging kostbare Zeit. Anne und Peter lauschten hinter der Drehtür. Es war keine fremde Stimme zu hören. Ob er es wagen konnte, einmal nachzusehen? Aber kaum hatte er sich blicken lassen, als er von einem der treuen Helfer in der Firma schon wieder hinaufgescheucht wurde. Der Buchprüfer war überraschend gekommen. Endlich um halb zwei war die Luft wieder rein und dann versank alles in Erdbeeren. Erdbeeren wurden in Gläsern eingeweckt; es wurde Erdbeermarmelade gekocht. Es gab »Brei mit Erdbeeren, Buttermilch mit Erdbeeren, Brot mit Erdbeeren, Erdbeeren als Dessert, Erdbeeren mit Zucker, Erdbeeren mit Sand. Zwei Tage tanzten überall Erdbeeren, Erdbeeren, Erdbeeren; dann war der Vorrat auf oder stand in Gläsern oder Töpfen hinter Schloss und Riegel.«

Die Geschichte steht im Tagebuch der Anne Frank, in dem diese einer erfundenen Freundin namens Kitty ihre Erlebnisse im Hinterhaus schildert. Die Erdbeeren waren eine der letzten Freuden ihres kurzen Lebens. Allen Vorsichtsmaßnahmen zum Trotz wurde das Versteck entdeckt oder verraten. Am 4. August drang die Geheime Staatspolizei der Nationalsozialisten in das Hinterhaus ein, verhaftete die Bewohner und ließ sie in Konzentrationslager transportieren. Anne

Franks Vater überlebte, alle anderen wurden umgebracht. Anne Frank, dieses lebenslustige, humorvolle, begabte Mädchen starb im März 1945 im Lager Bergen-Belsen in Niedersachsen, wenige Wochen, bevor dieses von den Engländern befreit wurde. Die Habe der Bewohner des Hinterhauses war von der Gestapo fortgeschleppt worden. Nur Wertloses wurde zurückgelassen. Unter diesem »Wertlosen« fand sich das Tagebuch der Anne Frank, das nach dem Krieg veröffentlicht wurde. Es ist eine Mahnung für jeden, mit allen Kräften dafür zu kämpfen, dass sich in unserem Haus Europa, ja auf der ganzen Welt nie mehr etwas so Schreckliches ereignet.

EUROPA HAT IMMER NOCH NICHT GELERNT

Moderne Kriege kann man nur verlieren

Der Erste Weltkrieg dauerte über vier Jahre, bis in den November des Jahres 1918. Er war schrecklicher als alle Kriege zuvor. Giftgas, U-Boote, Flugzeuge und Panzer bewiesen, wie »leistungsfähig« die moderne Technik auch im Krieg geworden war. Fast zehn Millionen Menschen verloren ihr Leben, weitere Millionen wurden zu Krüppeln. Die Kriegsschauplätze in Frankreich, Belgien, Russland und auf dem Balkan waren fürchterlich verwüstet. An eine rasche Reparatur der Schäden war nicht zu denken, denn das Geld, das der Krieg gekostet hatte, fehlte auch noch Jahre danach.

Warum nur haben sich damals nicht Politiker aller europäischen Völker, gleich ob Sieger oder Besiegte, zusammengesetzt und sich geschworen, dass sich so etwas nie wiederholen dürfte? Aber damals waren die Wunden, die man sich geschlagen hatte, noch so frisch, dass viele mehr an Rache als an Versöhnung dachten. Deutschland, Österreich, Bulgarien und die Türkei hatten den Krieg verloren. Sie sollten dafür bezahlen und die Bedingungen für den Frieden stellten die Sieger, an ihrer Spitze die USA, Frankreich, Großbritannien und Italien. Die Besiegten saßen nicht mit am Verhandlungstisch, als am 18. Januar 1919 in Paris die »Friedenskonferenz« eröffnet wurde.

Wie oft zuvor beugten die Köpfe der Politiker und Diplomaten sich über die Landkarte Europas, um eine Lösung für alle Probleme zu finden. Esten, Letten und Litauer und auch die so lange zwischen Preußen, Österreich und Russland aufgeteilten Polen bekamen einen eigenen Staat. Auf dem Balkan, wo der Krieg angefangen hatte, entstand Jugoslawien. Die größten Veränderungen ergaben sich für das frühere Österreich-Ungarn, das in Österreich, Ungarn und die Tschechoslowakei aufgeteilt wurde. Andere Teile fielen an Polen, Rumänien, Jugoslawien und Italien. Auch Deutschland wurde kleiner. Im Westen kamen Lothringen und das Elsaß wieder an Frankreich, im Osten erhielt Deutschland mit Polen einen neuen Nachbarn, an den es Gebiete abtreten musste. Der östlichste Teil Deutschlands, Ostpreußen, war von nun an nur noch über polnisches Gebiet zu erreichen; die Stadt Danzig wurde ein eigener Staat.

Als weitere Gebietsveränderung in Europa in dieser Zeit ist zu erwähnen, dass im Dezember 1922 nach einem blutigen Bürgerkrieg mit England die Republik Irland selbstständig wurde, während der Norden der Insel bei Großbritannien blieb.

Die Idee, den europäischen Nationen jeweils einen eigenen Staat zuzugestehen, ist an und für sich plausibel. Aber so einfach ist das nicht auf einem Kontinent, in dem die Völker bunt durcheinander leben. Auch die neu geschaffenen Staaten waren nicht ideal. In Polen, in der Tschechoslowakei und im nun italienischen Südtirol lebten beispielsweise viele Deutsche, in Jugoslawien mussten Serben, Kroaten und zahlreiche andere Völker miteinander auskommen. Ähnliche Probleme gab es auch in anderen Ländern. Sie sind zum Teil bis heute nicht gelöst. Während ich dieses Kapitel schreibe (1991), höre ich in den Nachrichten von Bombenanschlägen in Irland und von blutigen Kämpfen zwischen Serben und Kroaten in Jugoslawien und ich fühle mich an die Schüsse von Sarajevo und ihre Vorgeschichte erinnert und frage mich, wann Europa endlich aus seiner Geschichte lernen wird.

Schlechte Zeiten für Europas Kaiser

Europas Länder änderten im Ersten Weltkrieg nicht nur ihre Grenzen, sondern auch ihre Staatsform. Zwei Kaiser und ein Zar hatten ihre Länder in den Krieg geführt. Am Ende dieses Kriegs war die Zeit der europäischen Kaiser vorüber. 1916 starb 86-jährig Kaiser Franz Josef I. von Österreich, nachdem er 68 Jahre lang die Politik Europas mitbestimmt hatte. Sein Nachfolger, Karl I., war der letzte österreichische Kaiser. Er musste im November 1918 auf seine Krone verzichten, etwa zur gleichen Zeit wie Kaiser Wilhelm II. in Deutschland. Österreich und Deutschland wurden Republiken mit gewählten Staatsoberhäuptern. Immerhin überlebten die beiden Exkaiser den Krieg. Wilhelm II. starb 1941 in Holland, Karl I. 1922 auf der portugiesischen Insel Madeira. Ihrem russischen Kollegen, Zar Nikolaus II., ging es schlechter. Er wurde am 16.7.1918 mit seiner gesamten Familie erschossen.

Eine Reise durch Deutschland mit Folgen für Europa

Es gab nur wenige Menschen, die ahnten, welche Folgen für Europa die Ereignisse in Russland in den Jahren 1917 und 1918 haben würden. Der Zar war ein zuverlässiger Bundesgenosse Englands und Frankreichs im Krieg gegen Deutschland und Österreich. Aber das Volk sah nicht ein, wofür so viele Menschen im Krieg fielen und an Hunger starben. Am 12. März 1917 erhoben sich in St. Petersburg Bürger und Soldaten gegen den Zaren und zwangen ihn abzudanken. Auch die neue Regierung fühlte sich allerdings verpflichtet den Krieg gegen Deutschland fortzusetzen.

Da glaubte die deutsche Regierung, eine besonders gute Idee zu haben. Es gab in der Schweiz einen Wladimir Iljitsch Lenin (1870–1924), der wegen seiner politischen Haltung aus dem Russland des Zaren hatte fliehen müssen. Er wollte mit einer kleinen Gruppe von Leuten die Macht in Russland übernehmen, das Privateigentum abschaffen und einen Staat errichten, in dem die Sowjets, das sind die von den Arbeitern gewählten Räte, bestimmten, was zu geschehen hatte. Das waren Ideen, die man in der deutschen Regierung für sehr gefährlich hielt. Aber wenn man Lenin nach Russland ließ, konnte er vielleicht dafür sorgen, dass hier der Krieg nicht fortgesetzt wurde. Also gestattete man ihm und seinen Freunden, in einem Zug Deutschland zu durchqueren, damit er nach Sankt Petersburg zurückkehren konnte. Am 7. November – nach damaligem russischem Kalender am 25. Oktober – setzten sich Lenins Anhänger in der Oktoberrevolution durch. Sie konnten auch den anschließenden blutigen Bürgerkrieg gewinnen. Alle Republiken, die im ehemaligen Zarenreich entstanden waren, schlossen sich am 30.12.1922 zur Union der Sozialistischen Sowjetrepubliken (UdSSR) zusammen.

Die neuen Machthaber waren überzeugt, dass man auf dem Weg in eine bessere Zukunft Opfer bringen musste. Sie glaubten, dass die Ausbeutung der Arbeiter und Bauern aufhören würde, wenn Fabriken, Banken und Ackerland nicht mehr Privatleuten gehörten, sondern allen, und dass es dem Land am besten gehen würde, wenn der Staat bestimmte, was hergestellt werden sollte und dürfte. Da gab es nichts zu diskutieren. Wer sich der Enteignung widersetzte oder es wagte, eine andere Meinung zu haben als die kommunistische Partei und diese auch noch zu äußern, wurde unerbittlich verfolgt. Besonders unter Lenins Nachfolger Stalin (1879–1953) wurden Millionen von Menschen aus allen Kreisen der Bevölkerung verfolgt, verhaftet, in Zwangsarbeitslager verschleppt oder nach Schauprozessen hingerichtet. Was sich »Republik« nannte, war in Wirklichkeit ein Zwangsstaat, in dem die Bürger- und Menschenrechte mit Füßen getreten wurden. Ein Vorbild für ein neues, friedliches europäisches Haus konnte dies nicht sein.

Wehe den Besiegten

Auch in Deutschland gab es eine Revolution. Zwar war die Rechnung aufgegangen, dass Russland unter Lenin aus dem Krieg austreten würde, aber der Krieg war verloren. Der Kaiser dankte im November 1918 ab; Deutschland wurde zum ersten Mal in seiner Geschichte eine Republik. Ihre Verfassung wurde von einer Nationalversammlung in Weimar erarbeitet. Aber die »Weimarer Republik« hatte von Anfang an einen schlechten Stand. Nicht der Kaiser und seine Regierung, die das Land in den Krieg geführt hatten, sondern die neuen, vom Volk gewählten Vertreter mussten 1919 den Friedensvertrag von Versailles unterzeichnen, um weiteres Blutvergießen zu verhindern. Diesen Versailler Vertrag hielten viele Deutsche für ungerecht.

Das kann man verstehen, denn Deutschland musste unterschreiben, dass es allein Schuld am Krieg gehabt habe, und man sollte große, von Deutschen bewohnte Gebiete an Frankreich und Polen abtreten, ohne dass zuvor die Bevölkerung befragt wurde, zu welchem Land sie gehören wollte. Die Siegermächte forderten ungeheure Summen an Kriegsentschädigung. Deutschland sollte nur noch eine Armee von 100.000 Soldaten aufstellen und diese durfte nicht näher als 50 Kilometer ans rechte Rheinufer heranrücken. Die Wogen der Erregung schlugen hoch in Deutschland wegen dieser Bedingungen. Viele Leute glaubten denjenigen, die behaupteten, nur die Revolution hätte verhindert, dass das deutsche Heer doch noch gesiegt hätte.

Die goldenen Zwanziger

Dennoch schien sich Europa fünf Jahre nach dem Ende des Krieges wieder einigermaßen erholt zu haben. Sogar der Frieden schien sicherer zu werden, als sich 1925 in der Schweizer Stadt Locarno Vertreter vieler europäischer Staaten trafen, um eine gerechtere Ordnung für Europa zu finden. Frankreich, Deutschland und Belgien erkannten die nach dem Krieg festgelegten Grenzen zwischen sich endgültig an. Ein erneuter Krieg in Europa schien in weite Ferne gerückt. Das Leben zeigte sich von der schönsten Seite.

Es war nicht mehr das beschauliche und ein wenig langweilige Leben der »guten, alten Zeit«, sondern es bot viel mehr Abwechslung als früher. Immer mehr Leute konnten sich ein Auto leisten und vom eigenen Apparat Tante Brunhilde in Königsberg oder sogar Onkel Jonathan in New York anrufen. Wer ganz auf der Höhe der Zeit war, verfolgte die ersten Rundfunkübertragungen oder erweckte die Stimme des 1921 gestorbenen Enrico Caruso über ein Grammofon zum Leben. Das Kino begann seinen Siegeszug durch Europa, zunächst mit Stumm-, dann ab etwa 1930 auch mit Tonfilmen. Stars wie der Engländer Charlie Chaplin, die Schwedin Greta Garbo oder die Deutsche Marlene Dietrich wurden in ganz Europa bekannt.

Hatte man die neuesten Filme alle gesehen, konnte man sich in einem der großen Tanzpaläste vergnügen und bis zur Erschöpfung Charleston tanzen oder man konnte sich, zumindest in den großen Städten, durch Theater, Kabarett oder Revuen ablenken lassen. Bekannte Werke entstanden in den zwanziger Jahren, die auch heute noch im europäischen Theater zu Hause sind, und wieder waren viele europäische Länder daran beteiligt. Da wurde von dem

Italiener **Luigi Pirandello** das Stück »Sechs Personen suchen einen Autor«, von dem Deutschen **Bertold Brecht** mit der Musik von **Kurt Weill** die »Dreigroschenoper« aufgeführt. Der Ire **George Bernard Shaw** eroberte die Bühnen mit seinem Stück »Die Heilige Johanna«. Der Tscheche **Jaroslav Hasek** erzählte in einem Roman die »Abenteuer des braven Soldaten Schwejk«, der Deutsche **Thomas Mann** schrieb seinen berühmten Roman »Der Zauberberg«, der Ire **James Joyce** verblüffte Europa mit seinem rätselhaften Werk »Ulysses«.

Nicht weniger rätselhaft war die Malerei des Russen **Wassily Kandinsky**, des Schweizers **Paul Klee** oder des Spaniers **Pablo Picasso**. Auch an die neue Musik, wie sie der Österreicher **Alban Berg**, der deutsche **Paul Hindemith** oder der Ungar **Bela Bartok** komponierten, mussten sich europäische Ohren erst gewöhnen, während der berühmte »Bolero« des Franzosen **Maurice Ravel** sicher jedem sofort in die Ohren ging. Wer die ernste Musik nicht liebte, wurde mit Schlagermusik und dem aus Amerika nach Europa importierten Jazz bedient.

Es war eine bunte, bewegte Zeit, diese »goldenen zwanziger Jahre« und vielleicht hätte Europa schon damals eine Chance gehabt, wenn es nicht am 25. Oktober 1929 den Schwarzen Freitag gegeben hätte, an dem an der Börse von New York die Aktienkurse ins Bodenlose stürzten und viele Menschen plötzlich arm wurden. Die amerikanischen Banken forderten das Geld, das sie ausgeliehen hatten, auch aus dem Ausland zurück. So wurde auch in Europa das Geld knapp, es wurde weniger produziert, Millionen von Menschen verloren ihren Arbeitsplatz. Armut und Hunger waren die Folgen.

Die brutalen Dreißiger

Die demokratischen Regierungen in Europa schienen diese Krise nicht meistern zu können. Immer mehr Menschen schenkten denen Glauben, die behaupteten, sie hätten die Lösung für alle Fragen. Das waren auf der einen Seite die Kommunisten, die einen Staat nach sowjetischem Muster haben wollten, auf der anderen Seite diejenigen, die meinten, die Länder brauchten einen starken Führer, der für Recht und Ordnung sorgen könnte. Im alten Rom waren die hohen Beamten von Männern begleitet worden, welche die »fasces« trugen, Bündel von Stöcken mit einem scharfen Beil darin. Nach ihnen benannte sich in Italien die Partei der »Faschisten«. Ihr Führer, Benito Mussolini, wurde schon 1922 Ministerpräsident von Italien und er behielt die Macht in diesem Staat für über zwanzig Jahre. Die Faschisten glaubten an eine starke Regierung. Sie waren gegen Kommunismus, Demokratie und freie Meinungsäußerung. Um ihre Machtposition im Staat zu festigen, schreckten sie nicht davor zurück, ihre Gegner mit Gewalt einzuschüchtern oder sogar zu ermorden.

Das fanden, besonders nach dem Zusammenbruch der Weltwirtschaft, viele Menschen richtig. Sie setzten ihre Hoffnung auf Männer, die versprachen richtig durchzugreifen. In zahlreichen Ländern Europas wie Rumänien, Ungarn, Spanien, Belgien, Frankreich und Großbritannien bildeten sich faschistische Parteien, denen viele Wähler ihre Stimmen gaben. Übrigens auch Wählerinnen, denn im Ersten Weltkrieg und in den Jahren danach hatten auch die Frauen in vielen europäischen Ländern das Stimmrecht erhalten.

Besonders verhängnisvoll war die Entwicklung in Deutschland. Hier liefen die Leute zu Beginn der dreißiger Jahre in

Scharen einem gewissen Adolf Hitler, geboren 1889, zu, dem Vorsitzenden der Nationalsozialistischen Deutschen Arbeiterpartei (NSDAP). Er war ein guter Redner, und wenn er in Wahlversammlungen versprach, er werde mit den Kommunisten und Juden aufräumen, die an allem Unglück schuld seien, und er würde Deutschland wieder groß machen und allen Arbeit geben, dann jubelten ihm die Menschen zu. Bei einer Reichstagswahl im November 1932 erhielt er ungefähr jede dritte Stimme. Das war etwa doppelt so viel wie die Kommunisten auf der anderen Seite erreichten. Gegen die Radikalen auf beiden Seiten hätten die gemäßigten Parteien in der Mitte eine Chance gehabt, wenn sie sich einig gewesen wären. Das waren sie nicht. Am 30. Januar 1933 wurde Adolf Hitler vom Reichspräsidenten zum Kanzler ernannt. Sofort begannen die Sturmabteilung (SA) und die Schutzstaffel (SS), private Polizeitruppen der Nationalsozialisten, alle politischen Gegner einzuschüchtern. Als am 27. Februar 1933 der Reichstag in Berlin in Flammen aufging, behauptete man Kommunisten hätten den Brand gelegt. Um die Ordnung wiederherzustellen, ließ sich Hitler am 23. März 1933 durch den Reichstag dazu ermächtigen, vier Jahre lang ohne Zustimmung des Parlaments zu regieren. Wenige Wochen später waren die Gewerkschaften und außer der NSDAP alle Parteien in Deutschland verboten, viele Kommunisten wurden verhaftet. Hitlers Propagandaminister Joseph Goebbels kontrollierte Presse, Radio und Film. Bücher, die nicht dem neuen Denken entsprachen oder die von jüdischen Schriftstellern stammten, wurden öffentlich verbrannt.

Damals flohen viele der bedeutendsten Künstler, Wissenschaftler und Schriftsteller wie der Physiker Albert Einstein, die Dirigenten Otto Klemperer und Bruno Walter, wie Bertold Brecht und Thomas Mann aus Deutschland in Länder, in denen sie noch frei denken durften und ihres Lebens sicher waren. In Deutschland war das nicht mehr der Fall. Hier wurde den Menschen von Kind auf eingehämmert, was sie zu denken hatten. Allein der Verdacht, dass man nicht voll hinter der nationalsozialistischen Idee stand, reichte, um die Geheime Staatspolizei (Gestapo) auf den Plan zu rufen. Viele Kommunisten, Sozialdemokraten und engagierte Christen wurden ohne Gerichtsurteil in Konzentrationslager gebracht, aus denen sie oft nicht mehr zurückkehrten.

Was bedeuteten »dem Führer« und seinen Nationalsozialisten schon die Menschenrechte, für deren Durchsetzung die Europäer, auch die Deutschen, so lange gekämpft hatten? Ein Recht auf Leben hatte für sie nur, wer der deutschen Herrenrasse angehörte und gesund war. So wurden körperlich und geistig Behinderte in bestimmten Krankenhäusern ermordet, was man mit dem Wort Euthanasie (Gnadentod) umschrieb. Völlig unfassbar ist, was in einem Land, das sich bis dahin mit Recht zu einem der zivilisiertesten Länder Europas zählte, den Juden angetan wurde. »Deutsche, kauft nicht bei Juden!«, hieß es schon unmittelbar nach der nationalsozialistischen Machtergreifung 1933. Im Jahr 1935 wurden alle Juden aus dem Staatsdienst entlassen und Ehen zwischen Juden und Nicht-Juden verboten. In der Nacht vom 9. zum 10. November 1938 gingen überall in Deutschland jüdische Synagogen, Geschäfte und Wohnhäuser in Flammen auf, wurden 26.000 männliche Juden in Konzentrationslager verschleppt. Schwimmbäder, öffentliche Verkehrsbetriebe, Kinos und Schulen blieben von nun an Juden verschlossen. Wehe denen, die nicht spätestens jetzt aus Deutschland auswandern wollten oder konnten. Das folgende Grauen überlebten nur wenige. In Vernichtungslagern starben bis 1945 fast sechs Millionen europäische Juden durch Krankheit, Unterernährung, Folterung, Erschießung oder vor allen Dingen in den Gaskammern, regelrechten Tötungsfabriken. Hier starben auch viele Zigeuner und andere Menschen, die den Nationalsozialisten in die Hände fielen.

Warum nur wenige Leute in Deutschland Widerstand gegen das verbrecherische Tun der Nationalsozialisten leisteten und die meisten zu den Vorgängen geschwiegen haben ist schwer zu entscheiden. Da es keine freie Presse gab, werden viele nicht gewusst haben, was sich in ihrem Land abspielte, andere werden Angst um sich und ihre Familie gehabt, andere bewusst die Augen verschlossen haben. Aber sicher ist, dass wir heutigen Bewohner des europäischen Hauses, die wir von den Gräueltaten wissen, es nie mehr zulassen dürfen, dass Menschen wegen ihrer Herkunft, ihrer Rasse, ihrer Überzeugung oder ihrer Gebrechen verfolgt werden dürfen.

Der totale Krieg

Was die anderen Länder in Europa von seiner Politik dachten, interessierte Hitler wenig. Er war der Meinung, dass man dort um des lieben Friedens willen manches hinnehmen werde. Darin täuschte er sich nicht. Als er entgegen den Bestimmungen des Versailler Vertrages im März 1935 die allgemeine Wehrpflicht in Deutschland wieder einführte, konnte man im Ausland nichts weiter tun, als zu protestieren. Als deutsche Truppen 1938 in Österreich einmarschierten und Hitler den Anschluss Österreichs ans deutsche Reich verkündete, fand man sich unter Protest damit ab. Als Hitler im September 1938 von der Tschechoslowakei das überwiegend von Deutschen bewohnte Sudetenland forderte, wurde ihm dieses im so genannten »Münchner Abkommen« durch die Regierungschefs von Italien, England und Frankreich ausdrücklich zugestanden. Als er im März 1939 auch den Rest der Tschechoslowakei von deutschen Truppen besetzen ließ, nahm man selbst das hin. Erst als am 1. September 1939 die deutsche Wehrmacht in Polen einmarschierte, war die Geduld der europäischen Nachbarn erschöpft. England und Frankreich erklärten Deutschland den Krieg, aus dem binnen weniger Wochen der Zweite Weltkrieg entstehen sollte.

Es wurde ein »totaler Krieg« mit noch viel wirkungsvolleren Massenvernichtungswaffen als im Ersten Weltkrieg. Man nimmt an, dass mindestens 55 Millionen Menschen beim Kampf an der Front, bei Bombenangriffen, auf der Flucht und an anderen Folgen des Krieges starben. Allein die Sowjetunion verlor über 20 Millionen, Polen über sechs Millionen Menschen. In Deutschland lagen zahlreiche Städte in Schutt und Asche. Der Krieg endete 1945 mit der totalen Niederlage Deutschlands. Das Tausendjährige Reich, das Hitler bei seinem Amtsantritt versprochen hatte, hatte gerade zwölf Jahre überdauert. In vielen Städten und Dörfern Deutschlands wurden die siegreichen Engländer, Franzosen, Amerikaner und andere mit ihnen verbündete Armeen als Befreier begrüßt, während im Osten hunderttausende von Menschen vor der heranrückenden Roten Armee Stalins nach Westen flohen. Seit dem Mai 1945 schwiegen die Waffen.

Im nächsten Kapitel wollen wir sehen, ob Europa jetzt endlich die Chance zu einem friedlichen Zusammenleben genutzt hat.

Die lange Mauer des Walter U.

Kein Loch mehr im Eisernen Vorhang

Eigentlich hatte Europa den 13. August 1961 angehen wollen wie jeden anderen Sonntag. Nur wenige Europäer hatten schon frühmorgens ihr Radio eingeschaltet. Wen interessierte schon die Politik mitten in den Ferien?

Auch Ursula Heinemann mochte so früh am Morgen kein Radio hören. Sie lebte in Ostberlin, jenem Teil der großen Stadt, den die Deutsche Demokratische Republik als ihre Hauptstadt ansah und der von russischen Soldaten besetzt war. Sie arbeitete jedoch in Westberlin, wo sich Amerika, Großbritannien und Frankreich die Verantwortung teilten. Sie war Kellnerin in einem Café, das gerade in den Ferien und am Sonntag schon am Morgen von vielen Touristen besucht wurde. Darum musste sie früh aufbrechen.

Manchmal hatten die Kolleginnen im Westen sie schon gefragt, warum sie denn immer wieder nach Hause zurückkehrte. Über zweieinhalb Millionen Menschen waren in den letzten zwölf Jahren aus der DDR geflohen, um Bespitzelung und Bevormundung zu entgehen und ihre wirtschaftliche Lage zu verbessern. Am besten ging das über Berlin, weil man hier in die S-Bahn ein- und an einem Westberliner Bahnhof wieder aussteigen konnte. Vom Flughafen Tegel aus trug ei-

nen dann ein Flugzeug in die Bundesrepublik Deutschland, wo ein freieres Leben und bessere wirtschaftliche Möglichkeiten winkten.
Ursula Heinemann hatte keine Absicht, es ihnen gleichzutun. Sie war zufrieden mit ihrer Arbeitsstelle, aber sie fühlte sich auch wohl in ihrer preiswerten Wohnung in Ostberlin in einem schönen, neuen Wohnblock. Dass man ihr und den anderen gut 50.000 Ostberlinern, die jeden Tag nach Westberlin zur Arbeit fuhren, diesen Weg abschneiden würde, glaubte sie nicht. Hatte nicht der Genosse Walter Ulbricht noch am 15. Juni auf einer Pressekonferenz erklärt: »Niemand hat die Absicht, eine Mauer zu bauen«?
Die Sonne ging gerade auf, als Ursula Heinemann die Bahnhofshalle der S-Bahn erreichte. Energisch wie immer ging sie zum Fahrkartenschalter und legte drei Zehnpfennigstücke hin. Normalerweise nahm die Beamtin hinter der Glasscheibe das Geld ohne jede erkennbare Gefühlsregung und schob die Fahrkarte hinüber. Dieses Mal aber war es anders. Sie schob die Münzen zurück und Ursula schien es, als läge Schadenfreude in ihrer Stimme, als sie sagte: »Nein, nein. Nehmen Sie Ihr Geld zurück. Es ist vorbei mit den Fahrten nach Westberlin.«
Beinahe gleichzeitig hörte Ursula hinter sich eine Gruppe von fünf Polizisten im Gleichschritt durch die Bahnhofshalle marschieren. Sie drehte sich um. Jeder von ihnen trug ein Gewehr mit aufgepflanztem Bajonett. Da hatte sie das Gefühl, man käme, um sie zu verhaften; zu verhaften, weil sie angeblich nach Westberlin fliehen wollte.
Ursula lief und sie hörte nicht auf zu laufen, bis sie den Wohnblock erreichte hatte, wo sie wohnte. Wo war nur ihr Schlüssel? Ob die Hausbewohner noch schliefen oder nicht, war ihr egal. Sie drückte alle Klingelknöpfe auf einmal. Bald melde-

ten sich die ersten verschlafenen Stimmen an der Sprechanlage: »Wer ist da? Was ist los?«

»Sie haben die Grenze geschlossen. Sie haben die Grenze geschlossen«, war ihre hysterische Antwort und sie schrie sie durch das ganze Haus, als jemand den Türöffner betätigt hatte. »Sie haben die Grenze geschlossen«, keuchte sie, als sie die Treppe hinaufeilte.

Schon standen alle Wohnungstüren offen. Auf den Treppenabsätzen und Korridoren hört man lautes Stimmengewirr. Viele konnten die Tränen nicht zurückhalten.

Ursula Heinemann brauchte den ganzen Tag, um sich ein wenig zu beruhigen. Am nächsten Morgen aber beschloss sie sich auf die neue Situation einzustellen. Einkaufen in Westberlin war nun nicht mehr möglich und hier in Ostberlin musste man sich frühzeitig anstellen, wenn man etwas Vernünftiges haben wollte.

Im Milchladen war es voll, aber es herrschte nicht die übliche resignierte Stimmung, in der jeder seinen Gedanken nachhing, sondern ein lautes Gewirr von Stimmen empfing Ursula Heinemann. Niemand, der nicht davon zu berichten gewusst hätte, wo die Baukolonnen angerückt waren, um eine Mauer zu ziehen, wie sich ein Freund gerade noch im Sprung über die neuen Grenzanlagen in die Freiheit gerettet hatte, was der RIAS, der **R**undfunk **I**m **A**merikanischen **S**ektor, über die Entwicklung zu sagen hatte. Da war die weinende Mutter mit ihrem Kind in Westberlin, die nicht mehr hinüberkonnten zur sterbenden Großmutter, da war die Rede von dem frisch getrauten Ostberliner Brautpaar, das den Eltern im Westen nur noch über die Straßensperren hinweg zuwinken konnte. Da hört man von Zigarettenpäckchen, Kaffee und Apfelsinen, die über die noch niedrigen Grenzbefestigungen flogen, und von den Volkspolizisten, von denen die

einen verständnisvoll wegschauten, während andere die Gaben auffingen und einsteckten oder höhnisch lachend zertrampelten.
Eisige und wütende Blicke trafen die fünf Volkspolizisten, die gerade den Laden betraten. Sie waren eben erst vom Lande in die Stadt versetzt worden, weil der Staat den Berliner Polizisten, von denen sich viele in den Westen abgesetzt hatten, nicht mehr traute. Als sie in das Gespräch der Wartenden eingriffen und ihnen den Mund zu verbieten versuchten, nahm eine der Frauen ihre Milchkanne und ließ deren Inhalt über dem Kopf des Polizisten niedergehen. Wenige Sekunden später trieften auch die Uniformen seiner Kollegen, denn die anderen Hausfrauen, deren Milchkannen schon gefüllt waren, schienen nur auf ein Kommando gewartet zu haben. Der geballten Kraft der Berliner Frauen waren die Vopos nicht gewachsen. Sie zogen sich zurück.
Der Vorgang ist von einem Journalisten geschildert worden, dem als Amerikaner der Zugang nach Ostberlin nicht verwehrt werden konnte. Was aus den Frauen wurde, weiß ich nicht. Die Geschichte zeigt, welche Wut gegenüber den Machthabern in Ostberlin damals herrschte. Auch im Westen war man entrüstet. Aber einen Krieg riskieren? Niemand wollte das ernsthaft und insgeheim hatten manche Verständnis für die Absicht der DDR, ihre Bürger daran zu hindern, auch weiterhin mit den Füßen abzustimmen und sich in den Westen abzusetzen.
Aber die meisten im Westen waren erschüttert, als aus Stacheldraht und Straßensperren eine meterhohe Mauer emporwuchs, über die niemand mehr hinüberschauen konnte, ohne auf eine erhöhte Plattform zu steigen. Von dort sah man, wie drüben Häuser niedergerissen wurden und ein breiter Streifen entstand, der für Flüchtlinge nicht mehr zu

überwinden war. Wer es doch versuchte, riskierte von den Grenzbeamten erschossen zu werden. Der Eiserne Vorhang, der zuvor schon Ungarn, die Tschechoslowakei und die DDR von Österreich und der Bundesrepublik Deutschland getrennt hatte, wurde nun auch in Berlin geschlossen. Westberlin war endgültig eine Insel in dem von der Sowjetunion bestimmten Teil Europas, allerdings eine Insel, auf der man selbstbewusst und stolz darauf war, dass man in einer feindlichen Umwelt den Mut nicht verlor. Für diese Haltung wurden die Berliner bewundert und sie konnten mit Stolz darauf verweisen, dass der amerikanische Präsident John F. Kennedy am 26. Juni 1963 bei seinem Besuch in Berlin in einer auf Englisch gehaltenen Rede in deutscher Sprache den berühmten Ausspruch tat: »Ich bin ein Berliner.«
Die Forderung nach der Entfernung der Mauer verstummten nie ganz, auch das Entsetzen über die »Maueropfer«, die einen Fluchtversuch mit dem Leben bezahlten, blieb. Aber über die Jahre lernte man mit der Mauer zu leben und damit zufrieden zu sein, wenn man in zähen Verhandlungen die Besuchsmöglichkeiten von West- nach Ostberlin verbesserte. 25 Jahre nach dem Mauerbau, am 13. August 1986, wagte wohl niemand zu hoffen, dass er noch einmal unbehindert und von beiden Seiten durch das berühmte Brandenburger Tor in Berlin würde schreiten können.

»Das glücklichste Volk der Welt«

Aber dann kam die Nacht vom 9. auf den 10. November 1989. Danach war auf einmal alles anders, nicht nur in Berlin. Dass die Dinge nicht so bleiben konnten, wie sie waren, ahnte man, seitdem der Eiserne Vorhang, der Ost- und

Westeuropa trennte, in Ungarn ein großes Loch bekommen hatte, als im Mai ungarische Soldaten Grenzzäune und Beobachtungstürme an der Grenze zu Österreich abbauten. Tausende von Bürgern der DDR hatten ihr Recht, nach Ungarn zu reisen, dazu ausgenutzt, um über Österreich in die Bundesrepublik Deutschland zu gelangen. Manche flogen von hier nach Westberlin weiter. Ein Umweg von anderthalbtausend Kilometern, um ans andere Ende der gleichen Straße zu kommen. Ganz schön absurd, dieses Europa des Jahres 1989!

Das fanden auch die Menschen, die in der DDR blieben. Am 7. Oktober feierte ihr Staat seinen vierzigsten Geburtstag, den einundvierzigsten erlebte er nicht mehr. Immer mehr Menschen gingen in Leipzig, Ostberlin und anderen Städten der DDR auf die Straße und forderten die Erlaubnis, zu reisen, wohin sie wollten, und freie Wahlen, welche von der herrschenden SED, der Sozialistischen Einheitspartei Deutschlands, über vierzig Jahre lang verhindert worden waren.

Der 77-jährige Erich Honecker musste zurücktreten. Aber auch zu seinem Nachfolger Egon Krenz hatte das Volk wenig Vertrauen, selbst wenn er großzügigere Regelungen für Reisen in den Westen versprach. Zu deutlich hatte man noch im Ohr, wie er es im Juni begrüßt hatte, dass die chinesische Regierung Menschen rücksichtslos hatte zusammenschießen lassen, die in Peking auf dem Platz des Himmlischen Friedens für mehr Demokratie demonstrierten. Weiterhin versammelten sich die Menschen auf den Straßen. Am 4. November in Ostberlin waren es rund eine Million. Was würde passieren?

Dann kam der 9. November. Es war kurz vor 19 Uhr. Im DDR-Fernsehen wurde eine Pressekonferenz übertragen. Was die DDR dagegen tun wolle, dass immer mehr Menschen über Ungarn in den Westen ausreisten, wurde der Sprecher der Regierung gefragt. Dieser antwortete, die Regierung habe doch schon beschlossen, dass ab sofort jeder Bürger der DDR von den Behörden ein Visum erhalten und jederzeit über jeden Grenzübergang zwischen Ost- und Westberlin und zwischen der DDR und der Bundesrepublik ausreisen könne. Es dauerte ein wenig, bis man begriff, was das hieß. Dann aber ging es wie ein Lauffeuer durch die Straßen in Ostberlin: »Wir können in den Westen.« Tausende setzten sich in ihre Autos oder strömten zu Fuß zu den Grenzübergängen und verlangten von den Polizeidienststellen dort die Ausreisestempel. Der Andrang wuchs so beängstigend, dass die Menschen sich gegenseitig zu erdrücken drohten. Da gab um 23.14 Uhr ein Hauptmann den Befehl die Grenze zu öffnen und die Kontrollen einzustellen.

Rund 50.000 Menschen stürmten hinüber. Unbeschreibliche Szenen spielten sich ab. Menschen aus Ost und West, die sich nie zuvor gesehen hatten, fielen sich um den Hals. Tränen flossen, Sektkorken knallten. Junge Leute kletterten auf die Mauer, die fast dreißig Jahre lang Berlin geteilt hatte, und tanzten und sangen auf der Mauerkrone. Auf dem Kurfürstendamm, Westberlins großer Pracht- und Einkaufsstraße, drängten sich die Besucher aus dem Osten. In ganz Deutschland harrten die Menschen vor den Fernsehschirmen aus, um diese historischen Stunden mitzuerleben, über die der Regierende Bürgermeister von Berlin, Walter Momper, am nächsten Tag sagte: »Gestern Nacht war das deutsche Volk das glücklichste Volk auf der Welt.«

Erst früh am Morgen kehrten viele der Besucher aus dem Westen nach Ostberlin zurück. Zu dieser Zeit hatten sich schon lange Schlangen vor den Polizeidienststellen an vielen Orten in der DDR gebildet. Ungeduldig warteten die Menschen auf ihr Visum. Aber mehr als 250 Bewilligungen pro Stunde waren für die Behörden nicht zu schaffen. Da teilte man den Wartenden mit, für Kurzbesuche könnten sie einfach zur Grenze fahren. Hier winkten die Grenzsoldaten die Leute vielfach ohne Kontrolle durch.

Auch Familie Kurowski aus einer kleinen Stadt in Brandenburg hatte die Ereignisse am Fernseher verfolgt. Sollten sie vielleicht auch noch in dieser Nacht ins 50 Kilometer entfernte Berlin fahren? Nein, sie mussten vernünftig bleiben, denn schließlich mussten die Eltern am nächsten Tag zur Arbeit und die Kinder zur Schule.

Heinz Kurowski überlegte am nächsten Morgen kurz, ob er sich in der Firma krankmelden sollte. Aber das konnte er mit seinem Pflichtgefühl nicht vereinbaren. In der Firma aber wurde er zum Chef gerufen. Eine Kollegin war einige Tage zuvor bei einem Arbeitsunfall so schwer verletzt worden, dass sie in die Charité, das berühmte Krankenhaus in Ostberlin, eingeliefert werden musste. Ob Heinz Kurowski ihr nicht im Namen der Belegschaft Genesungswünsche überbringen wollte, fragte der Chef.

Und ob er wollte! Wenige Minuten später saß er in seinem kleinen Trabant und rollte mit achtzig Stundenkilometern über die holprige Autobahn nach Berlin. Je näher er an die Stadtgrenze kam, umso dichter wurde der Verkehr, aber bis zur Charité kam er gut durch, nur um hier zu erfahren, dass er den Krankenbesuch auf fünf Minuten beschränken müsse. Dafür die lange Fahrt? Aber Heinz Kurowski war nicht böse. Er wollte die gewonnene Zeit ausnutzen, um wenigstens einmal zu schauen, wie es an der Grenze aussah.

Es war, als ob alle Trabants und Wartburgs nur ein Ziel hätten. Heinz Kurowski brauchte sich nur in die Schlange einzureihen, die sich langsam fortbewegte. Dann ging nichts mehr. Der Verkehr stand. Bis zum Kontrollpunkt waren es bestimmt noch zwei Kilometer. Zurück konnte er aber auch nicht. Hoffentlich würde das keinen Ärger in der Firma geben! Plötzlich ertönte hinter ihnen eine Polizeisirene. Die in der Schlange wartenden Fahrzeuge fuhren, so gut es ging, zur Seite und machten die Straße in der Mitte frei. Heinz Kurowski vergaß seine guten Manieren. Als der Rettungswagen mit Blaulicht an ihm vorbeibrauste, scherte er aus und nutzte die entstandene Gasse, um voranzukommen. Schon war der Kontrollturm an der Grenze in Sicht. Da rechts war eine Seitenstraße. Schnell den Blinker gesetzt und die kleine Lücke in der Schlange genutzt! Dann fuhr auch noch ein Lieferwagen aus einer Parklücke heraus. Ehe ihm jemand zuvorkommen konnte, hatte Heinz Kurowski seinen Wagen abgestellt. In der Firma würde er, ohne lügen zu müssen, behaupten können, dass er in einen langen Stau geraten war, aber jetzt wollte er die Gelegenheit nutzen.

Zu Fuß ging er zum Kontrollpunkt, zu Fuß durch die Grenzsperren. Die Polizisten hatten es schon längst aufgegeben, Ausweise zu kontrollieren. Dann war er im Westen, zum ersten Mal in seinem nun vierzigjährigen Leben. Er quetschte sich in einen Bus der Berliner Verkehrsbetriebe. Niemand fragte nach einer Fahrkarte. In der Menschenmenge auf dem Kurfürstendamm sah man nicht viel. Aber allein die Möglichkeit, hier zu sein, schien ihm wie ein Traum. Dann sah er das Fernsehteam des Senders Freies Berlin, das Passanten befragte, was sie an diesem Tage fühlten. Ein Reporter mit einem Mikrofon kam direkt auf ihn zu. Heinz Kurowski bereute zwar nicht, dass er hierher gekommen war, aber die Kollegen und der Chef brauchten nicht unbedingt am Abend aus dem Fernsehen zu erfahren, wo er den Tag verbracht hatte. Er hatte auch genug gesehen. Ehe ihn der

Reporter erreichte, machte er sich auf den Weg zurück durch die Grenzsperren, die ihren Schrecken verloren hatten, zurück zu seinem Wagen, zurück nach Hause. Er hat mir die Geschichte so erzählt, wie sie hier wiedergegeben ist. Nur sein Name ist verändert.

Er war einer von drei Millionen Bürgern der DDR, die in den ersten Tagen nach der Öffnung der Mauer die Gelegenheit zu einem Besuch in Westberlin oder in der Bundesrepublik Deutschland nutzten. Was in Ungarn begonnen hatte, war endgültig für jeden sichtbar: Der Eiserne Vorhang, der West- und Osteuropa für über vierzig Jahre lang getrennt hatte, existierte nicht mehr. Seit dem 9. November 1989 hat Europa die Chance, zu einem Haus zusammenzuwachsen.

VIELE LÄNDER – EIN EUROPA

Die Stunde null

Als im Mai 1945 der Zweite Weltkrieg in Europa endete, war Europa fast wieder da, wo dieses Buch begonnen hat: in den Höhlen. In vielen Städten stand kaum noch ein Stein auf dem anderen. Zwar jubelten die Menschen in England, Frankreich, der Sowjetunion und bei den anderen Verbündeten, die den Krieg gewonnen hatten, über den Sieg und auch in Deutschland war man froh, dass die Bombenangriffe und die Nazi-Herrschaft ein Ende hatten, aber die Sorgen waren größer. Auch die Sieger hatten im Krieg viele Menschen verloren, die Sowjetunion über 20 Millionen, in ganz Europa herrschten Hunger und Not. Deutschland insgesamt war in vier Abschnitte, so genannte Zonen geteilt. Der östliche Teil war von der Sowjetunion besetzt, der westliche im Norden von den Briten, in der Mitte von Amerika und im Westen von Frankreich. Auch in der von der russischen Zone umgebenen Hauptstadt Berlin verwaltete jede der vier Siegermächte je einen Teil, einen so genannten Sektor.

Millionen von Menschen waren auf der Flucht. Viele Deutsche hatten schon in den letzten Monaten des Krieges versucht, vor den vorrückenden sowjetischen Armeen nach Westen zu entkommen, weil man sich von den Westmächten eine bessere Behandlung versprach. Jetzt kamen Millionen dazu, die aus Ostpreußen, Schlesien und Pommern vertrieben wurden. Die Sowjetunion hatte nämlich das deutsche Gebiet um Königsberg ihrem eigenen Staatsgebiet zugeschlagen und das deutsche Gebiet östlich von Oder und Neiße unter die Verwaltung der Republik Polen gestellt, während sie selbst im Osten Polens Gebiete für sich beanspruchte. Von dort wurden polnische Familien nach Westen umgesiedelt in Gebiete, aus denen zuvor deutsche Familien zwangsweise ausgesiedelt worden waren. Auch aus der Tschechoslowakei und aus den südosteuropäischen Staaten wurden zahlreiche Deutsche, deren Familien zum Teil jahrhundertelang hier ihre Heimat gehabt hatten, vertrieben und strömten in die vier Besatzungszonen, aus denen sich die DDR und die Bundesrepublik Deutschland entwickeln sollten.

Ein Eiserner Vorhang zwischen West- und Osteuropa

Schon bald zeigte sich, dass die Gegensätze zwischen der Sowjetunion, wo die kommunistische Partei unter Stalin herrschte, und den drei Westmächten unüberwindlich waren, nachdem der gemeinsame Feind, Nazi-Deutschland, besiegt war. An eine europäische Friedenskonferenz, auf der alle Fragen hätten besprochen werden können, war wieder nicht zu denken. Europa zerfiel in zwei Blöcke. Im Osten übernahmen mit Ausnahme von Griechenland im Süden und Finnland im Norden kommunistische Parteien die Macht, nicht weil sie in Wahlen eine Mehrheit gewannen, sondern weil die »Rote Armee« der Sowjetunion jeden Widerstand im Keim erstickte. Auch der östliche Teil Deutschlands, soweit er nicht ohnehin unter russischer und polnischer Verwaltung stand, wurde 1949 zu einem kommunistisch regierten Staat, der »Deutschen Demokratischen Republik« (DDR). Die kommunistischen Parteien empfingen ihre Anweisungen aus Moskau. Lediglich Jugoslawien bewahrte eine gewisse Selbstständigkeit. In all diesen Ländern durften die Menschen nicht offen ihre Meinung äußern. Zeitungen, Radio und Fernsehen wurden kontrolliert. Die Geheimpolizei sorgte dafür, dass Regimekritiker aufgespürt und eingesperrt, wenn nicht sogar umgebracht wurden.

Das alles geschah angeblich, um das Zusammenleben der Menschen besser und gerechter zu gestalten.
Europa im Ganzen und Deutschland speziell waren von nun an geteilt, durch einen Eisernen Vorhang. So bezeichnet man in einem Theater den Schutzvorhang zwischen Zuschauerraum und Bühne, den man bei Feuergefahr hinunterlässt, um ein Übergreifen der Flammen zu verhindern. Aber der Begriff des Eisernen Vorhangs in Europa war nicht nur bildlich zu verstehen. Dieser Vorhang war wirklich eisern. Er bestand aus Stacheldraht, Zäunen, Wachttürmen und Todesstreifen, die jede Flucht in den Westen unmöglich machen sollten. Die Berliner Mauer, die seit 1961 gebaut wurde, verschloss das letzte Schlupfloch.
Mutige Versuche der Bevölkerung, sich gegen die Herrschenden zur Wehr zu setzen, wurden brutal unterdrückt, so 1953 in der DDR, 1956 in Ungarn, 1968 in der Tschechoslowakei und mehrfach in Polen. Daran, dass die Sowjetunion den Esten, Letten und Litauern, die vor dem Zweiten Weltkrieg noch in eigenen Staaten lebten, ihre Selbstständigkeit zurückgegeben hätte, war ohnehin nicht zu denken.
Im Westen glaubte man, dass man sich vor einer weiteren Ausdehnung des Kommunismus nur durch militärische Stärke schützen könnte. Die USA, Kanada und viele westeuropäische Staaten schlossen sich 1949 zur NATO, der nordatlantischen Verteidigungsgemeinschaft, zusammen, der 1955 auch die Bundesrepublik Deutschland beitrat. Der Osten antwortete mit der Gründung des »Warschauer Pakts«, dem neben der Sowjetunion Albanien, Bulgarien, Rumänien, Ungarn, die Tschechoslowakei und die DDR angehörten. Andere europäische Länder, so die Schweiz, Österreich, Jugoslawien, Schweden, Irland, Spanien und Finnland schlossen sich keinem der beiden Bündnisse an.

Man rüstete auf, vor allem mit den neuen, schrecklichen Atomwaffen. Jede Seite versuchte die andere zu übertreffen, beide hatten Angst voreinander, und das verhinderte möglicherweise einen Krieg. Das gegenseitige Misstrauen war aber so groß, dass man von einem »Kalten Krieg« sprach. Auch wenn seit den sechziger Jahren unseres Jahrhunderts Ost und West wieder mehr miteinander sprachen, glaubte noch 1985 wohl niemand in Europa, dass der Eiserne Vorhang in Europa bald ausgedient haben würde.

Im Westen was Neues

Auf der westlichen Seite des Eisernen Vorhangs allerdings bekam Europa endlich eine Chance. Am 7. Mai 1948 trafen sich 750 Delegierte aus vielen europäischen Ländern in Den Haag zu einem Europa-Kongress, den Winston Churchill eröffnete, der während des Zweiten Weltkriegs englischer Premierminister gewesen war. Wenn Europa neben den Vereinigten Staaten von Amerika und der Sowjetunion in der Weltpolitik noch mitreden wolle, sagte er, müsse es sich zusammenschließen.

Der Europa-Gedanke fand viele Anhänger; allerdings waren die einzelnen Staaten nicht bereit Macht an ein europäisches Parlament abzutreten. Am 5. Mai 1949 unterzeichneten Belgien, Dänemark, Frankreich, Großbritannien, Irland, Italien, Luxemburg, die Niederlande, Norwegen und Schweden in London den Vertrag, mit dem der Europarat gegründet wurde. Er besteht heute noch und hat seinen Sitz in Straßburg. Heute gehören ihm fast alle europäischen Länder an.

Viel Macht hat er nicht, aber immerhin treffen sich die Außenminister der Mitgliedsländer regelmäßig. Es gibt auch eine beratende Versammlung, in welche die Parlamente der einzelnen Mitgliedsstaaten Vertreter entsenden. Jedes Land, das dem Europarat angehören will, muss sich verpflichten die Menschenrechte und Grundfreiheiten zu wahren und jeder Bürger der Mitgliedsstaaten, der sich in diesen Rechten verletzt fühlt, kann die Europäische Kommission und den Europäischen Gerichtshof für Menschenrechte anrufen.

Politisch allerdings wurden andere Zusammenschlüsse europäischer Staaten bedeutender. Im Herbst 1949 wurde in den drei Westzonen die Bundesrepublik Deutschland gegründet. Ihr erster Kanzler wurde Konrad Adenauer, ein großer Anhänger des Europa-Gedankens. Am Anfang jeder Einigung Europas musste, davon war er überzeugt, die Aussöhnung zwischen Deutschland und Frankreich stehen, den beiden Nachbarn, die im Laufe von weniger als einem Jahrhundert drei verheerende Kriege gegeneinander geführt hatten.

Genau das war auch der Gedanke, der den französischen Außenminister Robert Schumann leitete, als er am 9. Mai 1950 einen Aufsehen erregenden Vorschlag machte. Um Kriege zu führen, meinte er, braucht man Waffen aus Stahl. Um Stahl herzustellen, braucht man Eisen und Kohle. Schumann schlug vor, man sollte die deutsche und französische Kohle- und Stahlindustrie – man spricht auch von der Montanindustrie – von einer gemeinsamen Behörde beider Länder überwachen lassen und dafür sorgen, dass deutsche Erzeugnisse ungehindert nach Frankreich und französische nach Deutschland gelangen könnten. Dann wäre keines der beiden Länder mehr in der Lage, unabhängig vom anderen eine Rüstungsindustrie aufzubauen. So müsste sich ein für alle Male ein neuer Krieg zwischen ihnen verhindern lassen.

Der Schumann-Plan stieß nicht nur in Frankreich und Deutschland auf Interesse. Schon ein Jahr später, am 18. April 1951, schlossen sich diese beiden Ländern mit Italien und Belgien, den Niederlanden und Luxemburg zur so genannten Montanunion zusammen. Diese sechs Staaten waren es auch, die am 25. März 1957 in Rom die Europäische Wirtschaftsgemeinschaft (EWG) und die Europäische Atombehörde (EURATOM) gründeten. Ihr Ziel war es, untereinander alle Zollschranken abzubauen, gemeinsam die friedliche Nutzung der Atomenergie voranzutreiben und schließlich zu einer gemeinsamen Politik in allen Bereichen zu kommen.

Anderen Ländern in Europa ging das zu weit. Sie wollten sich nicht von außen in ihre Politik hineinreden lassen. Aber auch sie waren dafür, dass man Handel treiben konnte, ohne dass an jeder Grenze Zölle zu bezahlen waren. Dänemark, Großbritannien, Norwegen, Österreich, Portugal, Schweden und die Schweiz gründeten daher 1960 die Europäische Freihandelsgemeinschaft EFTA (European Free Trade Association).

Die drei Gemeinschaften der »Sechs«, seit 1967 zur Europäischen Gemeinschaft (EG), heute Europäische Union (EU) vereinigt, erwiesen sich als erfolgreicher. 1973 traten Dänemark, Großbritannien und Irland, 1981 Griechenland und 1986 Portugal und Spanien bei. In den neunziger Jahren des 20. Jahrhunderts kamen mit Österreich, Schweden und Finnland weitere Staaten hinzu. Weitere Beitrittsanträge aus Polen, den baltischen Staaten, Ungarn, Tschechien und den Balkanstaaten liegen zu dem Zeitpunkt, da diese Auflage des Buches vorbereitet wird (August 2002), auf dem Tisch. Die Türkei hat, um die Voraussetzungen für eine Aufnahme in die EU zu schaffen, gerade die Todesstrafe abgeschafft. Durch ein Abkommen, das in Schengen (Luxemburg) getroffen wurde, sind inzwischen alle Grenzkontrol-

len entfallen und an die Außengrenzen der EU verlegt worden.
Jedes Land wird selbstständig bleiben, aber wichtige Entscheidungen werden schon jetzt und werden in Zukunft immer mehr von europäischen Einrichtungen getroffen. Das sind die Kommission der Gemeinschaft in Brüssel, in die alle Mitgliedsstaaten Beamte entsenden, der Rat der Europäischen Regierungschefs oder ihrer Fachminister, der sich jeweils in dem Land trifft, das für ein halbes Jahr den Vorsitz in der Gemeinschaft führt, und das Europäische Parlament, das in Straßburg tagt. Seine Mitglieder werden seit 1979 alle fünf Jahre bei Europawahlen direkt von der Bevölkerung gewählt. Außerdem gibt es noch einen Europäischen Gerichtshof in Luxemburg, der dafür sorgt, dass das europäische Recht in der ganzen Gemeinschaft in gleicher Weise ausgelegt wird, und einen europäischen Rechnungshof, der darauf achtet, dass mit dem Geld der Gemeinschaft sparsam umgegangen wird.
Viele Probleme sind noch nicht ideal gelöst in der Europäischen Gemeinschaft. Je mehr Staaten dazukommen, umso schwieriger wird es, alle Interessen zu berücksichtigen. Aber es wird immer deutlicher, dass weder Wirtschaft noch Wetter sich um Staatsgrenzen scheren. Es wird wohl noch lange dauern, bis aus der Europäischen Gemeinschaft ein vereintes Europa mit einer Regierung und einem Parlament wird, das wirklich etwas zu sagen hat. Aber auf dem Wege dahin scheinen wir zu sein, seitdem wir in vielen Mitgliedsstaaten der EU seit dem 1. Januar 2002 mit dem gleichen Geld bezahlen können und wir immer häufiger Euro-Münzen in der Hand halten, deren Symbole uns politische, historische oder kulturelle Gegebenheiten eines anderen Landes schauen oder erfühlen lassen. Auch zahlreiche Begegnungen zwi-

schen Jugendlichen aus verschiedenen europäischen Ländern tragen dazu bei, dass immer mehr Menschen es nicht mehr für so wichtig halten, welche Staatsangehörigkeit sie haben, sondern sich als Menschen fühlen, die zwar Deutsch, Französisch, Polnisch, Griechisch . . . sprechen, sich aber als deutsche, französische, polnische, griechische . . . Europäer empfinden.

Ein buntes, vielfältiges Europa

Die Geschichte der europäischen Gemeinschaften ist wichtig, aber wir haben gesehen, dass Europa in seiner langen Geschichte nicht wegen, sondern trotz der Politik seiner Regierungen als Gedanke in den Köpfen der Menschen lebendig war. Kunst, Literatur und Musik, Entdeckungen und Erfindungen, aber auch gemeinsame Probleme wie Seuchen und Armut oder der Kampf um Mitbestimmung machten vor Ländergrenzen nicht Halt. Das war auch in den über fünfzig Jahren, die in diesem Kapitel behandelt werden, nicht anders. Nie zuvor in der Geschichte Europas hat es wohl ein halbes Jahrhundert gegeben, in dem sich das Leben so verändert hat wie in der Zeit seit dem Ende des Zweiten Weltkriegs.

Im Jahr 1945 besaßen nur wenige Leute ein kleines Fernsehgerät mit schwarz-weißem Bild, auf dem man ein Programm empfangen konnte, heute gehört das Farbfernsehgerät, mit dem man über Kabel oder Satellit zwischen mehr als zwanzig Sendern wählen kann, zur Grundaustattung fast jeden Haushalts. Das Gleiche gilt für das Telefon und den Kühlschrank, um nur zwei Geräte zu nennen, die zwar schon zuvor erfunden waren, aber erst nach 1945 eigentlich ihren Siegeszug antraten und als Tiefkühltruhe oder Handy die Erfinder erstaunen lassen würden.

Europa ist in diesen Jahren auch viel beweglicher geworden. Die Zahl der Autos ist so hoch wie nie, viele Leute können es sich leisten, im Urlaub in fremde Länder zu fliegen, Expresszüge verkürzen die Fahrtzeiten zwischen den großen Städten Europas, Computer, die immer kleiner und dabei immer schneller werden und mit immer mehr Daten arbeiten können, verändern unser tägliches Leben. Das Internet erlaubt zu jeder Tageszeit einen Gedankenaustausch zwischen dem Nordkap und Gibraltar, zwischen Dublin und Sofia.

Auch die Bevölkerung hat sich verändert. Zahlreiche Familien vor allem aus Afrika und Asien sind in europäische Länder gezogen. Sie kamen aus den früheren Kolonien dieser Länder, die mittlerweile fast alle selbstständige Staaten sind. Aber auch nach Deutschland, das schon seit 1919 keine Kolonien mehr besaß, kamen viele Ausländer, zum Beispiel Türken, als hier Arbeitskräfte gebraucht wurden. In den letzten Jahren fliehen auch immer mehr Menschen in die in ihren Augen friedlichen und reichen Länder Europas, weil sie in ihrer Heimat politisch verfolgt werden, weil dort Krieg herrscht, oft vielleicht auch, weil sie in ihren eigenen Ländern keine Möglichkeit haben, sich und ihre Familien ordentlich zu ernähren. All diese Menschen bringen ihre eigenen Sitten und ihre eigene Kultur mit nach Europa, sodass hier das Leben bunter wird, als es je war. Ob man nun chinesisch oder indonesisch, türkisch oder ägyptisch essen will, in fast jeder europäischen Großstadt hat man reichlich Auswahl, von italienischer Pizza oder spanischer Paella ganz zu schweigen. Europäische Ohren gewöhnen sich auch in der Pop-Musik an exotische Klänge. Auf den Straßen sieht man Turbane, Kopftücher und Saris. Neben christlichen Kirchen entstehen muslimische Moscheen oder

buddhistische Tempel. So bunt und vielfältig wie heute war Europa noch nie.
Das gilt auch für Musik, Kunst und Literatur, die allerdings, darin der Wirtschaft vergleichbar, schon so »global« geworden sind, dass man sie kaum noch auf den Erdteil Europa beschränken kann. Ohne genaue Kenntnis kann man kaum entscheiden, ob etwas in New York oder Rom, in Hollywood oder London entstanden ist.
Was sind nun die großen kulturellen Leistungen Europas der Nachkriegszeit? Das ist für mich, die ich kurz vor Ende des Zweiten Weltkriegs geboren bin, schwer zu entscheiden, denn ich kann es ja noch nicht aus der Distanz der Geschichte beurteilen, sondern es ist Teil meines eigenen Lebens.
Die englische Popgruppe der **Beatles** verdient sicher einen Platz in der Ruhmeshalle europäischer Kultur. Die Eltern meiner Generation sahen das damals allerdings anders. Für sie war die Musik der Beatles Gekreische und den Haarschnitt dieser jungen Männer empfanden sie als provozierend. Heute spielen selbst große Orchester Songs wie das berühmte Lied »Yesterday« und niemand nimmt mehr Anstoß daran. In der zweiten Hälfte des 20. Jahrhunderts trat auch das Musical von »My Fair Lady« bis »Starlight Express«, von »West Side Story« über »Cats« bis »Grease« seinen Siegeszug an und findet auch heute noch Zuhörer. Immer noch eine Minderheit fühlt sich von der »modernen Musik« eines Komponisten wie des Deutschen **Karl-Heinz Stockhausen** (geboren 1928) angesprochen. Aber heute kann ja jeder seinem eigenen Musikgeschmack nachgeben. »CD« oder »DVD« heißen gegenwärtig die Zauberwörter, die es ermöglichen, Europas ganze musikalische Vergangenheit und Gegenwart jederzeit in einer Klangqualität hörbar zu ma-

chen, von der ein Mozart oder ein Beethoven nur geträumt hätten, und die Entwicklung geht weiter.
In der Malerei ist auch in dieser Epoche der Spanier **Pablo Picasso** zu nennen, der am 8. April 1973 im Alter von 91 Jahren gestorben ist. Andere große Künstler, die schon vor dem Krieg berühmt waren, aber auch noch die Nachkriegszeit in Europa bestimmten, waren der Spanier **Salvador Dalí** (1904–1989), der Österreicher **Oskar Kokoschka** (1886–1980) und der Franzose **George Braque** (1882–1963). Sie und manche andere fehlen in keinem größeren europäischen Museum moderner Malerei. Auch sie haben geholfen das europäische Haus interessanter und farbiger zu machen. An ihre Bilder, die zunächst für viele Menschen unverständlich waren, haben wir uns gewöhnt. Neuere Kunstformen stoßen oft noch auf Ablehnung. Aber wo wäre Europa heute, wenn die Künstler immer nur das geschaffen hätten, was der Mehrzahl ihrer Zeitgenossen ohne größere Diskussion gefiel?
In der Literatur hat jemand, der grundsätzlich nur die Werke von Nobelpreisträgern lesen will, die Auswahl unter Schriftstellern und Dichtern aus fast jedem europäischen Land. In den Jahrzehnten nach dem Ende des Weltkriegs gibt es Preisträger aus Bulgarien, Deutschland, Frankreich, Griechenland, Großbritannien, Irland, Island, Italien, Polen, Russland, Spanien und Schweden. Die Liste ist bestimmt nicht vollständig. Es wäre ungerecht, wenn man hier einzelne Namen hervorheben würde. Darum lasse ich es lieber ganz bleiben. Aber erwähnen möchte ich doch, dass ich es für angemessen halten würde, auch einen Nobelpreis für Kinder- und Jugendliteratur zu vergeben. Und da mir Autorinnen besonders am Herzen liegen, meine ich, dass diesen Preis (neben vielen anderen) verdient hätten die Engländerin **J. K. Rowling**, deren Harry Potter auf der ganzen Welt

bekannt ist, und vor allem die Schwedin **Astrid Lindgren** (1907–2002), der Europa die wunderbare Figur der Pippi Langstrumpf verdankt. Auch sie haben geholfen das bunte und vielfältige Europa zu schaffen, das keine Grenzen kennt.

Ein bedrohtes Europa

Allerdings kennen auch viele Probleme keine Grenzen. Als 1987 das Kernkraftwerk von Tschernobyl in der Ukraine explodierte, verbreiteten sich die gefährlichen radioaktiven Wolken über tausende von Kilometern. Auch fünfzehn Jahre später sind in manchen Gegenden die Pilze noch immer strahlenbelastet. Abgase aus Autos, Industrieschornsteinen und Heizungsanlagen vergiften die Luft und lassen Bäume sterben, Schädlingsbekämpfungs- und Düngemittel und Abwässer aus Haushalten und Fabriken belasten Bäche, Flüsse und Seen. Orkane, Unwetter und Hochwässer deuten darauf hin, dass sich das Klima der Welt durch unser Verhalten verändert. Die Probleme der Abfallverwertung und -beseitigung sind immer noch nicht zufrieden stellend gelöst. Eine Krankheit wie AIDS breitet sich aus, ohne dass die Ärzte bisher ein wirksames Gegenmittel hätten.

Die Schäden sind sichtbar. Auch wenn »Umweltpolitik« heute ernst genommen wird, werden die Europäer mit den Folgen für lange Zeit oder für immer leben müssen. Aber ein vereintes Europa bietet eine Chance, wirksamer gegen die Ursachen anzugehen und in ganz Europa die gleichen strengen Umweltvorschriften einzuführen. Es wäre schön, wenn wir auf diese Weise ein gemeinsames europäisches Haus schaffen könnten, in dem es Spaß macht, zu leben, und in dem auch Tiere und Pflanzen zu ihrem Recht kommen.

Manchmal machen Männer Geschichte

Als ich Anfang 1989 den Plan für dieses Buch entwarf, wollte ich an dieser Stelle mit dem Wunsch zu Ende kommen, dass auch die Trennung zwischen Ost- und Westeuropa eines Tages aufgehoben würde. Die Ereignisse haben mich überrollt. In der Sowjetunion übernahm 1985 Michail Gorbatschow die Macht. Da ahnte noch niemand, was sich in den nächsten fünf Jahren ereignen würde. Nur wenig war über ihn bekannt. Auch als er mit zwei Schlagworten, »Glasnost« und »Perestroika«, an die Öffentlichkeit trat, war man skeptisch. Aber er meinte es ernst. »Glasnost« bedeutete eine offene Diskussion über Missstände im Land, »Perestroika«, dass Wirtschaft und Gesellschaft völlig umgestaltet werden sollten.

Um dem Land die riesigen Rüstungsausgaben zu ersparen, brachte Gorbatschow die Abrüstungsverhandlungen mit den USA und der NATO voran. Er zog die sowjetischen Truppen aus Afghanistan ab, wo sie im Dezember 1979 einmarschiert waren. Er gestand den europäischen Ostblockstaaten zu, dass sie ihre Angelegenheiten selber regeln konnten. All das führte dazu, dass er der erste sowjetische Führer seit Lenin war, dem die westlichen Staaten vertrauten. Bei Besuchen in westlichen Staaten, besonders in der Bundesrepublik Deutschland, wurde er begeistert gefeiert. Er war es, der das Bild von dem europäischen Haus prägte, in dem west- und osteuropäische Staaten gemeinsam unter einem Dach leben könnten.

Dann kam das Jahr 1989. Die Sowjetunion griff nicht ein, als in Polen erstmals Parlamentswahlen stattfanden, deren Ergebnis nicht vorab durch die kommunistische Partei festgelegt war, als Ungarn die Grenzsperren zu Österreich abbaute, als in Berlin die Mauer geöffnet, als in Bulgarien der Chef der kommunistischen Partei Todor Schiwkow gestürzt, als in der Tschechoslowakei eine Regierung gebildet wurde, in der die Kommunisten in der Minderheit waren, als in Rumänien der Diktator Nicolae Ceausescu hingerichtet wurde. Sie ließ es zu, dass am 3. Oktober 1991 die Deutsche Demokratische Republik dem Grundgesetz der Bundesrepublik Deutschland beitrat und Deutschland wiedervereinigt wurde. Das östliche Militärbündnis, der Warschauer Pakt, existiert seit dem Jahre 1991 nicht mehr; die sowjetischen Truppen wurden aus den ehemaligen Ostblockstaaten zurückgezogen.

Auch die Sowjetunion selbst blieb nicht unverändert. Viele der in ihr zusammengeschlossenen Republiken pochten auf ihre Selbstständigkeit, besonders die drei baltischen Staaten, die im Zweiten Weltkrieg besetzt worden waren. Auch die größte der Republiken, Russland, mit dem frei gewählten Präsidenten Boris Jelzin war nicht mehr bereit Befehle von der übermächtigen Zentrale der Kommunistischen Partei der Sowjetunion entgegenzunehmen. Die Welt hielt den Atem an, als Ende August 1991 Anhänger des alten Systems versuchten den sowjetischen Präsidenten Gorbatschow und den russischen Präsidenten Jelzin zu entmachten. Der Putsch brach zusammen, weil Jelzin energisch Widerstand leistete und tausende von Menschen für ihn auf die Straße gingen. Damit hörte die über siebzigjährige Herrschaft der kommunistischen Partei auf. Seitdem heißt die Stadt an der Ostsee, die Peter der Große als Hauptstadt anlegen ließ, wieder Sankt Petersburg und nicht mehr Leningrad; seitdem gibt es in Europa auf dem Boden der früheren Sowjetunion und des früheren Jugoslawien zahlreiche neue Staaten. Auch die beiden in der Tschechoslowakei zusammengeschlossenen Länder haben sich getrennt.

Wer weiß, ob damit die staatliche Ordnung in Europa endgültig ist. Die Lage auf dem Balkan scheint sich (Mitte 2002) zu normalisieren. Ob sich Staaten wie die Ukraine oder Weißrussland irgendwann wieder mit Russland zusammentun werden, ist kaum vorherzusagen. Auch über das Schicksal des heute russischen Gebiets um Kaliningrad (früher: Königsberg, Ostpreußen), das nun ohne direkten Zugang zur russischen Republik zwischen den (demnächst) EU-Staaten Polen und Litauen liegt, werden sicher noch einmal Diskussionen aufkommen.

Aber auch im westlichen Teil Europas gibt es stellenweise Unzufriedenheit mit der staatlichen Ordnung. Mit Mord und Terror versuchen Extremisten vor allem im Baskenland und in Irland eine staatliche Neuordnung zu erzwingen. Über die Ziele könnte man reden, die angewendeten Mittel sind abscheulich, durch nichts zu rechtfertigen und Europas nicht würdig.

Die Einigkeit hierüber sollte uns alle noch mehr anspornen, ein vereintes Europa von Russland bis zum Atlantik, von Finnland bis nach Sizilien zu schaffen, in dem Grenzen nur noch aus der Geschichte bekannt sind. Die großen Veränderungen der Jahre 1989 bis 1991 lassen hoffen, dass sich die Vernunft in Europa doch noch durchsetzt. Dieses Buch begann, als Europa fast am Ende war. Ich wünsche mir, dass es endet, wenn Europa am Anfang einer friedlichen Zukunft steht.

Geld für Europa

Auf dem Papier muss es stimmen

Zeitalter und Stile Europas«. Unter diesem Motto waren europäische Designer 1996 in einem Wettbewerb aufgerufen die Euro-Banknoten zu entwerfen. Die Abbildung historischer Persönlichkeiten war verboten, weil man fürchtete, das eine oder andere der Euroländer könnte sich zurückgesetzt fühlen. Sieger des Wettbewerbs wurde der Österreicher Robert Kalina. Er verfremdete auch die Bauten mit Hilfe eines Computerprogramms so, dass man zwar ahnen kann, welches konkrete Bauwerk Pate gestanden hat, aber keine der Abbildungen mit der Realität übereinstimmt. Allerdings befragte er vorsichtshalber, bevor er seine Entwürfe freigab, Baustatiker. Er wollte sich nicht nachsagen lassen, seine *Kunst*werke würden, wenn sie jemand in der Realität bauen würde, sofort in sich zusammenstürzen.

Der Euro juckt ihn nicht

Mit besonderer Freude sah ein junger Bankkassierer aus Nordrhein-Westfalen der Einführung des Euros entgegen. Lange hatten die Ärzte versucht die Ursache für immer wieder auftretende heftig juckende Ekzeme an seinen Händen zu finden. Schließlich kam jemand auf die Idee, ihm verschiedene Geldscheine auf die Haut zu kleben. Und siehe da, die blauen Zehn- und die grünen Zwanzigmarkscheine riefen keine Reaktion hervor, wohl aber die bräunlich roten Fünfzigmarkscheine. Eine Untersuchung, ob die ebenfalls bräunlichen Zweihundert- und Tausendmarkscheine auch Allergien auslösten, unterblieb aus Kostengründen und weil die Ärzte erwarteten, dass die Beschwerden mit Einführung des Euros völlig verschwinden würden.

Der Euro – ein gefundenes Fressen

Von den 16.000 Euros, die ein Österreicher dort versteckt hatte, wo er zuvor immer seine Schilling-Noten aufbewahrt hatte, sah er nichts wieder. Die Mäuse hatten seine »Mäuse« zernagt. Sie fanden die neuen Banknoten schmackhaft, weil sie anders als das alte Papiergeld mit Baumwolle versetzt sind.

Am Euro hat man schwer zu tragen

Vor ein im wahrsten Sinne des Wortes schweres Problem wurden die Griechen durch die Euroeinführung gestellt. Eine alte Drachme hatte so wenig Wert, dass fast alles in Scheinen bezahlt wurde, die man meist in Bündeln in der Hosentasche trug. Jetzt, wo ein Euro-Cent über dreißig alten Drachmen entspricht, führt kein Weg mehr an den Münzen vorbei. Fürwahr eine schwere Last in der Hosentasche. Noch schwerer als andere Völker haben die Griechen aber auch am Verschwinden des Namens ihrer Währung zu tragen, bezahlte doch schon Sokrates in Drachmen.

Abnutzung – (un)erwünscht!

Die 4,3 Milliarden Euro-Banknoten, die zum 1. Januar 2002 gedruckt wurden, würden aneinander gereiht nicht nur die Strecke zum Mond, sondern auch noch die halbe Strecke wieder zurück überbrücken. Die allermeisten haben aber die Erde nicht verlassen und hier haben sie, wie sich nach wenigen Monaten herausstellte, eine deutlich geringere Lebensdauer als die früheren Banknoten. Das liegt unter anderem daran, dass die bisherigen Portmonees weiter benutzt werden, und diese sind auf die alten nationalen Währung eingestellt. So müssen die neuen Scheine zum Teil geknickt oder gefaltet werden. Da sich aber auch Portmonees abnutzen, werden sich auf absehbare Zeit im Euroland Geldtaschen in einer einzigen Normgröße durchsetzen.

Wie ein Wirbelwind

Fünfundsechzig Jahre lang hatte sich Euro Cabré aus Spanien über seinen Vornamen geärgert. Sein Vater hatte ihn nicht nach einem Heiligen benennen wollen und ihm den ungewöhnlichen Namen gegeben, der auf Katalanisch »Wirbelwind« bedeutet, hatte ihn allerdings mit der Behauptung getröstet, er werde mit diesem Namen einmal weltbekannt. Recht hatte er!

Es ist übrigens nicht wahr, dass in der Nacht zum 1.1.2001 alle Jungen mit dem Vornamen Mark diesen in Euro umtauschen mussten.

Küss die Hand, gnädige Frau!

Genau um Mitternacht am 1. Januar 2002 wechselten der österreichische Bundeskanzler Schüssel und der Präsident der EU-Kommission Prodi beim Direktor der österreichischen Nationalbank, der nicht ganz zufällig gleich ihnen im Hotel Sacher an der Euro-Taufparty teilnahm, Schilling und Lire gegen Euro. Unmittelbar darauf tätigten sie ihren ersten Einkauf mit der neuen Währung: je einen Blumenstrauß zu 32 Euro – für ihre Gattinnen. Vermutlich eine gute Investition!

Und die Kondition?

Siebzehnmal rückten am 2. und 3. Januar 2002 Rettungswagen der Feuerwehr zu Banken aus, weil hier vor allem ältere Menschen in den geheizten Schalterhallen, in denen sie in Wintermänteln bis zu zwei Stunden geduldig warteten, zusammenbrachen. Ein Feuerwehrsprecher empfahl empfindlichen Menschen beim Schlangestehen auf Fußballen und Zehenspitzen zu wippen: Dann bleibe das Blut in Bewegung. Besser hätte er wohl empfohlen noch einige Tage zu warten, bis der Ansturm geringer geworden war. Aber die Neugier und der Drang, nicht zu den Letzten zu gehören, waren offensichtlich stärker.

Übrigens wird von einem Geschäft berichtet, das den an der Kasse Wartenden die Zeit mit Schokoladen-Eurotalern versüßte. Ob diese wohl daran gedacht haben, dass es die Mark gewesen war, die 1871 den Taler verdrängt hatte?

Wo man die letzte Mark aus der Tasche ziehen konnte

Große Aufmerksamkeit erregte die Stadt Marsberg im Sauerland Ende Juli 2002, als die Geschäfte hier für vier Wochen noch einmal die DM als Zahlungsmittel einführten. Mehr als 3.000 DM gingen schon am ersten Tag über die Ladentische der kleinen Stadt, die damit in ganz Deutschland Schlagzeilen machte. Ideen muss man haben!

Eine Münze auf Wanderschaft

Ganz besonders gründlich studieren wollte der siebenjährige Italiener Michael Sgroi offensichtlich die neue Währung. Er steckte ein 50-Cent-Stück in den Mund – und verschluckte es. Kurzfristig blieb es in der Speiseröhre stecken, dann trat es seine Wanderschaft durch den Körper an. Ob die Vermutung des Arztes, dass es diesen auf natürlichem Wege wieder verlassen würde, zutraf, konnte man den Zeitungen leider nicht entnehmen.

Kleingeld für Ouzo?

Von einer Reihe von Überfällen, die der neuen Währung galten, berichteten die Zeitungen gleich am ersten Tag. Eher traditionsbewusst war ein Bankräuber in Griechenland, der nach der Währungsumstellung mit vorgehaltener Pistole nicht nur 76.000 Euros erbeutete, sondern offensichtlich auch das Gefühl genießen wollte, Millionär zu sein. Er ließ sich zu den Euros noch 1,5 Millionen alte Drachmen, das sind etwa 4.402 Euros, aushändigen.

Dumm gelaufen

Nicht gerade die Klügsten scheinen Räuber in einem kleinen Ort in Brandenburg gewesen zu sein. Sie brachen in die Volksbank ein und klauten den Geldautomaten – dachten sie. In Wirklichkeit hatten sie den Kontoauszugsdrucker erwischt.

Einbrecher in Göttingen entwendeten in der gleichen Nacht aus einem Schrank einen knapp drei Kilogramm schweren Jutesack mit Münzen. Er enthielt aber nicht die erhofften Eurostücke, sondern Restgeld, das Reisende aus ihrem Urlaub in alle möglichen Länder zurückgebracht und für einen guten Zweck gespendet hatten.

Man kann nie wissen!

So sehr misstraute eine alte Dame der Währungsumstellung, dass sie vor Neujahr ihr gesamtes Sparguthaben von der Bank abhob – um es Anfang Januar wieder auf ihr Konto einzuzahlen.

Schnelligkeit ist nicht immer Trumpf

Pech hatten die Leute, die am 1. Januar den Fahrkartenautomaten bedienen wollten, aber noch nicht das passende Kleingeld in der neuen Währung in der Tasche hatten. Da wurde aus Angst, beim Schwarzfahren erwischt zu werden, so mancher Zug verpasst.

Pech hatten aber auch die Kunden eines Waschsalons, die ihr gesamtes Geld schon in Euro umgetauscht hatten, wäh-

rend die Automaten noch nicht umgestellt waren. Ein Rückumtausch war weder in Geschäften noch in Banken vorgesehen.
Profitieren von den verspäteten Umstellungen konnten dagegen Autofahrer, die an noch nicht umgestellten Parkuhren und in Zonen mit Parkscheinautomaten kostenlos parken durften.

Ach ja, und dann waren da noch . . .

die alte Dame, die sich nicht davon abbringen ließ, dass nach der Euro-Umstellung die Mark nur noch die Hälfte wert sein werde,
und der Bettler, der an den ersten Tagen nach der Umstellung befriedigt feststellte, dass die Leute statt zu 50-Pfennig- und 1-DM- zu 50-Cent- und 1-Euro-Stücken griffen, was eine Verdoppelung seiner Einnahmen bewirkte.

Am Tag, als der Euro kam

Eigentlich haben wir ihn schon seit dem 1. Januar 1999, den Euro, die gemeinsame Währung der Europäischen Union. Aber gekümmert haben sich die meisten Europäer darum ebenso wenig wie um den ECU (European Currency Unit), einen Durchschnittswert aus europäischen Währungen, der immer wieder einmal in Verlautbarungen aus Brüssel auftauchte. Im Portmonee hatten sie weiterhin Mark oder Francs, Drachmen oder Schillinge und so weiter. Sicher, auf den Rechnungen tauchte jetzt immer häufiger neben dem Betrag in der nationalen Währung auch der Hinweis auf, das mache in Euro so oder so viel. Auch bei den Überweisungsträgern auf der Bank gab es jetzt eine Rubrik, in der man, um Deutschland als Beispiel zu nehmen, D(E)M oder EUR eintragen konnte, aber das war nur Papier, nichts, was einen wirklich anging. Der 1. Januar 2002 war noch so weit weg. Das Ereignis, dem man entgegenfieberte, war der Beginn eines neuen Jahrhunderts und sogar Jahrtausends. Die Menschen waren fasziniert vom 01.01.2000.

Dann ging auch diese Silvesternacht zu Ende, mit riesigen Feuerwerken und glänzenden Partys und Konzerten, aber als die Menschen, die in dieser Nacht zu Bett gegangen waren, wieder aufstanden, war die Welt unverändert. Von wenigen Ausnahmen abgesehen, taten sogar die Computer, deren Absturz in großer Zahl vorhergesagt worden war, einwandfrei ihren Dienst. Und der Euro war immer noch weit weg. Am 1. Januar 2001 kamen auch diejenigen, die mit Recht darauf hingewiesen hatten, dass das Jahr 2000 nicht das erste des neuen, sondern das letzte des 20. Jahrhunderts gewesen war, im 21. Jahrhundert und zweiten Jahrtausend an.

Jetzt mehrten sich die Leserbriefe in den Zeitungen, in denen die Beibehaltung der alten Währungen gefordert und auf England und Skandinavien (außer Finnland) verwiesen wurde, wo man an Pfund und Krone festhalten wollte. Ein wenig Wehmut machte sich breit, dass die Deutsche Mark bald der Vergangenheit angehören sollte. Aber solche Gefühle hielten nicht lange an, denn weiterhin klimperten in unseren Portmonees Pfennige, Groschen und Markstücke, ärgerten wir uns im Urlaub, wenn wir gegen Gebühren Peseten oder Lire, Schillinge, Francs oder Gulden eintauschen mussten. Nach dem Urlaub würde Zeit genug sein, sich um das Aussehen der neuen Münzen und Scheine zu kümmern!

Aber nach dem Urlaub kam der 11. September 2001 mit dem entsetzlichen Terroranschlag auf das World Trade Center in New York und dann der Krieg in Afghanistan. Wieder waren es andere Dinge, die das Denken und die Politik beherrschten.

Dennoch, im Hintergrund herrschte geschäftiges Treiben. Banken und Geschäfte mussten mit dem neuen Geld versorgt, Lagerhallen für hunderttausende von Tonnen von Münzen vorbereitet, Geldtransporte organisiert, Geschäftsleute und Bankangestellte trainiert und die Öffentlichkeit informiert werden, nicht nur darüber, wie das neue Geld aussehen, sondern auch wie der Umtausch vonstatten gehen sollte. Wegen des ungeheuren Gewichts der Münzen sollten die »Schlafmünzen« aus Spardosen und anderen Quellen möglichst schon in den letzten Monaten des Jahres 2001 geleert und auf Konten eingezahlt werden. Broschüren, Plakate und zahlreiche Zeitungsartikel und Fernsehsendungen brachten uns das neue Geld näher und am 17. Dezember 2001 konnten wir dann für 20 Deutsche Mark ein Starter-Kit, ein erstes Päckchen mit den neuen Euro-Münzen, erwerben. Bei vielen lagen diese Päckchen unter dem

Weihnachtsbaum. Neugierig wurden sie geöffnet. Das sollte richtiges Geld sein? Kein Spielgeld? Geld, mit dem man in wenigen Tagen würde bezahlen können?

Ab Mitternacht am 1. Januar 2002 sollten die Geldautomaten in Deutschland nicht mehr Mark, sondern Euro ausspucken, am Neujahrstag trotz Feiertag die Banken öffnen. Drei Monate lang sollten die alte und die neue Währung nebeneinander gelten, sollte man in den Geschäften in Mark bezahlen und das Wechselgeld in Euro erhalten können. Ob dies wohl ausreichen würde, um den Umtausch zu bewerkstelligen und die Menschen in den Ländern der Eurozone an das neue Geld zu gewöhnen?

Alle waren gespannt. Viele wollten zu den Ersten gehören, welche die neuen Scheine im Portmonee hatten. Am Neujahrstag gab es lange Schlangen in den Banken, in den Tagen danach musste man gelegentlich etwas länger an der Kasse im Supermarkt anstehen. Zwar erwiesen sich die Frauen und Männer an den Kassen sofort als wahre Künstler in der Umrechnung von Mark in Euro, aber die Kunden und Kundinnen brauchten noch einige Zeit, um sich in ihren Portmonees zurechtzufinden. Doch schon nach wenigen Wochen hatten wir uns an die neuen Scheine und Münzen gewöhnt. Kaum jemand bezahlte noch in der alten Währung oder trauerte ihr nach. Wenn sich gelegentlich in einem lange nicht genutzten Kleidungsstück ein Schein oder einige Münzen fand, was machte es, da man sie doch unbegrenzt in EURO umtauschen konnte?

Denken tun die Deutschen freilich vielfach auch heute noch (September 2002) in Mark. Sie hatten auch das Glück, dass für sie die Umrechnung recht einfach war, da der Euro etwa zwei Mark entsprach. Auch für die Portugiesen, die für etwa 200 Escudo, und für die Italiener, die für etwa 2.000 Lire einen Euro bekamen, ist die Umrechnung im Kopf möglich, aber für Österreicher, Spanier oder Franzosen ist die Sache viel schwieriger.

Offizielle Umrechnungskurse im Euroland
(ab zweiter Stelle nach dem Komma gerundet)

Land	Währung	Umrechnungskurs (Euro)
Belgien	Franc	40,34
Deutschland	Mark	1,96
Finnland	Finnmark	5,95
Frankreich	Franc	6,56
Griechenland	Drachme	340,75
Irland	Pfund	0,79
Italien	Lira	1936,27
Luxemburg	Franc	40,34
Niederlande	Gulden	2,20
Österreich	Schilling	13,76
Portugal	Escudo	200,48
Spanien	Peseta	166,39

Im Urlaub 2002 haben die Europäer zum ersten Mal erlebt, wie viel leichter es ist, in Euroland mit dem »eigenen« Geld zu bezahlen. Schon jetzt fällt es auf, wenn in Filmen noch Franc- oder DM-Scheine zu sehen sind.
Die Euro-Banknoten zeigen typisch europäische Baustile, angefangen von der Antike auf dem 5-Euro-Schein über Romanik (10 €), Gotik (20 €), Renaissance (50 €) und Barock (100 €) bis hin zur industriellen Revolution im 19. Jahrhundert (200 €) und zur Moderne (500 €). Brücken auf der einen und Tore bzw. Fenster auf der anderen Seite sind Symbole dessen, was man sich vom EURO oder EYPΩ, wie er in griechischen Buchstaben geschrieben wird, erwartet.
Betont man so bei den Scheinen die europäische Einheit, so dokumentieren die Münzen auf ihrer Rückseite die Vielfalt.

Hier erscheinen viele Europäerinnen und Europäer, die in diesem Buch eine tragende Rolle spielen (oder im Nachwort auftauchen werden.)

Land	2 Euro	1 Euro	50 Cent	20 Cent	10 Cent	5 Cent	2 Cent	1 Cent
Belgien	Porträt Alberts II.							
Deutschland	Bundesadler		Brandenburger Tor			Eichenblatt		
Finnland	Moltebeeren	Schwäne	Löwe als Wappentier					
Frankreich	Baum		Säerin			Marianne		
Griechenland	Mosaik aus Sparta	Eule	Eleftherios Venizelos	Ioannis Capodistria	Rigas Kelestinlis Fereos	Tanker	Korvette	Trireme
Irland	Keltische Harfe							
Italien	Raffael: Dante Aleghieri	Leonardo da Vinci: Proportionen des menschlichen Körpers	Reiterstandbild von Kaiser Mark Aurel	Umberto Boccioni: futuristische Skulptur	Botticelli: Geburt der Venus	Colosseum	Alessandro Antonelli: Mole Antonelliana (Turm)	Castel del Monte
Luxemburg	Großherzog Henri							
Monaco	Fürst Rainier II.	Rainier III. und Prinz Albert	Francois Grimaldi (Gründer des Fürstentums) zu Pferd			Wappen des Fürstentums		
Niederlande	Königin Beatrix: Profil des Vorderkopfs		Königin Beatrix: Profil des gesamten Kopfes					
Österreich	Bertha von Suttner	Mozart	Haus der Wiener Sezession (Jugendstil)	Schloss Belvedere	Stephansdom in Wien	Alpenprimel	Edelweiß	Enzian
Portugal	Königliches Siegel von 1144		Königliches Siegel von 1142			Königliches Siegel von 1134		
San Marino	Palast des Volkes	Wappen von San Marino	Stadtansicht	St. Marino	Basilika des Heiligen	Festung San Marino	Freiheitsstatue	Wehrturm
Spanien	König Juan Carlos I.		Miguel de Cervantes			Kathedrale von Santiago de Compostela		
Vatikan	Papst Johannes Paul II.							

»Wer den Pfennig nicht ehrt, ist des Talers nicht wert«, lautet ein Sprichwort, das uns mindestens ins 19. Jahrhundert zurückführt, denn damals wurden Taler und andere Währungseinheiten in Deutschland durch die Mark abgelöst. Die Leserinnen und Leser dieses Buches werden sicherlich auch weiterhin mit diesem Sprichwort konfrontiert werden und doch werden sie es verstehen als »Wer den CENT nicht ehrt, ist des EUROs nicht wert.« Zum ersten Mal seit den Assen, Sesterzen und Denaren der Römer hat Europa mit dem EURO eine einheitliche Währung und so ist der EURO, insbesondere in Form seiner Münzen, eigentlich eine Zusammenfassung dieses Buches.

NACHWORT

War ich froh, als ich den letzten Satz meines Manuskripts in den Computer getippt hatte. Es war spät geworden, ich war todmüde und freute mich auf mein Bett und war nach wenigen Minuten eingeschlafen. Ich schlief in dem europäischen Haus, das ich beschrieben hatte, und ich fand den Bau, abgesehen von den Schreckenskammern, ganz ansehnlich. Plötzlich wurde ich jäh aufgeschreckt, weil jemand an die Tür hämmerte. Auch waren Sprechchöre zu vernehmen, die ich nicht genau verstehen konnte. Vorsichtig öffnete ich die Tür zu einem Balkon, von dem aus ich hinaussehen konnte. Der Platz vor dem Haus stand voll von Mänern und Frauen, die teils wütend, teils traurig dreinschauten. Zwei Leute, in denen ich die frühere englische Premierministerin Margaret Thatcher und den früheren französischen Präsidenten Charles de Gaulle erkannte, schwenkten ein Spruchband mit den Worten: »Wir wollen ein anderes Europa.« Andere hielten Transparente hoch, auf denen stand: »Wir sind auch Baumeister Europas!«, und: »Wir verdienen ein besseres Zimmer!«, oder: »Europa bauen, ohne Frauen?« Ich erkannte in der Menge den großen italienischen Maler Raffael, den österreichischen Komponisten Franz Schubert, die englische Schriftstellerin Jane Austen, die schwedische Königin Christine, den italienischen Politiker Alcide de Gasperi, den deutschen Bundeskanzler Helmut Kohl und viele andere bekannte Persönlichkeiten, aber auch viele mir unbekannte, einfache Leute.

Plötzlich war ich mit meinem Werk nicht mehr zufrieden, denn ich musste zugeben, dass auch sie alle es verdient gehabt hätten, unter den Baumeistern des Hauses Europa genannt zu werden. Ich erkannte auch, dass ich dem norwegischen und dem polnischen, dem bulgarischen und dem isländischen Zimmer dieses Hauses, um nur einige zu nennen, bei weitem nicht so viel Aufmerksamkeit geschenkt hatte, wie sie es verdient hätten, und ich bekam ein sehr schlechtes Gewissen. Schon wollte ich hinuntergehen und leise die Tür aufmachen, um alle Demonstranten hineinzulassen. Aber bevor ich meine Absicht in die Tat umsetzen konnte, wachte ich auf.

So bleibt mir nichts anderes übrig, als mich bei allen zu entschuldigen, die auch noch ein Recht darauf gehabt hätten, als Baumeister Europas genannt zu werden. Die Leserinnen und Leser dieses Buches fordere ich auf, an unserem gemeinsamen europäischen Haus nach Kräften weiterzubauen, damit wir uns alle darin wohl fühlen können, zugleich aber auch nicht zu vergessen, dass dieses nur eines von mehreren Häusern ist und dass wir auch für die anderen mitverantwortlich sind.

REGISTER

So macht Geschichte Spaß!

Freya Stephan-Kühn

Viel Spaß mit den alten Ägyptern!

Memphis zur Zeit des Pharaos Ramses II. ist eine Stadt voller Leben. Isis und Chonsu fühlen sich dort wohl. Trotzdem ist es für sie ein großes Abenteuer, als ihr Vater den Auftrag bekommt, das Grab des Pharaos in Theben auszugestalten, und sie ihm dorthin folgen. Der Leser begleitet sie und erfährt auf spielerische Weise alles über Mumien, ägyptische Götter und die Pyramiden.

Arena-Taschenbuch. Band 1758. 192 Seiten.
Ab 10.

Arena

So macht Geschichte Spaß!

Freya Stephan-Kühn

Viel Spaß mit den Römern!

Ein Lesespaß, der gleichzeitig viele Informationen vermittelt: Aulus Minucius, genannt Pfiffikus, und seine Schwester Minucia, genannt Mini, führen durch das turbulente Leben in Rom. Der Leser kann außerdem römische Rezepte ausprobieren – über römische Witze lachen – das Kaisermemory spielen – auf jeden Fall viel Spaß mit den Römern haben

Arena-Taschenbuch. Band 1759. 192 Seiten.
Ab 10.

Arena